KNAUR.LEBEN

Von Julia Cameron ist bei Knaur außerdem folgender Titel erschienen:
Es ist nie zu spät, neu anzufangen

Über die Autorin:
Julia Cameron ist Künstlerin, Bestsellerautorin und international bekannte Seminarleiterin. Ihre kreativen Erfahrungen erstrecken sich auf Film, Fernsehen und Theater. Ihre journalistischen Arbeiten wurden mehrfach ausgezeichnet. Sie lebt in Santa Fe, New Mexico.

Julia Cameron

Der Weg des Künstlers

Ein spiritueller Pfad zur Aktivierung unserer Kreativität

Aus dem Amerikanischen
von Anne Follmann und Ute Weber

KNAUR.LEBEN

Die amerikanische Originalausgabe erschien 1992 unter dem Titel
»The Artist's Way – A Spiritual Path to Higher Creativity«
bei G. P. Putnam's Son, New York.

Besuchen Sie uns im Internet:
www.knaur-leben.de

MIX
Papier | Fördert gute Waldnutzung
FSC® C083411

Neuausgabe Dezember 2019
Knaur.Leben Taschenbuch

Ein Imprint der Verlagsgruppe
Droemer Knaur GmbH & Co. KG
Landsberger Straße 346, 80687 München

Redaktion: Diane von Weltzien
Covergestaltung: ZERO Werbeagentur, München
Coverabbildung: FinePic®, München
Satz: Adobe InDesign im Verlag
Druck und Bindung: CPI books GmbH, Leck
ISBN 978-3-426-87867-5

Kontaktadresse nach EU-Produktsicherheitsverordnung:
produktsicherheit@droemer-knaur.de

8 10 11 9

Dieses Quellenwerk ist
meinem Lebenspartner
Mark Bryan gewidmet.
Mark drängte mich,
es zu schreiben, half mir,
es in Form zu bringen und
es abzufassen.
Ohne ihn würde es
nicht existieren.

Inhalt

Dank

Mein Dank geht an Edmund Towle, meinen Kollegen in Sachen Kreativität. Er hat meine Methoden ausprobiert, und sein Feedback war daher für mich von unschätzbarem Wert. Ich bedanke mich bei Julianna McCarthy, Gerald Ayres, John Nichols und Sir Anthony Hopkins für ihren persönlichen Mut zur Kreativität und für die Hingabe, mit der sie die Kreativität anderer fördern. Meine Bewunderung und mein Dank gelten Timothy Wheater, der mit seinen Klängen Licht schafft. Seine Heilmusik hat sich für meine Arbeit als unverzichtbar erwiesen. Ich danke meiner Agentin Susan Schulman für ihren erfrischenden Humor und ihren Scharfsinn. Außerdem geht mein Dank an die Seelsorger Sara und Mike Matoin von der Unity-Kirche in Chicago; an Michele Lowrance, Laura Leddy Waldron, Ginny Weissman, Michelle Citron, Kathy Churay und Marilyn Lieberman; sowie an Howard Mandel und Gayle Seminara von der Buchhandlung Transitions in Chicago. Ganz besonders möchte ich meinen Kursteilnehmern, den Mitarbeitern meines amerikanischen Verlags, Jan Johnson und Rick Benzel, sowie dem Herausgeber und Regenmacher Jeremy Tarcher danken. Ich bin davon überzeugt, dass der Große Schöpfer uns alle führt.

Einführung

Wenn mich die Leute nach meinem Beruf fragen, dann antworte ich: »Ich schreibe und leite Kreativitätsworkshops.«

»Wie kann man denn anderen Menschen Kreativität beibringen?«, möchten sie dann wissen. Auf ihren Gesichtern spiegeln sich Unglaube und Neugierde.

»Das kann man nicht«, sage ich ihnen. »Ich zeige meinen Kursteilnehmern, wie sie Zugang zu ihrer eigenen Kreativität finden.«

»Oh – Sie meinen also, dass wir alle kreativ sind?« Jetzt ringen Unglaube und Hoffnung miteinander.

»Ja.«

»Glauben Sie das *wirklich?*«

»Ja.«

»Was genau machen Sie denn in Ihren Kreativitätsworkshops?«

Genau das beschreibe ich in diesem Buch. Zehn Jahre lang habe ich Menschen gezeigt, wie sie die in ihnen schlummernde Kreativität freisetzen können. Ich habe Künstler und Laien, Maler und Filmemacher, Hausfrauen und Rechtsanwälte unterrichtet – all diejenigen, die sich dafür interessierten, durch künstlerische Betätigung kreativer zu leben; im weiteren Sinne sogar all jene Menschen, die sind der Kunst des kreativen Lebens widmen wollten. Weil ich die Hilfsmittel, die ich gefunden, erfunden, erahnt oder vermittelt bekommen habe, in meinem eigenen Leben anwende, sie lehre und mit anderen teile, konnte ich Veränderungen im Leben vieler Menschen miterleben. Durch die Einbeziehung des Großen Schöpfers bei der Entdeckung und Wiederentdeckung unserer kreativen Kraft kann man Blockaden auflösen.

»Der Große Schöpfer? Das klingt nach irgendeinem Indianergott. Das hört sich zu christlich an, zu sehr nach Esoterik, zu ...« Dumm, einfältig, bedrohlich? ... Ja, ich weiß. Betrachten Sie das Ganze als Übung in vorurteilslosem Denken, und lesen Sie weiter. Erlauben Sie es sich, mit der Vorstellung zu experimentieren, dass es einen Großen Schöpfer gibt. Vielleicht hilft es Ihnen, Zugang zu Ihrer Kreativität zu finden.

Weil *Der Weg des Künstlers* im Wesentlichen ein spiritueller Weg ist, der durch Kreativität initiiert und praktiziert wird, gebrauche ich in diesem Buch das Wort *Gott*. Einige von Ihnen könnten damit ein Problem haben, weil der Begriff in Ihnen vielleicht alte, unangenehme oder einfach unannehmbare Vorstellungen heraufbeschwört. Doch ich bitte Sie: Bleiben Sie aufgeschlossen.

Für diesen Kurs ist kein bestimmter Gottesbegriff notwendig, um erfolgreich zu sein. Herkömmliche Glaubensvorstellungen könnten Ihnen vielleicht sogar im Wege stehen. Lassen Sie es nicht zu, dass sich sprachliche Spitzfindigkeiten zu einer weiteren Blockade in Ihnen auswachsen.

Das Wort Gott ist in diesem Buch als Vorstellung von einer guten, richtunggebenden, ordnenden Kraft oder eines Energieflusses zu verstehen. Es geht um kreative Energie. Für viele Kursteilnehmer ist der Begriff *Gott* einfach nur ein nützliches Kürzel; gleichermaßen gültig sind *Göttin, Geist, Universum, Quelle* oder *Höhere Macht* ... Auf die Bezeichnung kommt es nicht an, sondern darauf, dass Sie sich des Bezeichneten bedienen. Vielleicht hilft es Ihnen, Gott als eine Form spiritueller

Elektrizität vorzustellen. Es ist leicht, durch Experimente und Beobachtungen eine funktionsfähige Verbindung zum Energiefluss der guten, richtunggebenden, ordnenden Kraft herzustellen. Ich habe hier nicht die Absicht, diesen Energiefluss zu erklären, ihn zu definieren oder darüber zu diskutieren. Man braucht Elektrizität nicht zu verstehen, um sich ihrer zu bedienen.

Bezeichnen Sie diese Energie nur dann als Gott, wenn es sich für Sie richtig anfühlt. Sie brauchen ihr keinen Namen zu geben, es sei denn, dieser Name stellt für Sie eine nützliche Zusammenfassung Ihrer Erfahrungen dar. Geben Sie nicht vor, gläubig zu sein, wenn Sie es nicht sind. Wenn Sie für immer Atheist oder Agnostiker bleiben möchten, dann tun Sie das. Sie werden trotzdem in der Lage sein, durch die Arbeit mit der besagten Kraft Ihr Leben zu verändern.

Ich habe mit Töpfern, Fotografen, Dichtern, Drehbuchautoren, Tänzern, Romanschriftstellern, Schauspielern und Regisseuren gearbeitet, mit Menschen, die von einem künstlerischen Beruf träumten oder sich einfach nur wünschten, irgendwie kreativer zu sein. Ich habe viele Male erlebt, wie Maler in eine neue Schaffensphase eintraten, Poeten zu ihrer Dichtung zurückfanden und verstummte Schriftsteller mit plötzlichem Elan ihr Manuskript zum Abschluss brachten. Meine Erfahrungen haben mich veranlasst, Folgendes nicht nur zu glauben, sondern zu *wissen*:

Egal, wie alt Sie sind oder welchen Lebensweg Sie gewählt haben, ob Kunst zu schaffen Ihr Beruf ist, Ihr Hobby oder Ihr Traum, es ist weder zu spät noch zu egoistisch, weder zu selbstsüchtig noch zu dumm, wenn Sie jetzt an Ihrer Kreativität arbeiten. Ein fünfzigjähriger Kursteilnehmer, der »schon immer schreiben wollte«, bediente sich meiner Hilfsmittel und wurde zu einem Dramatiker, der sogar Preise für seine Stücke erhielt. Ein Richter nutzte meine Techniken und erfüllte sich seinen lebenslangen Traum, Bildhauer zu sein. Nicht alle Kursteilnehmer werden durch den Kurs zu hauptberuflichen Künstlern. Viele hauptberufliche Künstler berichten jedoch, dass Sie sich zu kreativ ausgewogeneren Persönlichkeiten entwickelt haben.

Aufgrund eigener und fremder Erfahrung bin ich zu der Überzeugung gelangt, dass Kreativität unsere wahre Natur ist. Der kreative Prozess, der gleichzeitig so natürlich und so wunderbar ist wie das Aufblühen einer Blume, wird auf unnatürliche Weise durch Blockaden vereitelt. Ich habe festgestellt, dass Kreativität nichts anderes ist als ein einfacher und direkter Vorgang der spirituellen Kontaktaufnahme.

Wenn Ihre Kreativität blockiert ist – und ich glaube, das ist sie in gewissem Maß bei uns allen –, dann ist es möglich und sogar wahrscheinlich, dass Sie durch die Anwendung der Techniken in diesem Buch freier schöpferisch tätig sein können. So, wie im Hatha-Yoga das Bewusstsein bereits durch die Ausführung der Übungen verändert wird, so verändert sich Ihr Bewusstsein, indem Sie, den Vorschlägen dieses Buches folgend, einfach »nur« schreiben oder spielen. Tun Sie diese Dinge, und der Durchbruch ist Ihnen gewiss – ob Sie daran glauben oder nicht.

Mit einem Wort: Die Praxis ist ungleich wichtiger als die Theorie. Durch Ihr Tätigsein öffnen Sie Ihr Bewusstsein, und der kreative Strom kann fließen. Sobald Sie für Ihre Kreativität Platz schaffen, kommt sie zum Vorschein.

Mein eigener Weg

Meine ersten Kreativitätsworkshops gab ich in New York. Ich tat es aus einem inneren Bedürfnis. Eines Tages war ich im Licht der Nachmittagssonne im West Village spazieren gegangen. Auf einmal wusste ich, dass es meine Aufgabe war, anderen Menschen Zugang zu ihrer Kreativität zu ermöglichen. Vielleicht hatte ich zufällig gehört, wie ein anderer Spaziergänger über seine Kreativität nachdachte – schließlich verfügt Greenwich Village über eine größere Künstlerdichte als irgendein anderer Ort in Amerika.

»Ich muss meine Blockaden beseitigen«, könnte jener Spaziergänger gesagt haben.

»Ich weiß, wie man das macht«, habe ich vielleicht geantwortet. Mein ganzes Leben lang hat mir mein Inneres unmissverständliche Anweisungen – ich nenne sie *Marschbefehle* – gegeben.

Auf jeden Fall wusste ich mit einem Mal, dass ich mich mit der Beseitigung von Blockaden auskenne und dazu bestimmt war, anderen Menschen damit zu helfen. Meine Aufgabe war es, an Ort und Stelle mit den Lektionen zu beginnen, die ich selbst gelernt hatte.

Woher kamen diese Lektionen?

Im Januar 1978 gab ich den Alkohol auf. Ich hatte natürlich nicht geglaubt, dass Alkohol mich zur Schriftstellerin machte, aber nun war mir plötzlich der Gedanke gekommen, ob er mich nicht vielleicht davon abhielt, eine gute Schriftstellerin zu sein. In meinem Kopf waren Alkohol und Schreiben so unzertrennlich wie Scotch und Soda. Für mich war es immer eine besondere Herausforderung gewesen, die Angst vor dem leeren Blatt Papier zu überwinden und mit dem Schreiben zu beginnen. Ich setzte mich mit meinem Glas hin und versuchte etwas zu Papier zu bringen, bevor mich der Alkohol zu sehr benebelte und mir den Zugang zu meiner Kreativität verstellte. So befand ich mich in einem permanenten Wettkampf. Wer würde eher fertig sein, ich mit meinem Text oder der Alkohol mit mir?

Ich hatte ein Büro auf dem Gelände der Paramount und Karriere mit dieser Art Kreativität gemacht: Kreativität in krampfhaften Schüben, Kreativität als Willensakt, Kreativität auf Abruf für andere. Ja, ich war kreativ, aber nach einem Jahrzehnt der Schriftstellerei wusste ich es nicht besser, als mich Mal um Mal mit dem Kopf voraus und mit selbstmörderischer Energie gegen die Wand meiner inneren Widerstände zu werfen. Wenn Kreativität etwas Spirituelles war, dann tat ich jedenfalls alles, um mich dieser Einsicht nur ja nicht zu stellen.

Ich war dreißig Jahre alt, als ich den Alkohol von einem Tag auf den anderen aufgab.

Wenn ich mit dem Schreiben auf die gewohnte, quälende Weise hätte fortfahren können, würde ich es sicher bis heute tun. In der Woche, in der ich nüchtern wurde, hatte ich zwei Beiträge für eine überregionale Zeitschrift zu verfassen, ein Drehbuch für ein Feature umzuschreiben und ein fettes Alkoholproblem zu bewältigen.

Ich redete mir ein, dass ich den Verzicht auf Alkohol mit meiner Kreativität zu bezahlen hätte. Trotzdem war ich zu der Erkenntnis fähig, dass der Alkohol irgendwann mich *und* meine Kreativität umbringen würde. Ich musste lernen, in nüchternem Zustand zu schreiben, oder das Schreiben aufgeben. Not und nicht Tugend steht am Anfang meiner Spiritualität. Ich war gezwungen, einen neuen kreativen Weg zu finden. Und hier begannen meine Lektionen.

Ich lernte, meine Kreativität dem einzigen Gott zu überantworten, an den ich glauben konnte, an den Gott der Kreativität und Lebenskraft, den Dylan Thomas »die Kraft, die durch die grüne Sicherung die Blume wachsen lässt«, nannte. Ich lernte, aus dem Weg zu gehen und mich dieser kreativen Energie zu ergeben. Ich lernte, meine Gedanken auf das Papier fließen zu lassen und aufzuschreiben, was ich in mir hörte. Mein Schreiben hatte nun mehr mit dem Lauschen nach innen als mit dem Erfinden von Knalleffekten zu tun. Ich musste keine Tricks mehr anwenden, um Texte aus mir hervorzulocken, und das Schreiben kam auch nicht mehr über mich wie ein Sturzbach. Ich musste nicht mehr auf die richtige Stimmung und nicht mehr auf Inspiration warten. Ich schrieb einfach. Kein Geschacher mehr. War das Produkt gut oder schlecht? Das ging mich nichts an. Nicht *ich* schrieb. Als Autorin, die sich selbst im Wege steht, trat ich ab und konnte freiheraus schreiben.

Rückblickend bin ich erstaunt, dass ich aus der Rolle der Künstlerin, die sich selbst quält, so leicht aussteigen konnte. Nichts ist zäher und langlebiger als falsche Vorstellungen. Und kaum eine Vorstellung ist so unzutreffend wie die, die wir uns von der Kunst machen. Der Rolle der gequälten Künstlerin lässt sich ja so viel in die Schuhe schieben: Alkoholmissbrauch, Promiskuität, Steuerprobleme, Rücksichtslosigkeit oder die Selbstzerstörung in Herzensdingen. Wir alle wissen, wie pleite, verrückt, unzuverlässig und bindungsunfähig Künstler sind. Und wenn man als Künstler gar nicht so sein muss, wie kann ich dann mein Verhalten rechtfertigen?

Die Vorstellung, dass ich gesund, unabhängig vom Alkohol und zugleich kreativ sein könnte, erschreckte mich, denn sie verlangte von mir, Verantwortung für mich zu übernehmen. »Soll das etwa heißen, dass Begabung mit einer Verpflichtung einhergeht?« Ja, genau.

Die Vorsehung wollte es, dass mir ein anderer von einer Schreibhemmung gequälter Schriftsteller über den Weg lief, mit dem und an dem ich arbeiten sollte. Ich ließ ihn an meinen eben erworbenen Erkenntnissen teilhaben. (Geh aus dem Weg. Lass *es* durch dich arbeiten. Häufe Seiten an, keine Vorurteile.) Auch er überwand seine Blockaden. Damit waren wir zu zweit. Schon bald fand ich ein neues »Opfer«, diesmal einen Maler. Die Techniken funktionierten auch bei bildenden Künstlern.

Das war sehr aufregend für mich. In Augenblicken des Überschwangs stellte ich mir vor, dass ich, die Kartographin der Kreativität, für mich selbst und alle anderen Betroffenen einen Weg aus der Verwirrung fand. Ich hatte nie vorgehabt, Lehrerin zu werden. Aber mich trieb die Wut darüber an, dass ich selbst nie eine gute Lehrerin gehabt hatte. Warum musste ausgerechnet ich alles nach der Methode Versuch und Irrtum lernen und ständig mit dem Kopf durch die Wand? Ich fand, Künstlern etwas beizubringen, müsse ja wohl leichter sein. Abkürzungen und Gefahren auf dem Weg gehörten ausgeschildert.

Gedanken dieser Art wirbelten mir auf meinen Spaziergängen durch den Kopf, während ich die Lichter bewunderte, die sich im Hudson spiegelten, und ich überlegte, was ich als Nächstes schreiben würde. Nimm deinen Marschbefehl an: Du sollst unterrichten.

Noch in derselben Woche bot man mir eine Dozentenstelle und Räume in einem New Yorker Institut für feministische Kunst an, von dem ich nie zuvor gehört hatte. Mein erster Kurs – in ihrem Schaffen gehemmte Künstlerinnen, Romanschriftstellerinnen, Dichterinnen und Filmemacherinnen – versammelte sich. Ich brachte meinen Schülerinnen die Lektionen bei, aus denen sich jetzt dieses Buch zusammensetzt. Seit diesem ersten Kurs hat es viele weitere gegeben.

Der Weg des Künstlers begann mit informellen Kursaufzeichnungen, die mein Partner Mark Bryan von mir erbat. Als meine Arbeit bekannter wurde, forderten Interessierte immer öfter mein Unterrichtsmaterial an. Ein rastloser Jungianer namens John Giannini sprach, wo immer er auch lehrte – und das war scheinbar überall –, über meine Techniken. Menschen aus aller Herren Länder fragten bei mir an. »Ich arbeite im Schweizer Außenministerium. Bitte schicken Sie mir …« Und das tat ich.

Die Päckchen wurden dicker, und die Zahl der Schüler wuchs. Mark bat mich *sehr* eindringlich: »Schreib *alles* auf, du könntest mehr Menschen helfen, wenn du ein Buch daraus machst.« Also begann ich schließlich, meine Gedanken systematisch zu sammeln und zu ordnen. Ich schrieb, und Mark, der inzwischen mein Mitarbeiter und strenger Lehrmeister geworden war, sagte mir, was ich vergessen hatte. Ich schrieb weiter, und Mark wies mich darauf hin, was *immer* noch fehlte. Er erinnerte mich daran, dass ich viele Wunder erlebt hatte, die meine Theorien stützten, und drängte mich, sie nicht fortzulassen. Also schrieb ich schließlich auf, was ich ein Jahrzehnt lang praktiziert hatte.

Dieses Buch stellt einen spirituellen Werkzeugkasten der Selbstheilung dar. Es enthält Werkzeuge, die Sie bei der Überwindung Ihrer inneren Blockaden unterstützen, Ihnen das Tor zu Ihrer Kreativität öffnen und Sie aus Ihrer Verkrampfung befreien. Bitte nutzen Sie sie und geben Sie sie weiter.

Viele Male habe ich seither Aussagen wie die folgende gehört: »Bevor ich Ihren Kurs belegte, war ich vollkommen von meiner Kreativität abgeschnitten. Die Jahre der Bitterkeit und des Verlustes hatten ihren Tribut gefordert. Dann wurde allmählich das Wunder wahr. Ich ging wieder auf die Schauspielschule und machte meinen Abschluss. Zum ersten Mal seit Jahren nehme ich Termine zum Vorsprechen wahr. Ich schreibe regelmäßig – und was am wichtigsten ist, ich fühle mich endlich wohl dabei, wenn ich mich selbst als Künstlerin bezeichne.«

Wahrscheinlich werde ich Ihnen nicht vermitteln können, wie wunderbar es ist, als Lehrerin das Vorher und das Nachher bei den verschiedenen Kursteilnehmern zu sehen. Die rein physische Verwandlung während der Dauer des Kurses allein schon kann verblüffend sein und mir bewusst machen, dass der Begriff *Erleuchtung* wörtlich zu nehmen ist. Oft beginnen die Gesichter der Teilnehmer zu strahlen, sobald sie eine Verbindung zu ihrer kreativen Energie herstellen. Es entsteht dieselbe spirituell aufgeladene Atmosphäre, wie sie auch ein großes Kunstwerk erzeugt. Wir Menschen sind kreative Wesen, und das Wiedererwachen unserer Kreativität kann unser Leben zum Kunstwerk machen.

Die Grundprinzipien

Für die meisten Menschen ist die Vorstellung, dass der Schöpfer uns zu Kreativität ermutigt, ein radikaler Gedanke. Wir glauben lieber oder befürchten, dass das Ausleben unserer Kreativität etwas Egoistisches ist und Gott missfällt. Denn schließlich ist der Künstler in uns ein Kind, das kindlich denkt. Wenn Ihre Mutter oder Ihr Vater Zweifel an Ihren Träumen von einer Künstlerkarriere geäußert oder sie abgelehnt haben, dann könnte es sein, dass Sie Gott auf die gleiche Weise erleben. Von solchen Projektionen müssen Sie sich lösen.

Im *Weg des Künstlers* geht es um eine geführte spirituelle Erfahrung. Ich bezeichne diesen Prozess als *spirituelle Chiro-*

praktik, die »manuelle« Behandlung einer aus dem Gleichgewicht geratenen Spiritualität. Wir machen bestimmte Übungen, um uns mit der kreativen Energie des Universums in Einklang zu bringen.

Ich stelle mir das Universum als ein riesiges Meer der Kreativität vor, in das ich eingetaucht und von dem ich geformt bin. Indem ich mich öffne und mir meine Kreativität zu eigen mache, verwandle ich mich von einem Wesen, das absichtslos in diesem Meer schwimmt, in einen funktionstüchtigen, bewussten und kooperativen Teil dieses Ökosystems.

Als Lehrerin spüre ich oft die Gegenwart von etwas Transzendentem – eine Art spirituelle Energie, wenn Sie so wollen –, und ich beziehe es beim Überschreiten meiner persönlichen Grenzen mit ein. Wenn jemand mich als »inspirierte Lehrerin« bezeichnet, dann verstehe ich das als wörtliches Kompliment. Eine Kraft größer als meine eigene nimmt sich meiner und meines Schülers an. Christus sagte: »Wo zwei oder drei in meinem Namen versammelt sind, da bin ich mitten unter ihnen.« Der Gott der Kreativität scheint der gleichen Auffassung zu sein.

Im Zentrum der Kreativität steht die Erfahrung mystischer Vereinigung; im Zentrum der mystischen Vereinigung steht die Erfahrung von Kreativität. Spirituelle Menschen betrachten für gewöhnlich Gott als den Schöpfer, empfinden jedoch umgekehrt den Begriff *Schöpfer* nicht als Synonym für die Bezeichnung *Künstler*. Ich schlage Ihnen vor, über Ihren Schatten zu springen und es dennoch zu tun. Sie streben ein kreatives Bündnis von Künstler zu Künstler mit dem Großen Schöpfer an. Wenn Sie diese Vorstellung für sich annehmen, dann erweitern Sie Ihre kreativen Möglichkeiten ins Unermessliche.

Wenn Sie bei Ihren wöchentlichen Aufgaben mit den Techniken in diesem Buch arbeiten, werden Sie viele Veränderungen in

Gang setzen. Die wichtigste Veränderung wird das Auslösen von *Synchronizität* sein: Wir verändern uns und das Universum unterstützt uns, indem es seinerseits Veränderungen zu unseren Gunsten bewirkt. An meinem Bildschirm klebt ein Zettel mit einem Satz, wie er kaum besser verdeutlichen könnte, was Synchronizität für den Künstler bedeutet: »Spring, und das Netz wird da sein, um dich zu fangen!«

Es ist meine Erfahrung sowohl als Künstlerin als auch als Lehrerin, dass uns das Universum fördert, wenn wir uns vertrauensvoll in den Schöpfungsakt hineinbegeben. Das ist etwa so wie das Öffnen eines Schleusentores am oberen Teil eines Feldbewässerungssystems. Sobald der Weg frei ist, kann das Wasser die Äcker überfluten.

Auch hier werde ich Sie nicht bitten zu *glauben*. Damit es zu diesem kreativen Erwachen kommen kann, müssen Sie jedoch nicht unbedingt an Gott glauben. Ich möchte lediglich, dass Sie diesem Prozess vertrauen, ihn bei seiner Entfaltung beobachten und ihm Ihre Aufmerksamkeit schenken. Tatsächlich sind Sie bei der Weiterentwicklung Ihrer eigenen Kreativität zugleich Zeuge und Geburtshelfer.

In meinen Augen ist Kreativität eine spirituelle Erfahrung. Es spielt keine Rolle, von welcher Seite Sie den Prozess betrachten, ob für Sie Kreativität zu Spiritualität führt oder umgekehrt. Ja, ich unterscheide gar nicht zwischen beiden. Die Frage nach dem Glauben geht am Kern der Erfahrung vorbei. C. G. Jung brachte diesen Umstand treffend zum Ausdruck, als er in seinen letzten Lebensjahren formulierte: »Ich glaube nicht; ich weiß.«

Die folgenden spirituellen Grundprinzipien sind das Fundament für die Aktivierung und Entdeckung Ihrer Kreativität. Beschäftigen Sie sich einmal pro Tag mit ihnen, und seien Sie offen und hellhörig für mögliche Veränderungen in Ihren Einstellungen oder Glaubenssätzen.

DIE GRUNDPRINZIPIEN

1. Kreativität stellt die natürliche Lebensordnung dar. Leben ist Energie: reine schöpferische Energie.
2. Alles Leben – auch die Menschheit – ist durchdrungen von einer zugrundeliegenden, innewohnenden kreativen Kraft.
3. Wenn wir uns unserer Kreativität öffnen, dann öffnen wir uns der uns und unserem Leben innewohnenden Kreativität des Schöpfers.
4. Wir selbst sind Schöpfungen und deshalb dazu bestimmt, das Schöpferische weiterzugeben, indem wir selbst schöpferisch sind.
5. Kreativität ist Gottes Geschenk an uns. Der Gebrauch unserer Kreativität ist das Geschenk, das wir an Gott zurückgeben.
6. Die Weigerung, kreativ zu sein, ist Eigenwille und widerspricht unserer wahren Natur.
7. Wenn wir uns der Erforschung unserer Kreativität öffnen, dann öffnen wir uns Gott, einer guten, richtunggebenden und ordnenden Kraft.
8. Sobald wir unseren kreativen Kanal zum Schöpfer hin öffnen, werden wir viele sanfte, aber dennoch kraftvolle Veränderungen erfahren.
9. Wir schaden weder uns noch anderen, wenn wir uns für eine immer größere und noch größere Kreativität öffnen.
10. Unsere kreativen Träume und Sehnsüchte entstammen einer göttlichen Quelle. Indem wir auf unsere Träume zugehen, nähern wir uns unserer Göttlichkeit.

Die Reise zur Kreativität

Es gibt verschiedene Möglichkeiten, um mit diesem Buch zu arbeiten, vor allem aber sollte es kreativ geschehen. Dieser Abschnitt ist eine Art Straßenkarte mit konkreten Vorschlägen, die Sie durch den Prozess leiten. Einige Schüler haben den Kurs alleine durchgeführt; andere haben Teams gebildet, um das Buch gemeinsam durchzuarbeiten. (Auf den letzten Seiten des Buches finden Sie Hinweise für die Gruppenarbeit.) Egal, welchen Weg Sie wählen, *Der Weg des Künstlers* wird Sie weiterbringen.

Vielleicht möchten Sie zunächst das Buch durchblättern, um ein Gefühl dafür zu bekommen, was es beinhaltet. (Es ist ein Unterschied, ob man ein Buch durchliest oder damit arbeitet.) Jedes Kapitel enthält Texte, Übungen, Aufgaben und ein wöchentliches Check-in. Lassen Sie sich nicht von der vermeintlichen Arbeitsmenge entmutigen. Ein Großteil der Arbeit ist in Wirklichkeit Spiel, und Sie müssen selten mehr als eine Stunde täglich aufwenden.

Den Teilnehmern meiner Kurse schlage ich in der Regel vor, sich einen Wochenplan zu machen. Wenn Sie zum Beispiel von Sonntag zu Sonntag arbeiten wollen, beginnen Sie damit, das Kapitel für die kommende Woche am Sonntagabend zu lesen. Danach machen Sie die Übungen im Schnellverfahren. Die wöchentlichen Übungen spielen eine entscheidende Rolle. Gleiches gilt für die Morgenseiten und den Künstlertreff. (Mehr darüber im nächsten Kapitel.) Sie werden wahrscheinlich nicht die Zeit haben, um alle für eine Woche vorgesehenen Aufgaben vollständig auszuführen. Versuchen Sie, ungefähr die Hälfte zu schaffen. Seien Sie sich dessen bewusst, dass die ausgelassenen Übungen darauf warten, von Ihnen erledigt zu werden, und kommen Sie, sobald es Ihnen möglich ist, auf sie zurück. Berücksichtigen Sie bei der Auswahl der Aufgaben zwei Kriterien: Geben Sie solchen Übungen Priorität, die Sie entweder interessieren oder bei denen Sie die größten Widerstände spüren. Heben Sie sich die neutraleren für später auf. Denken Sie bei der Wahl daran, dass wir den Dingen, die wir am meisten brauchen, oft den größten Widerstand entgegensetzen.

Halten Sie sich insgesamt sieben bis zehn Stunden pro Woche für Ihre Aufgaben frei, etwa eine Stunde pro Tag oder etwas mehr. Diese bescheidene Verpflichtung kann in der zwölfwöchigen Dauer des Kurses zu unglaublichen Ergebnissen führen. Wenn Sie dieselben Techniken über einen längeren Zeitraum anwenden, dann verändern Sie Ihre gesamte Lebensausrichtung.

Wenn Sie mit diesem Buch arbeiten, dann denken Sie daran, dass *Der Weg des Künstlers* die Form einer Spirale hat. Sie werden einige der Themen immer wieder umkreisen, jedes Mal auf einer anderen Stufe. Ein künstlerisches Leben ist nie fertig. Frustrationen und Belohnungen warten auf jeder Stufe des Weges auf Sie. Ihr Ziel ist es, Ihren Weg zu finden, Ihre Schritte sicher werden zu lassen und den Aufstieg in Angriff zu nehmen. Die kreativen Ausblicke, die sich eröffnen, werden Sie schnell begeistern.

Was Sie erwartet

Viele Menschen wünschen sich, kreativer zu sein. Viele spüren, dass sie eigentlich kreativer sind, aber es gelingt ihnen nicht, ihre Kreativität wirkungsvoll anzuzapfen. Unsere Träume entgleiten uns. Unser Leben fühlt sich irgendwie flach an. Oft haben wir großartige Ideen und wundervolle Träume, ohne dass wir sie je realisieren. Manchmal haben wir spezifische kreative Sehnsüchte, die wir uns gerne erfüllen würden – Klavierspielen lernen, malen, Schauspielunterricht nehmen oder Schreiben lernen. Manchmal sind unsere Ziele diffuser. Wir sehnen uns nach einem kreativeren Leben – einem umfassenderen Gefühl von Kreativität in unserem Berufsleben, im Umgang mit unseren Kindern, unserer Ehefrau oder unserem Ehemann, unseren Freunden.

Obwohl es kein Patentrezept für einen sofortigen und schmerzfreien Zugang zur eigenen Kreativität gibt, ist die Wiederentdeckung (oder Entdeckung) der Kreativität ein lehrbarer und nachvollziehbarer spiritueller Prozess. Wir Menschen sind komplex und individuell. Dennoch gibt es Gemeinsamkeiten, die die Aktivierung der Kreativität sichtbar machen.

In den ersten Wochen des Kurses löst dieser Prozess bei den Teilnehmern ein gewisses Maß an Trotz und Orientierungslosigkeit aus. Auf die Anfangsphase folgt bald in der Mitte des Kurses explosive Wut. Sie wird durch Trauer abgelöst, dann folgen abwechselnd Wellen von Euphorie und Verzweiflung. Es ist leicht erkennbar, dass diese Berg-und-Tal-Fahrt des Wachstums ein Geburtsprozess mit all seinen exemplarischen Expansionen und Kontraktionen ist.

Die persönliche Entwicklung meiner Kursteilnehmer wird begleitet von dem starken Drang, aus dem Prozess auszusteigen und zum gewohnten Leben zurückzukehren. Diese Phase des inneren Haderns veranlasst viele, gedanklich mit dem Abbruch des Kurses zu spielen. Ihrer kreativen Krise begegnen die Kursteilnehmer, indem sie sich neu dazu verpflichten, den Prozess auf jeden Fall bis zum Ende durchzuhalten, und lösen damit den für eine große Ego-Auflösung typischen freien Fall aus. Die Endphase des Kurses ist gekennzeichnet durch ein neues Gefühl von selbstbestimmter und erhöhter Autonomie, Spannkraft, freudiger Erwartung und Begeisterung. Es werden konkrete Pläne gemacht und verwirklicht.

Falls diese Beschreibung des Kursablaufs für Sie nach großem emotionalem Aufruhr klingt, dann haben Sie recht. Wer sich für die Aktivierung seiner Kreativität engagiert, der lässt sein gewohntes Leben hinter sich. Dieser *Rückzug* ist nichts anderes als das Losgelöstsein oder Nichtanhaften, das wir bereits aus der Meditation in all ihren unterschiedlichen Formen kennen.

In der Begrifflichkeit der Filmwelt ausgedrückt, könnte man sagen, wir rücken langsam etwas Neues ins Blickfeld, wir fahren die Kamera so lange hoch und weg, bis wir einen Überblick gewinnen. Dieser Überblick gibt uns die Kraft, tragfähige kreative Entscheidungen zu treffen. Stellen Sie sich das wie eine Reise auf schwierigem, wechselhaftem und faszinierendem Terrain vor. Sie bewegen sich auf eine höhere Ebene zu. Sie sollten Ihre Loslösung als positiven Prozess sehen, der gleichzeitig schmerzhaft und aufregend ist.

Viele Menschen müssen erkennen, dass sie ihre kreativen Energien verschwendet und zu viel in das Leben, die Hoffnungen, Träume und Pläne anderer investiert haben. Das Leben der anderen hat ihr eigenes in den Schatten gestellt und sie auf Abwege gebracht. Indem Sie nun durch Ihren Rückzugsprozess Ihren Kern festigen, können Sie Ihre eigenen Grenzen, Träume und authentischen Ziele artikulieren. Ihre persönliche Flexibilität erhöht sich, während Ihre Anfälligkeit für die Launen der anderen abnimmt. Sie erleben ein gesteigertes Gefühl von Autonomie und erkennen deutlicher die Möglichkeiten, die vor Ihnen liegen.

Sie beginnen, Ihre tief in Ihnen verschlossenen Träume auszugraben. Das ist ein schwieriger Prozess. Einige unserer Träume sind sehr flüchtig, und jede auch nur angedeutete Zurückweisung schickt eine riesige Welle von Energie durch unser Abwehrsystem. Welch eine Trauer! Welch ein Verlust! Welch ein Schmerz! Diesen Punkt im Aktivierungsprozess bezeichnet Robert Bly als den »Abstieg in die Asche«. Wir trauern um unser eigentliches Selbst, das wir im Stich gelassen haben. Wir begrüßen es so, wie wir einen geliebten Menschen begrüßen würden, der am Ende eines langen und verlustreichen Krieges heimkehrt.

Um unsere Kreativität wiederzuerlangen, müssen wir durch eine Zeit der Trauer hindurchgehen. Diese Trauer ist notwendig, damit wir uns von unserem »netten« aufgesetzten Selbst, das wir nicht sind, verabschieden können. Unsere Tränen bereiten den Boden für unser zukünftiges Wachstum. Der Schmerz der Trauer trifft uns wie ein Blitz, doch wenigstens wirkt er reinigend und bringt neue Erkenntnisse mit sich.

Woher wissen Sie nun, ob Ihre Kreativität blockiert ist? Ihre eigene Missbilligung gibt Ihnen einen hervorragenden Hinweis. Gibt es Künstler, die Sie missbilligen? Sagen Sie sich: »Das könnte ich auch, wenn bloß ...« Sagen Sie sich: »Wenn ich doch nur endlich mein kreatives Potenzial ernst nähme, dann könnte ich aufhören:

- Mir einzureden, dass es »zu spät« ist.
- Darauf zu warten, dass ich genug Geld verdiene, um das zu tun, was ich wirklich gerne tun möchte.
- Mich immer dann als Egoist zu beschimpfen, wenn ich Sehnsucht nach einem kreativeren Leben habe.
- Mir einzureden, dass Träume nicht wichtig sind, dass man sie nicht ernst nehmen muss und dass ich vernünftig sein soll.

- Angst davor zu haben, dass mich meine Familie und meine Freunde für verrückt halten.
- Mir einzureden, dass Kreativität Luxus ist und dass ich dafür dankbar sein muss, was ich habe.«

Wenn es Ihnen gelingt, Ihren inneren Künstler zu erkennen, zu nähren und zu schützen, werden Sie fähig sein, über Schmerz und kreative Beschränkung hinauszugehen. Sie werden lernen, Ängste zu erkennen und aufzulösen, emotionales Narbengewebe zu entfernen und Ihr Selbstvertrauen zu stärken. Sie werden alte, destruktive Vorstellungen über Kreativität erforschen und überwinden. Bei der Arbeit mit diesem Buch werden Sie eine intensive Begegnung mit Ihrer eigenen Kreativität erleben – mit Ihren persönlichen Bösewichten, Helden, Wünschen, Ängsten, Träumen, Hoffnungen und Triumphen. Diese Erfahrung wird Sie in Aufregung versetzen, depressiv, wütend, freudig, hoffnungslos und letzten Endes freier machen.

Die Grundtechniken

Zur Aktivierung von Kreativität gibt es zwei zentrale Techniken: die *Morgenseiten* und den *Künstlertreff*. Ein nachhaltiges Erwachen der Kreativität verlangt die konsequente Anwendung beider Techniken. Ich werde beide erläutern und damit die meisten Ihrer Fragen beantworten. In diesem Kapitel auf den folgenden Seiten wird genau erklärt, was unter Morgenseiten und Künstlertreff zu verstehen ist. Bitte lesen Sie es mit besonderer Aufmerksamkeit.

Die Morgenseiten

Damit Sie Ihre Kreativität fördern können, müssen Sie sie zunächst einmal finden. Um dieses Ziel zu erreichen, bitte ich Sie, ein auf den ersten Blick sinnloses Verfahren anzuwenden: das Schreiben der Morgenseiten. Während des zwölfwöchigen Kurses werden Sie sich dieser Technik jeden Tag bedienen, und ich wünsche Ihnen, dass Sie diese neue gute Angewohnheit auch danach weiter beibehalten. Ich schreibe jetzt seit zehn Jahren Morgenseiten. Für manche meiner Schüler ist die Technik unverzichtbar geworden.

Ginny, eine Schriftstellerin und Produzentin, führt die Inspiration für ihre letzten Drehbücher und die Klarheit bei der Planung ihrer Fernsehfeatures auf die Morgenseiten zurück. »Ich bin, was das Schreiben der Morgenseiten angeht, bereits abergläubisch geworden«, sagt sie. »Als ich mein letztes Feature machte, bin ich morgens um fünf Uhr aufgestanden, um schreiben zu können, noch bevor ich mit der Arbeit anfing.«

Was sind die Morgenseiten? Einfach ausgedrückt sind sie drei ohne Abkürzungen vollgeschriebene Blätter, die streng dem Bewusstseinsstrom folgen: »O Gott, schon wieder ein Morgen. Ich habe NICHTS zu sagen. Ich muss die Vorhänge waschen. Habe ich gestern meine Wäsche gewaschen? Bla, bla, bla ...« Sie könnten also auch einfach *Gehirnentleerung* genannt werden, denn das ist eine ihrer Hauptfunktionen.

Man kann die Morgenseiten nicht auf die falsche Art schreiben. Diese täglichen verbalen Morgenspaziergänge sind nicht als Kunst gedacht. Nicht einmal im klassischen Sinn als Text. Ich betone diesen Punkt, um diejenigen zu beruhigen, die mit diesem Buch arbeiten und keine Schriftsteller sind. Schreiben ist nur eine von mehreren Techniken. Die Morgenseiten verlangen von Ihnen lediglich, Ihre Hand über die Seite zu bewe-

gen und niederzuschreiben, was *immer* Ihnen in den Sinn kommt. Nichts ist zu unbedeutend, zu albern, zu dumm oder zu skurril, um aufgeschrieben zu werden.
Die Morgenseiten sollen nicht gescheit klingen – obwohl das auch vorkommen kann. Niemand außer Ihnen selbst wird sie je zu lesen bekommen. Und in den ersten acht Wochen sollten auch Sie selbst sie nicht lesen. Schreiben Sie einfach nur drei Seiten voll, und stecken Sie sie in einen Umschlag. Oder beschreiben Sie drei Seiten in einem Ringbuch und blättern nicht mehr zurück. Schreiben Sie drei Seiten ... und am nächsten Tag weitere drei.

> *30. September 1991 ... Am Wochenende gingen Domenica und ich für ihr Biologiepraktikum auf Wanzenjagd zum Rio Grande und zum Port Creek. Wir sammelten Wassertiere und Schmetterlinge. Ich hatte mir mein eigenes knallrotes Schmetterlingsnetz gemacht, das sich als recht nützlich erwies, obwohl uns die Libellen zu unserem Ärger entkommen sind. Die Tarantel, die den staubigen Weg in der Nähe unseres Hauses hinunterkrabbelte, fingen wir leider auch nicht. Wir freuten uns jedoch darüber, dass wir sie entdeckt hatten.*

Obwohl die Morgenseiten manchmal farbenfroh ausfallen können, werden sie viel öfter negativ oder bruchstückhaft sein. Oft werden Sie sich selbst bemitleiden, sich wiederholen; Ihr Text wird gestelzt oder kindisch klingen, wütend oder sanft und manchmal sogar albern. Das ist gut so!

> *2. Oktober 1991 ... Ich bin aufgestanden und hatte Kopfschmerzen und habe ein Aspirin genommen und*

fühle mich besser, aber immer noch ein bisschen wackelig. Es könnte doch diese Grippe sein. Ich bin jetzt mit dem Auspacken fast fertig und habe immer noch nicht Lauras Teekanne gefunden, die ich schmerzlich vermisse. Ich bin untröstlich ...

All dieses wütende, weinerliche, unbedeutende Zeug, das Sie auf Ihren Morgenseiten festhalten, steht zwischen Ihnen und Ihrer Kreativität. Angst um den Job, die Wäsche, die Beule am Auto, der seltsame Blick in den Augen unseres Freundes oder unserer Freundin – all diese Dinge wirbeln durch unser Unterbewusstsein und überlagern unseren Tag. Bringen Sie sie zu Papier.

Die Morgenseiten sind die wichtigste Technik für die Aktivierung Ihrer Kreativität. Als in seinem Schaffen gehemmter Künstler kritisieren Sie sich wahrscheinlich erbarmungslos. Auch dann, wenn Sie in den Augen der Welt ein produktiver Künstler sind, haben Sie selbst vermutlich das Gefühl, weder genug noch das Richtige zu tun. Sie haben sich zum Opfer Ihres verinnerlichten Perfektionisten gemacht, der in Ihrer linken Gehirnhälfte sitzt und zu allem, aber auch allem, was Sie tun, seine Wahrheit beisteuert. Er sagt so wundervolle Dinge wie »Das nennst du schreiben? Das ist ja lachhaft. Du beherrschst nicht einmal Zeichensetzung und Rechtschreibung. Wenn du das bis jetzt nicht gelernt hast, dann wirst du es nie lernen. Wieso glaubst du, kreativ zu sein?« Und so weiter.

Denken Sie immer daran, dass die negativen Äußerungen Ihres inneren Zensors nicht die Wahrheit sind. Das erfordert Übung. Indem Sie seine abschlägigen Bemerkungen jeden Morgen nach dem Aufstehen hochkommen lassen und zu Papier bringen, lernen Sie, ihm auf die Schliche zu kommen.

Da es unmöglich ist, die Morgenseiten auf falsche Art zu schreiben, spielt es keine Rolle, wie Ihr innerer Kritiker sie bewertet. Lassen Sie ihn ruhig weiterplappern. (Das wird er ohnehin tun.) Ihre Hand füllt trotzdem die drei Blätter. Schreiben Sie die Gedanken Ihres inneren Zensors auf, wenn Sie möchten. Beobachten Sie dabei, wie er Ihnen an Ihre kreative Gurgel geht. Machen Sie sich nichts vor: Ihr Zensor will Sie fertigmachen. Er ist ein listiger Gegner! Haben Sie schon einmal darüber nachgedacht, wer da in Ihnen alles kommentiert, was Sie tun? Jedes Mal, wenn Sie etwas dazulernen, tut er es auch. Sie haben also ein gutes Theaterstück geschrieben? Ihr innerer Kritiker sagt Ihnen, dass es Ihr letztes sein wird. Ihnen ist ein erster Entwurf für ein großes Bild gelungen? Ihr innerer Zensor mäkelt: »Ein Picasso ist das aber nicht.«

Stellen Sie sich Ihren Zensor als eine giftige Schlange vor, die durch Ihren Garten Eden der Kreativität schleicht und Ihnen Gemeinheiten zuzischelt, um Sie aus Ihrem kreativen Fahrwasser zu werfen. Wenn Ihnen das Bild von der Schlange nicht zusagt, dann finden Sie ein anderes für Ihren Zensor. Vielleicht ist er ja der mörderische Hai aus dem Film. Malen Sie ihn, und streichen Sie ihn mit einem dicken X aus. Hängen Sie das Bild da auf, wo Sie normalerweise schreiben, oder kleben Sie es auf den Innendeckel Ihres Notizbuches. Indem Sie den Zensor in Ihrer Fantasie auf einen widerlichen kleinen Zwerg reduzieren, verliert er etwas von der Macht, die er über Sie und Ihre Kreativität hat.

Der eine oder andere meiner Kursteilnehmer hat außerdem für sich eine Karikatur des Elternteils angefertigt, der für die Einnistung des Zensors in seiner Psyche verantwortlich war und ihn so weitgehend entmachtet. Ziel ist es, im inneren Kritiker nicht mehr länger die Stimme der Vernunft zu sehen und ihn stattdessen als den Miesmacher zu durchschauen, der er in Wirklichkeit ist. Die Morgenseiten werden Ihnen dabei helfen.

Die Morgenseiten sind nicht verhandelbar. Lassen Sie die Morgenseiten nie aus, und lassen Sie sich beim Schreiben nicht hetzen. Die Gemeinheiten, die Ihr Zensor verbreitet, sind nicht wichtig. Auch Ihre Stimmung ist nicht wichtig. Wir haben die Vorstellung, dass wir in der richtigen Stimmung sein müssen, um schreiben zu können. Das stimmt nicht.

Die Morgenseiten werden Ihnen zeigen, dass Ihre Stimmung in Wirklichkeit keine Rolle spielt. Einige der besten Arbeiten entstehen tatsächlich genau an den Tagen, an denen Sie überzeugt sind, nur Mist zu produzieren. Durch die Morgenseiten werden Sie lernen, mit dem Urteilen aufzuhören und sich einfach nur schreiben zu lassen. Sie sind müde, mürrisch, abgelenkt oder gestresst? Und wennschon. Ihr innerer Künstler ist ein Kind, das Nahrung braucht. Durch die Morgenseiten bekommt Ihr Künstlerkind Nahrung. Also schreiben Sie!

Drei Seiten über alles, was Ihnen in den Sinn kommt – das heißt all das, was gerade ansteht. Wenn Ihnen nichts einfällt, dann schreiben Sie: »Mir fällt nichts ein, worüber ich schreiben könnte ...« Tun Sie das so lange, bis Sie drei Seiten gefüllt haben. *Schreiben Sie, was immer Sie wollen, bis die drei Seiten voll sind.*

Wenn Kursteilnehmer fragen: »Warum müssen wir Morgenseiten schreiben?«, dann antworte ich: »Damit ihr es auf die andere Seite schafft.« Sie glauben dann, ich mache Spaß, aber es ist mir ernst. Die Morgenseiten bringen uns wirklich auf die andere Seite: die andere Seite unserer Angst, unserer Negativität, unserer Launen. Und, was am wichtigsten ist, mit ihrer Hilfe lassen wir den inneren Zensor hinter uns. Dort, wo uns kein Zensor mehr dazwischenquatscht, finden wir unsere eigene Mitte, den Ort, an dem wir die kleine, feine Stimme hören, die sowohl unserem Schöpfer als auch uns selbst eigen ist.

An dieser Stelle muss nun etwas über das logische Gehirn und das Künstlergehirn gesagt werden. Das *logische Gehirn* wird in der westlichen Welt bevorzugt. Es ist das kategorische Gehirn. Es denkt klar und linear. Es begreift die Welt gemäß bekannten Kategorien. Ein Pferd ist eine bestimmte Zusammensetzung von Körperteilen, die ein Pferd ergeben. Ein herbstlich gefärbter Wald wird als eine Kombination von Farben betrachtet, die wir zusammen als »Herbstwald« empfinden. Das logische Gehirn schaut sich einen Herbstwald an und stellt fest: rot, orange, gelb, grün, golden.

Das logische Gehirn war und ist zuständig für unser Überleben. Es funktioniert auf der Basis einmal erkannter Prinzipien. Alles Unbekannte wird als falsch und möglicherweise gefährlich aussortiert. Das logische Gehirn mag es, wenn die Dinge wie die Soldaten in einer ordentlichen Reihe hintereinanderweg marschieren. Das logische Gehirn ist der Verstand, auf den wir hören, besonders dann, wenn wir uns selbst befehlen, vernünftig zu sein.

Das logische Gehirn ist unser innerer Zensor. Wenn unser Zensor einen ihm unbekannten Satz, eine neue Phrase hört oder eine ungewöhnliche Farbkombination sieht, dann sagt er: »Was in aller Welt soll das sein? Das gibt es nicht!«

Das *Künstlergehirn* ist unser innerer Erfinder, unser inneres Kind, unser ureigener zerstreuter innerer Professor. Das Künstlergehirn sagt: »Super! Das ist so genial!« Es setzt seltsame Dinge zueinander in Beziehung (ein Boot ist Welle und Spaziergänger zugleich). Es gefällt ihm, einen Rennwagen als wildes Tier zu bezeichnen: »Der schwarze heulende Wolf fuhr in die Auffahrt ...«

Das Künstlergehirn ist unser kreatives, holistisches Gehirn. Es denkt in Bildern und Farbschattierungen. Es sieht einen Herbstwald und denkt: Wow! Ein Blätterbouquet! Hübsch! Ein goldglanzglitzriger Erdhautkönigsteppich! Das Künstlergehirn ist assoziativ und hat einen freien Willen. Es schafft neue Verbindungen und verknüpft Bilder, um sie mit neuem Sinn zu füllen. In den nordischen Mythen zum Beispiel wird ein Boot »Wellenpferd« genannt. Der Name Skywalker (Himmelsläufer) im Film *Krieg der Sterne* ist einem wunderbaren Künstlergehirngeistesblitz des Produzenten George Lucas zu verdanken.

Was soll all das Gerede vom logischen und vom Künstlergehirn? Es soll uns bewusst machen, dass die Morgenseiten dem Verstand beibringen, zurückzutreten und das Künstlergehirn spielen zu lassen.

Der innere Zensor ist Bestandteil unseres aus Vorzeiten verbliebenen Überlebensgehirns. Die Entscheidung darüber, ob es sicher war, aus dem Wald und auf die Wiese hinauszutreten, fiel in seinen Zuständigkeitsbereich. Unser Zensor überprüft die Wiese unserer Kreativität auf mögliche gefährliche Tiere. Für ihn kann bereits ein neuer, ungewöhnlicher Gedanke gefährlich aussehen.

Er mag nur solche Sätze/Gemälde/Skulpturen/Fotografien, die er schon viele Male gesehen hat. Sichere Sätze. Sichere Gemälde. Keine experimentellen Ergüsse, keine krummen Linien oder Gedankensplitter. Hören Sie Ihrem inneren Zensor zu, und er wird Ihnen sagen, dass alles Originelle falsch/gefährlich/schlecht ist.

Jedes Mal, wenn Sie sich auf Zehenspitzen nach draußen wagen, macht sich jemand (Ihr Zensor) über Sie lustig. Wer wäre da nicht blockiert? Die Morgenseiten werden Ihnen zeigen, wie Sie diese Verspottungen in Zukunft an sich abperlen lassen können. Sie werden es Ihnen ermöglichen, sich von Ihrem inneren Miesmacher zu distanzieren.

Vielleicht hilft es Ihnen, das Schreiben der Morgenseiten als Meditation zu begreifen. Möglicherweise ist es nicht die Art von Meditation, an die Sie gewöhnt sind. Oder Sie haben noch keine Meditationserfahrung. Zwar sind die Morgenseiten nicht spirituell und noch nicht einmal meditativ – sie sind eigentlich eher negativ und materialistisch –, dennoch sind sie eine gültige Form der Meditation, durch die uns Einsichten vermittelt werden. Und sie helfen uns, Änderungen in unserem Leben herbeizuführen.

Schauen wir uns an, was wir durch Meditation erreichen können. Es gibt viele verschiedene Ansätze, um über Meditation nachzudenken. Wissenschaftler interessieren sich für sie im Zusammenhang mit den Gehirnhemisphären. Managementberater betrachten Meditation hauptsächlich als eine Technik der Stressreduktion, mit der sie die körperliche Gesundheit ihrer Mitarbeiter erhalten können. Spirituell Suchende empfinden das Meditieren als Tor zu Gott. Für Künstler und Kreativitätsexperten ist Meditation ein Kanal für höhere kreative Einsichten.

Alle diese Vorstellungen sind zutreffend, aber nicht umfassend genug. Es stimmt, wir nehmen Einfluss auf unser Gehirn, reduzieren Stress, stellen Kontakt zu einer kreativen Quelle her und profitieren von den resultierenden kreativen Einsichten. All das sind Gründe genug, um sofort mit der Meditation zu beginnen. Doch selbst dann, wenn man all diese Vorstellungen zusammen betrachtet, sind sie lediglich das intellektuelle Konstrukt für etwas, das in erster Linie eine Erfahrung von Ganzheit, Gültigkeit und Macht ist.

Wir meditieren, um unsere Identität zu entdecken und um unseren Platz in der Ordnung des Universums zu finden. Durch

Meditation erkennen und anerkennen wir unsere Verbindung zu einer inneren Kraftquelle, die unsere äußere Welt transformieren kann. Mit anderen Worten: Meditation verhilft uns nicht nur zum Licht der Einsicht, sondern gibt uns auch die Kraft für weitreichende Veränderungen.

Einsicht ist ein intellektueller Trost. Macht hingegen stellt eine blinde Kraft dar, die genauso leicht zerstören wie aufbauen kann. Nur wenn wir bewusst lernen, Macht und Einsicht zu verbinden, dann beginnen wir, unsere rechtmäßige Identität als kreative Wesen zu spüren. Durch das Schreiben der Morgenseiten kann uns diese Verbindung gelingen. Es gestattet uns die Kontaktaufnahme mit dem inneren Schöpfer. Diese Tatsache macht die Morgenseiten zu einer spirituellen Übung.

Es kann sein, dass man über längere Zeit Morgenseiten schreibt, und der Zugang zum inneren Schöpfer lässt sich scheinbar nicht herstellen. Ich habe sie viele Jahre lang geschrieben, bevor ich begriff, dass die Seiten vor allem ein Tor zu einem starken und klaren Gefühl für das eigene Selbst sind. Sie sind ein Pfad, dem wir in unser eigenes Inneres folgen, wo wir sowohl unserer Kreativität als auch unserem Schöpfer begegnen. Doch der Prozess hat nichts Spektakuläres und ist leicht zu übersehen.

Die Morgenseiten sind eine Landkarte unseres Inneren. Ohne sie könnten wir nicht zu unseren Träumen vordringen. Bei mir jedenfalls war es so. Indem Sie Morgenseiten schreiben, verbindet sich das Licht der Einsicht mit der für umfassende Veränderungen erforderlichen Kraft. Es ist sehr schwierig, sich Morgen für Morgen und Monat für Monat über eine bestimmte Situation zu beschweren, ohne dass der Wunsch entsteht, konstruktiv handelnd etwas dagegen zu tun. Die Seiten führen uns aus unserer Verzweiflung heraus und hin zu Ver-

änderungen, von denen wir bisher nicht einmal zu träumen wagten.
Als ich zum ersten Mal Morgenseiten schrieb, lebte ich in Taos, New Mexico. Ich war dorthin gezogen, um mit mir wieder ins Reine zu kommen – über was genau, wusste ich nicht. Zum dritten Mal hintereinander war mir ein Film aufgrund der Studiopolitik durch die Lappen gegangen. An solche Katastrophen sind Drehbuchautoren gewöhnt, aber mir kam es so vor, als seien sie Fehlgeburten. Ich fühlte mich durch ihre Häufung vernichtet. Tatsächlich dachte ich darüber nach, das Drehbuchschreiben aufzugeben. Kein weiteres meiner geistigen Kinder sollte einen so frühen Tod sterben. Ich war nach New Mexico gekommen, um mein Herz zu heilen und um nach einem anderen Betätigungsfeld für mich zu suchen.
Ich lebte in einem kleinen Lehmhaus, das nach Norden hin einen Ausblick auf das Taos-Gebirge bot, und in diesem Haus begann ich, die ersten Morgenseiten zu schreiben. Niemand hatte mir dazu geraten. Ich kannte niemanden, der Ähnliches tat. Ich fühlte in mir die unzweideutige Aufforderung zum Schreiben, also gehorchte ich. Ich saß an einem Holztisch mit Blick auf die Taos-Berge und schrieb.
Die Morgenseiten waren meine Freizeitbeschäftigung, ich konnte schreiben, statt die ganze Zeit nur auf den Berg vor mir zu starren. Der Berg, ein buckliges Wunder, das bei jedem Wetter anders aussah, warf mehr Fragen auf, als ich stellte. Einen Tag in Wolken gehüllt, dunkel und nass am nächsten, beherrschte dieser Berg meine Aussicht und meine Morgenseiten. Was hatte er zu bedeuten – oder was bedeutete überhaupt irgendetwas? Ich stellte diese Frage Seite für Seite, Morgen für Morgen. Aber es kam keine Antwort.
Und dann betrat an einem nassen Morgen ein Typ namens Johnny meine Seiten. Ohne dass ich es geplant hatte, war ich

dabei, einen Roman zu schreiben. Die Morgenseiten hatten mir einen Weg aufgezeigt.
Jeder, der die Morgenseiten treu schreibt, wird zu einer Quelle innerer Weisheit geführt werden, mit der er sich verbinden kann. Wenn ich in einer schmerzhaften Situation oder einem Problem feststecke und nicht weiß, was ich tun soll, dann vertraue ich mich den Seiten an und bitte um Führung. Ich verwandle mich in »LJ« (Little Julie) und stelle meine Frage.

LJ: Was sollte ich den Lesern über diese innere Weisheit mitteilen? *(Dann höre ich der Antwort zu und schreibe sie ebenfalls hin.)*

ANTWORT: Du solltest ihnen erzählen, dass jeder einen direkten Draht zu Gott hat. Niemand muss über einen Vermittler gehen. Sage ihnen, dass sie diese Technik bei einem ihrer Probleme ausprobieren können. Sie werden es tun.

Manchmal kann einem die Antwort wie oben zu schnoddrig oder zu einfach vorkommen. Sehr oft jedoch ist sie genau richtig, und ich erreiche mein Ziel, wenn ich dem erhaltenen Rat folge. Und deshalb möchte ich hier nur zur Sicherheit noch einmal zu Protokoll geben, dass die Seiten meine Art sind, zu meditieren, und dass ich sie schreibe, weil sie funktionieren.
Eine letzte Zusicherung: Die Morgenseiten werden bei Malern, Bildhauern, Dichtern, Schriftstellern, Rechtsanwälten und Hausfrauen wirken – bei jedem nämlich, der etwas Kreatives ausprobieren möchte. Denken Sie nicht, die Morgenseiten seien ein Werkzeug ausschließlich für Schriftsteller. Das ist Humbug. Rechtsanwälte, die sich dieser Übung bedienen, leisten jeden Eid, dass sie dadurch vor Gericht effektiver werden. Tänzer behaupten, dass sich ihr Gleichgewichtsgefühl verbessert. Es könnte sogar so sein, dass es Schriftstellern, die den

bedauerlichen Wunsch haben, die Morgenseiten zu *formulieren,* statt sie nur zu schreiben, am schwersten fällt, ihre Wirkung zu erkennen. Vermutlich merken sie jedoch, dass das, was sie sonst schreiben, plötzlich sehr viel freier und klarer wirkt und ihnen irgendwie leichtfällt. Kurz gesagt, egal welche Vorbehalte Sie haben oder welchen Beruf Sie ausüben, die Morgenseiten werden Ihnen nützen.

Ein zugeknöpfter, schweigsamer, griesgrämiger Millionär namens Timothy begann das Schreiben der Morgenseiten mit der Verächtlichkeit des Skeptikers. Er wollte sie nicht schreiben, ohne irgendeinen Beweis zu haben, dass sie auch funktionieren. Die verdammten Seiten hatten kein Preisschild, lieferten keinen Hinweis für ihren Marktwert. Sie klangen einfach nur albern, und Timothy hasste Albernheiten.

Timothy war ein ernsthafter Spieler. Sein Pokerface war so glatt, dass es einer Glasscheibe mehr ähnelte als der Abwehrmauer vor dem Tor der Gegenspieler. Nach jahrelanger Übung in der Vorstandsetage seines Unternehmens war Timothys unbesiegbare Fassade so dunkel, poliert und teuer wie Mahagoni. Es gab keine Emotion, die diesen Mann aus der Ruhe bringen konnte. Er war ein lebendes Denkmal für die Unergründlichkeit alles Männlichen.

»Na gut, okay ...« Timothy erklärte sich mit dem Schreiben der Seiten einverstanden, aber nur deshalb, weil er viel Geld bezahlt hatte, um sich sagen zu lassen, dass er sie machen sollte. Und siehe da, innerhalb von drei Wochen wurde der sittenstrenge Timothy im Nadelstreifenanzug zum Verfechter der Morgenseiten. Das Ergebnis seiner Arbeit überzeugte ihn. Und auf einmal gefiel es ihm, kreativ zu sein. »Ich habe Gitarrensaiten für die alte Gitarre gekauft, die bei mir herumlag«, berichtete er eines Tages. Und dann: »Ich habe meine Stereoanlage wieder angeschlossen und einige wundervolle italienische Aufnahmen gekauft.« Obwohl er es nur zögernd zugeben konnte, sogar vor sich selbst, Timothys schriftstellerische Fähigkeiten begannen sich zu entfalten. Bei Morgengrauen schon auf den Beinen, schrieb er zu gregorianischen Gesängen aus seiner Stereoanlage frei aus sich heraus.

Nicht alle gehen die Morgenseiten mit so offensichtlicher Abwehr an. Phyllis, eine prominente Rennpferdexpertin, die jahrelang ihre geistigen Fähigkeiten hinter ihrer Schönheit versteckt hatte und ihr Leben hinter demjenigen ihres Mannes, probierte die Morgenseiten mit sehr viel oberflächlichem Enthusiasmus aus – und der inneren Überzeugung, dass sie sowieso nie funktionieren würden. Es war schon zehn Jahre her, seit sie sich zuletzt erlaubt hatte, etwas anderes zu schreiben als Briefe und Einkaufslisten. Nach einem Monat Morgenseiten empfing Phyllis scheinbar aus dem Nichts ihr erstes Gedicht. In den drei Jahren, die sie die Seiten seitdem schreibt, hat sie Gedichte, Reden, Radioshows und ein Sachbuch geschrieben.

Anton, mürrisch, aber anmutig im Gebrauch seiner Seiten, schaffte es, seine Blockaden als Schauspieler zu lösen. Laura, talentiert, aber als Schriftstellerin, Malerin und Musikerin in ihrem Ausdruck gehemmt, fand heraus, dass die Morgenseiten sie an ihr Klavier, ihre Schreibmaschine und ihre Staffelei brachten.

Auch wenn Sie diesen Kurs mit einer festen Vorstellung davon beginnen, in welchen Bereichen Sie Blockaden auflösen möchten, könnte es sein, dass meine Techniken kreative Bereiche befreien, die Sie lange ignoriert haben oder von denen Sie noch gar nichts wissen. Ingeborg, die die Seiten verwendete, um ihre kreative innere Schriftstellerin zu befreien, vollzog eine Entwicklung, in deren Verlauf sie sich von einer der bekanntesten Musikkritikerinnen Deutschlands zu ihrer ersten

Komposition seit zwanzig Jahren bewegte. Sie war überrascht und rief mehrmals in den Vereinigten Staaten an, um mir ihre erfreulichen Neuigkeiten mitzuteilen.

Oft sind die Teilnehmer, die den größten Widerstand gegen die Morgenseiten leisten, diejenigen, die sie später am meisten lieben. Es ist tatsächlich sogar ein gutes Zeichen, wenn Sie die Morgenseiten hassen. Sie zu lieben ist dann von Vorteil, wenn Ihre Liebe Sie auch dann mit dem Schreiben fortfahren lässt, wenn innere Widerstände Sie daran hindern wollen. Die dritte Möglichkeit ist eine neutrale Haltung, aber sie ist eigentlich eine defensive Strategie, hinter der Langeweile steht.

Hinter der Langeweile verbirgt sich Gleichgültigkeit. Gleichgültigkeit bedeutet Angst, und Angst ist ein Hinweis darauf, dass Sie insgeheim verzweifelt sind. Bringen Sie also Ihre Ängste zu Papier. Bringen Sie alles zu Papier. Füllen Sie drei Seiten.

Der Künstlertreff

Die zweite grundlegende Technik von *Der Weg des Künstlers* könnte bei Ihnen den Eindruck erwecken, sie sei gar keine, sondern eher als Zerstreuung gedacht. Vielleicht erkennen Sie klar, wie die Morgenseiten funktionieren, haben aber große Zweifel an etwas, das sich »Künstlertreff« nennt. Ich versichere Ihnen jedoch, dass Künstlertreffs ebenso wirksam sind.

Stellen Sie sich die Kombination der beiden Techniken wie einen Radioempfänger und seinen Sender vor. Zustande kommt ein Prozess, der zwei Schritte umfasst und in zwei Richtungen wirkt: zunächst *nach außen* und dann *nach innen*. Wenn Sie Ihre Morgenseiten schreiben, senden Sie; Sie informieren sich selbst und das Universum über Ihre Träume, über die Dinge, mit denen Sie unzufrieden sind, und über Ihre

Hoffnungen. Wenn Sie Ihren Künstlertreff abhalten, empfangen Sie; Sie öffnen sich Ihren Einsichten, Ihrer Inspiration und Ihrer Führung.

Aber was genau *ist* ein Künstlertreff? Ein Künstlertreff ist ein wöchentliches Zeitfenster von vielleicht zwei Stunden, das Sie sich freihalten, um Ihr kreatives Bewusstsein und Ihren inneren Künstler zu nähren. In seiner ursprünglichsten Form ist der Künstlertreff ein Ausflug, eine Verabredung zum Spielen, die Sie im Voraus planen und gegen alle Übergriffe verteidigen. Sie nehmen niemanden auf diesen Künstlertreff mit außer Ihren inneren Künstler beziehungsweise Ihr kreatives inneres Kind. Das bedeutet keine Geliebten, keine Freunde, Ehemänner oder Ehefrauen, keine Kinder – keine Anhängsel irgendwelcher Art.

Wenn Sie das dumm finden oder der Meinung sind, dass Sie nie so viel Zeit erübrigen können, dann erkennen Sie diese Reaktion als Widerstand an. Sie können es sich *nicht* leisten, für Künstlertreffs keine Zeit übrig zu haben.

»Verbringen Sie qualitativ hochwertige Zeit miteinander?«, ist eine Frage, die Paare mit Beziehungsproblemen von ihren Therapeuten oft gestellt bekommen. Eltern verhaltensauffälliger Kinder fragt man dasselbe.

»Nun ..., was meinen Sie mit ›qualitativ hochwertiger‹ Zeit?«, ist die normale (ausweichende) Reaktion. »Wir verbringen viel Zeit miteinander.«

»Ja ..., aber ist das eine qualitativ hochwertige Zeit? Haben Sie jemals Spaß miteinander?«, so könnte der Therapeut insistieren.

»Spaß?« (Wer hat je von Spaß bei einer miesen Beziehung wie dieser gehört?)

»Treffen Sie Verabredungen? Um einfach nur zu reden? Um einander einfach nur zuzuhören?«

»Verabredungen? ... Aber wir sind verheiratet, zu beschäftigt, zu pleite, zu ...«
»Zu ängstlich«, könnte der Therapeut Ihnen das Wort abschneiden.
Es *macht* Angst, qualitativ hochwertige Zeit mit einem Kind oder einem Geliebten/einer Geliebten zu verbringen, und unser innerer Künstler ist beides zugleich. Ein wöchentlicher Künstlertreff ist erstaunlich bedrohlich – und bemerkenswert produktiv.
Ein Treff? Mit meinem inneren Künstler?
Ja. Ihr Künstler muss ausgeführt und verwöhnt werden, und er braucht jemanden, der ihm zuhört. Es gibt so viele Möglichkeiten, dieser Verpflichtung auszuweichen, wie es Tage in Ihrem Leben gibt. »Ich bin zu pleite« ist die beliebteste Ausrede, obwohl niemand gesagt hat, dass die Verabredung größere Ausgaben mit sich bringen muss.
Ihr innerer Künstler ist ein Kind. Zeit mit einem Elternteil zu verbringen bedeutet mehr, als Geld auszugeben. Einen Spaziergang über einen Flohmarkt, ein Ausflug allein an den Strand, ein alter Film, den man sich mit dem inneren Kind zusammen anschaut, ein Besuch in einer Tierhandlung oder einer Kunstgalerie – all das kostet Zeit, aber nicht unbedingt Geld. Denken Sie daran, es ist das *zeitliche* Engagement, das zählt.
Wenn Sie eine Parallele suchen, dann denken Sie an ein Kind geschiedener Eltern, das den einen geliebten Elternteil nur an den Wochenenden sieht. (Während eines Großteils der Woche steht Ihr innerer Künstler in der Obhut eines strengen Alltagserwachsenen.) Was dieses Kind braucht, ist Aufmerksamkeit und keine teuren Ausflüge. Auf keinen Fall möchte dieses Kind den kostbaren Elternteil mit jemandem wie dem neuen Partner teilen.
Wenn Sie sich fürsorglich um sich selbst kümmern möchten,

dann ist es entscheidend, Zeit mit Ihrem Künstlerkind allein zu verbringen. Ein liebevoller Umgang mit sich selbst heißt, für sich allein etwas zu unternehmen. Einen langen Spaziergang auf dem Lande, eine einsame Expedition an den Strand, um einen Sonnenaufgang oder Sonnenuntergang zu beobachten, einen Abstecher in eine fremde Kirche, um Gospelmusik zu hören, in ein Ausländerviertel, um dort fremde Ansichten und Klänge kennenzulernen – all das könnte Ihr innerer Künstler genießen. Oder vielleicht geht Ihr innerer Künstler gerne kegeln?

Nehmen Sie sich einen einmal wöchentlichen Künstlertreff vor, und beobachten Sie dann, wie sich die Seite von Ihnen, die jede Freude negiert, herauszuwinden versucht. Machen Sie sich bewusst, wie bereitwillig Sie die kostbare Verabredung mit sich selbst opfern. Achten Sie darauf, wie sich plötzlich ein Dritter in Ihre eigens freigehaltene Zeit drängt. Lernen Sie, sich gegen diese Invasionen zu schützen. Hören Sie Ihrem Künstlerkind zu und dem, was es über diese gemeinsamen Ausflüge zu sagen hat. Zum Beispiel könnte Ihr innerer Künstler ausrufen: »Oh, ich hasse dieses ernsthafte Zeug«, wenn Sie darauf bestehen, ihn zu Erwachsenenplätzen mitzunehmen, die kulturell erbaulich und gut für ihn sind.

Hören Sie auf Ihr Künstlerkind! Es sagt Ihnen, dass Ihre Kunst einen spielerischeren Einfluss braucht. Ein bisschen Spaß kann viel bewirken, wenn Ihre Arbeit spielerischer werden soll. Wir vergessen, dass Fantasie und Freude am Spiel das Herzstück jeder guten Arbeit ist.

Sie werden sich wahrscheinlich bei dem Versuch ertappen, Künstlertreffs zu schwänzen. Erkennen Sie diesen Widerstand als Angst vor Nähe. In problematischen Beziehungen richten wir uns mit unseren Partnern oft in Vermeidungsmustern ein. Wir wollen nicht hören, was sie denken, weil es uns verletzen könnte. Also gehen wir unserem Partner in dem Wissen aus dem Weg, dass er bei der erstbesten Gelegenheit wahrscheinlich mit etwas herausplatzen wird, was wir nicht hören möchten. Oder aber er besteht auf eine Antwort, die uns nicht zur Verfügung steht und die wir nicht geben können. Wenn dann schließlich Wahrheiten ausgesprochen werden, starren wir einander erstaunt an und sagen: »Ich wusste ja gar nicht, dass du so fühlst!«

Mit großer Wahrscheinlichkeit führen diese zunächst erschreckenden Selbstenthüllungen zum Aufbau einer wirklichen Beziehung, in der die Beteiligten sie selbst sein und sich frei entfalten können. Solche Aussichten fördern den Mut zur Konfrontation. Ein gesundes Verhältnis zur Kreativität setzt voraus, dass wir Zeit und Sorgfalt aufwenden, um es zu pflegen. Unsere Kreativität wird diese Zuwendung nutzen, um uns zu konfrontieren, zu vertrauen, sich mit uns zu verbinden und zu planen.

Die Morgenseiten machen Sie mit Ihrem Denken und Ihren Bedürfnissen bekannt. Sie erkennen Ihre Problembereiche und Anliegen. Sie beschweren sich, zählen auf, durchschauen, isolieren, schmollen. Wie im Gebet ist das der erste Schritt. Im Laufe der Befreiung, die unser Künstlertreff bewirkt – Schritt Nummer zwei –, empfangen Sie nach und nach Lösungsvorschläge. Und Sie investieren in Ihre kreativen Reserven, auf die Sie schließlich zurückgreifen, um künstlerisch erfüllter zu leben.

Den Fischteich aufstocken

Kunst verwendet Bilder. Um kreativ sein zu können, brauchen wir den Zugriff auf unsere innere Quelle. Dieses künstlerische Reservoir ist einem reichbesetzten Forellenteich vergleichbar.

Uns stehen große, kleine, fette, magere Fische zur Verfügung – Überfluss für unseren künstlerischen Speiseplan. Als Künstler ist es unsere Aufgabe, dieses künstlerische Ökosystem zu erhalten. Pflegen wir es nicht, dann leert sich unsere Quelle; Stagnation oder Blockade sind die Folge.

Ausufernde Arbeitszeiten und intensive Schaffensperioden stellen eine Herausforderung für unsere innere Quelle dar. Überfischen wir den Teich, dann gefährden wir den Bestand und suchen schließlich umsonst nach den Bildern, die wir benötigen. Unsere Quelle versiegt ausgerechnet dann, wenn wir sie am meisten brauchen und die Arbeit gut läuft.

Als Künstler müssen Sie lernen, für sich selbst gut zu sorgen. Sie benötigen genug Achtsamkeit, damit Sie Ihren kreativen Energiepool bewusst wieder auffüllen, nachdem Sie ihn verstärkt in Anspruch genommen haben. Das Reservoir Ihrer Kreativität muss aufgefüllt werden, sonst trocknet es aus.

Das Reservoir aufzufüllen bedeutet, die aktive Suche nach Bildern, mit denen Sie Ihren künstlerischen Fischteich aufstocken. Kunst entsteht aus dem Sehen. Die Amme der Kunst ist das Detail. Manchmal scheint Kunst dem Schmerz zu entspringen, aber vielleicht nur deshalb, weil Schmerz dazu dient, unsere Aufmerksamkeit auf Details zu lenken (zum Beispiel die unerträglich schöne Biegung des Nackens einer verlorenen Geliebten). In der Kunst geht es manchmal scheinbar um breite Striche, imposante Projekte und gewagte Pläne. Aber die Aufmerksamkeit für das Detail steht immer im Zentrum; das in seinen Details einzigartige Bild ist es, das uns verfolgt und das wir als Kunst empfinden. Selbst inmitten des Schmerzes schafft es Freude. Der Künstler, der Ihnen etwas anderes erzählt, lügt. Kunst besteht aus Bildern und Symbolen. Um ihre Sprache zu erlernen, müssen Sie ihr spielerisch begegnen. Ihre Sprache ist wortlos, selbst dann, wenn Ihre Kunst sich in Worten ausdrückt. Die Sprache des Künstlers ist sinnlich, gefühlte Erfahrung. Wenn Sie an einem Kunstwerk arbeiten, tauchen Sie in das Reservoir Ihrer Erfahrung ein und entnehmen Bilder. Das Reservoir füllt sich nicht von selbst, also müssen Sie es füllen. Wie tun Sie das?

Mit Bildern. Kunst ist die Suche eines Künstlergehirns. Das Künstlergehirn ist Ihr Bilderreservoir, Heimat und Zufluchtsort Ihrer besten kreativen Impulse. Das Künstlergehirn kann durch Worte allein nicht in Gang gesetzt werden, denn es ist ein sensorisches Organ: Sehen und Klang, Geruch, Geschmack und Berührung stellen den magischen Zugang zu ihm dar. Sie sind die Elemente der Magie, und Magie ist der elementare Werkstoff der Kunst.

Wenn Sie Ihren künstlerischen Fischteich aufstocken, dann denken Sie an Magie. Denken Sie an Vergnügen, an Spaß, nicht an Pflicht. Tun Sie nicht, was Sie tun *sollten* – ersparen Sie sich spirituelle Bauchmuskelübungen wie etwa die Lektüre eines empfohlenen, aber langweiligen Textes. Tun Sie das, was Sie fasziniert, erforschen Sie, was Sie interessiert; suchen Sie unter der Rubrik Mysterium, nicht Meisterschaft.

Mysterien ziehen den Menschen an, führen uns weiter, locken uns. (Pflichten hingegen wirken betäubend, ernüchternd.) Folgen Sie beim Füllen Ihres Reservoirs Ihrem Gefühl für das Mysterium und nicht Ihrem vernunftgesteuerten Wissensdrang.

Ein Mysterium kann sehr einfach sein: Wenn ich einen anderen Weg statt den gewohnten wähle, was werde ich dann sehen? Einen vertrauten Weg zu verlassen katapultiert Sie ins Jetzt. Sie nehmen erneut die sichtbare, visuelle Welt wahr. Sehen schafft Einsicht.

Ein Mysterium kann sogar noch einfacher sein: Wenn ich dieses Räucherstäbchen anzünde, was fühle ich dann? Gerüche sind ein viel zu selten beachtetes Tor zu mächtigen Assoziationen. Der Duft von Weihnachten, von frischgebackenem Brot oder einer hausgemachten Suppe kann Nahrung für den hungrigen Künstler sein.

Manche Klänge wirken beruhigend, andere anregend. Zehn Minuten Hingabe an ein großartiges Musikstück ist eine sehr wirksame Meditation. Fünf Minuten barfuß tanzen zu Trommelmusik erfrischt den inneren Künstler.

Das Reservoir Ihrer Kreativität zu füllen muss sich nicht immer aufregend und neu anfühlen. Beim Gemüseputzen reinigen sich auch Ihre Gedanken. Denken Sie daran, Kunst ist die Beschäftigung des Künstlergehirns, und das wird durch Rhythmen und Reime angesprochen, nicht durch Vernunft. Eine Karotte schaben, einen Apfel schälen – diese Handlungen unterstützen das Künstlergehirn.

Jede regelmäßige, sich wiederholende Tätigkeit ist Nahrung für Ihren inneren Künstler. Es ist bekannt, dass die Brontë-Schwestern und Jane Austen ihre Schriftstellerei unter ihren Handarbeiten verbergen mussten – schriftstellerische Ambitionen waren bei Damen der englischen Gesellschaft im neunzehnten Jahrhundert nicht gerne gesehen. Doch vielleicht haben diese Handarbeiten, die per definitionem regelmäßig und repetitiv sind, sogar einen Beitrag zum Werk dieser bekannten Autorinnen geleistet? Alles, was Ihren künstlerischen Fischteich auf diese Weise durch Anregung und Beruhigung zugleich mit Leben erfüllt, wirkt in Ihrem Sinne. Allerdings verlagern wir unsere »Handarbeiten« heutzutage wohl eher auf die Gartenarbeit oder auf das Workout im Fitness-Tempel.

»Warum habe ich meine besten Ideen unter der Dusche?«, soll ein erboster Einstein gesagt haben. Gehirnforscher haben inzwischen gezeigt, dass Duschen eine Aktivität des Künstlergehirns ist. Duschen, schwimmen, schrubben, rasieren, Auto fahren, all das sind regelmäßige, sich wiederholende Aktivitäten, die uns von unserem logischen Gehirn in unser kreativeres Künstlergehirn befördern. Lösungen für klebrige kreative Probleme blubbern im Spülwasser nach oben, tauchen auf der Autobahn in dem Moment auf, in dem wir ein heikles Überholmanöver absolvieren …

Finden Sie heraus, welche Tätigkeiten sich am besten für Sie eignen, und nutzen Sie sie. Vielen Künstlern hat es geholfen, beim Autofahren ein Notizbuch oder ein Aufnahmegerät dabeizuhaben. Steven Spielberg sagt, die besten Ideen seien ihm auf der Autobahn gekommen. Das ist kein Zufall. Im Verkehrsfluss war er als Künstler in einen sich ständig verändernden Strom von Bildern eingebunden. Bilder wecken das Künstlergehirn. Bilder füllen das Reservoir.

Ihre fokussierte Aufmerksamkeit ist entscheidend für das Aufstocken Ihres künstlerischen Fischteiches. Sie müssen sich Ihren Lebenserfahrungen stellen, statt sie zu ignorieren. Viele Künstler lesen zwanghaft, um ihr Bewusstsein abzuschirmen. Bei einer Fahrt in einem vollen Zug versenken vielleicht auch Sie sich lieber in eine Zeitung, statt sich den Geräuschen und Bildern um sich herum auszuliefern, die allesamt Nahrung für Ihren inneren Künstler sind.

Um Ihren inneren Künstler zu befreien, müssen Sie Ihre Blockaden erkennen und beseitigen. Der sicherste Weg hierzu ist das Auffüllen Ihres Reservoirs der Kreativität. Kunst ist das Spiel der Fantasie auf dem Feld der Zeit. Spielen Sie!

Der Kreativitätsvertrag

Wenn ich den *Weg des Künstlers* lehre, dann verpflichte ich meine Schüler, mit sich selbst einen Vertrag abzuschließen und die Kursarbeit fest einzuplanen. Können Sie sich selbst dieses Geschenk machen? Sagen Sie ja mit Hilfe einer kleinen Zeremonie. Kaufen Sie sich ein schönes Notizbuch für Ihre Morgenseiten; kümmern Sie sich rechtzeitig um einen Babysitter für die wöchentlichen Künstlertreffs. Lesen Sie den nachfolgenden Vertrag. Ändern Sie ihn Ihren Bedürfnissen gemäß ab, wenn Sie möchten, und setzen Sie dann Datum und Unterschrift darunter. Kommen Sie darauf zurück, wenn Sie einen Ansporn zum Weitermachen brauchen.

VERTRAG

Ich, ______________________, bin mir bewusst, dass ich mich auf eine intensive, geführte Begegnung mit meiner eigenen Kreativität einlasse. Dazu verpflichte ich mich für die Kursdauer von zwölf Wochen.

Ich, ______________________, verpflichte mich zu wöchentlichem Lesen, zu den täglichen Morgenseiten, einem Künstlertreff pro Woche und der Erfüllung der Aufgaben für jede Woche.

Ich, ______________________, bin mir des Weiteren bewusst, dass dieser Kurs Themen aufwerfen und Emotionen aufrühren wird, mit denen ich mich auseinandersetzen muss.

Ich, ______________________, verpflichte mich, während der gesamten Kursdauer hervorragend für mich zu sorgen, ausreichend zu schlafen, mich gut zu ernähren, mich genügend zu bewegen und mich zu verwöhnen.

____

Unterschrift *Datum*

WOCHE EINS

In dieser Woche nimmt Ihre persönliche kreative Reise ihren Anfang. Vielleicht fühlen Sie sich etwas schwindlig und aufsässig, hoffnungsvoll und skeptisch zugleich. Die Übungen sollen Ihnen ein Gefühl von Sicherheit ermöglichen. Dies wiederum wird Ihnen helfen, Ihre Kreativität mit weniger Angst zu erforschen.

Das Gefühl für Sicherheit wiedergewinnen

Schattenkünstler

Kreative Wesen brauchen nichts mehr als Unterstützung. Leider kommt man manchmal schwer an sie heran. Im Idealfall erfahren wir Unterstützung und Ermutigung zuerst von unserer Familie und dann von immer größeren Kreisen von Freunden, Lehrern und Menschen, die es gut mit uns meinen. Wir müssen und möchten für unsere Versuche und Anstrengungen ebenso wie für unsere Erfolge und Triumphe anerkannt werden. Leider erhalten viele Künstler diese so überaus wichtige frühe Ermutigung nie. Deshalb wissen manche von ihnen vielleicht nicht einmal, dass sie Künstler sind.

Eltern reagieren selten mit einem »Versuche es doch und schau, was passiert« auf die künstlerischen Experimente ihrer Kinder. Sie mahnen allenfalls dort zur Vorsicht, wo eigentlich Ermutigung angebrachter wäre. Ängstliche junge Künstler, die sich zusätzlich zu ihren eigenen Befürchtungen noch mit denjenigen ihrer Eltern belasten, geben ihre sonnigen Träume vom künstlerischen Schaffen vielleicht auf und dämmern dann in der Welt des »Es-hätte-sein-können« und des Bedauerns dahin. In dieser Welt, gefangen zwischen dem Traum vom Handeln und der Angst vor dem Versagen, werden Schattenkünstler geboren.

Ich denke dabei an Edwin, einen unglücklichen Geschäftsmann und Millionär, der seine Lebensfreude aus seiner Kunstsammlung bezieht. Er war in der bildenden Kunst sehr begabt, wurde aber schon als Kind dazu gedrängt, in die Wirtschaft zu gehen. Sein Vater kaufte ihm zu seinem einundzwanzigsten Geburtstag einen Sitz an der Börse. Seitdem ist er Börsenmakler. Jetzt, mit Mitte dreißig, ist er sehr reich und sehr arm zugleich. Mit Geld kann er sich seine kreative Erfüllung nicht kaufen.

Er umgibt sich mit Künstlern und Kunstgegenständen und verhält sich wie ein Kind, das seine Nase an die Fensterscheiben eines Süßwarenladens drückt. Er wäre sehr gerne kreativer, glaubt aber, dass Kreativität das Vorrecht anderer Menschen sei und nichts, wonach er selbst streben dürfe. Als großzügiger Mensch hat er vor kurzem einer Künstlerin den Lebensunterhalt für ein Jahr geschenkt, so dass sie ihre Träume weiterverfolgen konnte. Aufgewachsen in der Überzeugung, dass der Ausdruck *Künstler* auf ihn nicht zutrifft, kann er sich selbst ein solches Geschenk nicht machen.

Edwin ist kein Einzelfall. Allzu oft werden die künstlerischen Bedürfnisse von Kindern ignoriert oder unterdrückt. Oft versuchen Eltern in bester Absicht ein anderes, vernünftigeres Selbst des Kindes zu fördern. »Hör mit dem Tagträumen auf!«, lautet eine oft gehörte Ermahnung. »Du wirst es nie zu etwas bringen, wenn du weiterhin in den Wolken schwebst«, lautet eine andere.

Künstler werden oft schon früh dazu gezwungen, wie junge Ärzte oder Rechtsanwälte zu denken und zu handeln. Nur selten gestattet eine Familie ihren Kindern, eine Karriere als

Künstler mit Nachdruck zu verfolgen. Das Klischee vom hungernden Künstler ist zu mächtig. Stattdessen werden Kinder im besten Fall dazu ermutigt, Kunst als Hobby zu pflegen, als eine Art kreativen Weichmacher für die harten Kanten des wirklichen Lebens.

Für viele Familien liegt eine Künstlerkarriere außerhalb ihrer sozialen und wirtschaftlichen Realität: »Mit Kunst kann man keine Stromrechnung bezahlen.« Folglich wird ein Kind, das von einem künstlerischen Beruf nicht abgebracht werden kann, dazu angehalten, sein Bedürfnis wenigstens in einer *vernünftigen* Form auszuleben.

Erin, eine begabte Kindertherapeutin, war Ende dreißig, als sie eine nagende Unzufriedenheit in ihrer Arbeit zu spüren begann. Unsicher darüber, welche Richtung sie einschlagen sollte, begann sie, ein Kinderbuch für die Leinwand zu bearbeiten. Mitten im Arbeitsprozess hatte sie plötzlich einen aufschlussreichen Traum darüber, wie sie als junges Mädchen ihre künstlerischen Neigungen verraten hatte. Vor ihrer Arbeit als Therapeutin war sie eine begabte Kunstschülerin gewesen. Zwanzig Jahre lang hatte sie ihre künstlerischen Bedürfnisse unterdrückt und ihre gesamte Kreativität investiert, um anderen zu helfen. Jetzt, mit fast vierzig, fasste sie den Entschluss, sich endlich selbst zu helfen.

Geschichten wie die von Erin sind weitverbreitet. Junge, ungeformte Künstler werden ermutigt, Kunstlehrer zu werden oder sich auf einen handwerklichen Beruf einzulassen, in dem sie mit Behinderten arbeiten. Junge Schriftsteller drängt man, weil sie tüchtig sind, Rechtsanwalt zu werden, einen kommunikativen, sprachlich orientierten Beruf zu wählen oder ein Medizinstudium zu beginnen. Und so kann ein geborener Geschichtenerzähler als Therapeut enden, der sich mit Geschichten aus zweiter Hand zufriedengibt.

Zu ängstlich, um sich zu ihrem Künstlertum zu bekennen, und zu wenig selbstbewusst, um es überhaupt zu erkennen, werden diese Menschen stattdessen zu Schattenkünstlern. Sie, die eigentlich Künstler sind, jedoch ihre wahre Identität nicht durchschauen, sieht man oft an der Seite von bekannten Künstlern. Unfähig, ihre eigene Kreativität zu erkennen, begegnen oder heiraten sie oft Menschen, die ihre künstlerische Karriere aktiv verfolgen.

Als Jerry noch ein verhinderter Künstler war, ließ er sich auf eine Beziehung mit Lisa ein, einer begabten, aber finanziell erfolglosen freischaffenden Künstlerin. »Ich bin dein größter Fan«, sagte er oft zu ihr. Um vor ihr und sich selbst zuzugeben, dass er davon träumte, Filme zu drehen, brauchte er länger. Er besaß sogar eine große Filmbibliothek und verschlang gierig relevante Fachzeitschriften. Doch fürchtete er sich vor dem Sprung ins kalte Wasser. Lieber widmete er seine Zeit und seine Aufmerksamkeit Lisa und ihrer Kunst. Unter seiner Führung blühte ihre Karriere auf, sie verdiente Geld und wurde immer berühmter. Im Hinblick auf seine eigene Neigung verharrte Jerry lieber in seiner Blockade. Wenn Lisa ihm vorschlug, einen Regiekurs zu belegen, dann ging er in Deckung. »Nicht jeder Mensch kann Künstler sein«, sagte er zu ihr – und zu sich selbst.

Künstler lieben andere Künstler. Schattenkünstler werden von ihrem rechtmäßigen Stamm angezogen, können ihr Geburtsrecht jedoch noch nicht umsetzen. Sehr oft macht Kühnheit und nicht Talent den einen zum Künstler und den anderen zum Schattenkünstler.

Schattenkünstler wählen oft Berufe, die der begehrten Kunstrichtung nahestehen oder parallel zu ihr verlaufen. Mit Blick auf die Boshaftigkeit der Kritiker vermutete François Truffaut einmal, dass sie eigentlich verhinderte Regisseure seien, so wie er selbst es als Kritiker gewesen war. Vielleicht hat er damit recht. Wer zum Romanautor berufen ist, landet oft bei einer Zeitung oder in der Werbung, wo er sein Talent anwenden kann, ohne den Sprung in die erträumte Schriftstellerkarriere wagen zu müssen. Wem es bestimmt ist, Künstler zu sein, der wird vielleicht der Manager von Künstlern und bezieht großes Vergnügen daraus, die Realisierung seiner Träume aus der Distanz bei anderen zu verfolgen.

Carolyn, die selbst eine begabte Fotografin war, begnügte sich mit einer erfolgreichen, jedoch unglücklichen Karriere als Assistentin eines Fotografen. Jean, die sich danach sehnte, Film-Features zu schreiben, machte aus ihren zweiunddreißig Werbespots anspruchsvolle Kurzfilme. Kelly, die gerne Schriftstellerin geworden wäre, sich jedoch fürchtete, ihre Kreativität auf die Probe zu stellen, gelang eine beachtliche Karriere als Agentin von »echten« kreativen Menschen. Diese Frauen, allesamt Schattenkünstlerinnen, hätten sich selbst und ihre Träume ans Licht heben sollen. Sie wussten darum, haben es aber nicht gewagt. Ihre Erziehung motivierte sie, sich mit ihrer Rolle als Schattenkünstlerin zufriedenzugeben. Sie mussten bewusst daran arbeiten, sich aus ihr zu befreien.

Es bedarf einer gehörigen Portion Selbstbewusstsein, einen wohlmeinenden oder dominierenden Erziehungsberechtigten mit den Worten zu bremsen: »Halt! Moment mal! Ich bin ein Künstler!« Was soll der junge, noch unerfahrene Künstler dann auf die gefürchtete Frage: »Woher weißt du das?« entgegnen? Da ist dieser Traum, dieses Gefühl, dieses Verlangen, dieser Wunsch. Es gibt selten einen wirklichen Beweis für Künstlertum in der Anlage, aber der Traum lässt sich nicht abtöten. Schattenkünstler beurteilen sich selbst sehr streng und verurteilen sich selbst jahrelang für die Tatsache, dass sie ihre Träume nicht verwirklicht haben. Diese Grausamkeit festigt ihren Status als Schattenkünstler. Kein Zweifel, Künstler bedürfen einer besonderen Förderung. Schattenkünstler sind Künstler, denen diese Förderung fehlte. Sie geben sich selbst die Schuld dafür, dass sie nicht mutiger waren.

Der Volksmund sagt, dass wirkliche Künstler selbst in der feindlichsten aller Umgebungen überleben und ihre wirkliche Bestimmung so sicher finden wie heimkehrende Brieftauben. Das ist Unsinn! Viele echte Künstler bekommen zu früh Kinder oder haben zu viele Kinder, sind zu arm oder kulturell oder finanziell von den Möglichkeiten abgeschnitten, die es ihnen gestatten würden, die Künstler zu werden, die sie eigentlich sind. Diese Schattenkünstler hören das entfernte Rufen ihres Traums, können sich jedoch ihren Weg durch den kulturellen Wirrwarr nicht bahnen, um zur Realisierung ihres Traums zu finden.

Viele Schattenkünstler empfinden ihr Leben als unbefriedigendes Erlebnis, das von einem Gefühl von verfehltem Sinn und unerfüllten Hoffnungen begleitet ist. Sie möchten schreiben. Sie möchten malen. Sie möchten schauspielern, Musik machen, tanzen ... aber sie sind zu ängstlich, um ihre Begabung ernst zu nehmen.

Um aus dem Schattenreich ins Licht der Kreativität zu treten, müssen Schattenkünstler lernen, sich selbst ernst zu nehmen. Mit sanftem, bewusstem Bemühen müssen sie ihr Künstlerkind nähren. Kreativität ist Spiel, aber für Schattenkünstler, die erst lernen müssen, sich selbst das Spielen zu gestatten, ist es harte Arbeit.

Das innere Künstlerkind schützen

Denken Sie daran, Ihr innerer Künstler ist ein Kind. Suchen und schützen Sie dieses Kind. Kreativ sein zu lernen ist wie laufen lernen. Auch das Künstlerkind muss mit dem Krabbeln beginnen. Unsichere Babyschritte werden folgen, und das Kind wird hinfallen – erste fürchterliche Gemälde, erste Filme, die wie ungeschnittene Laienfilme aussehen, erste Gedichte, die man nicht einmal auf einer Grußkarte unterbringen möchte. Typischerweise wird der genesende Schattenkünstler diese frühen Anstrengungen nutzen, um sich selbst von weiteren Entdeckungsreisen abzubringen.

Der Anfänger läuft Gefahr, seine ersten künstlerischen Bemühungen an den Meisterwerken anderer Künstler zu messen, sie zu früh der Kritik auszusetzen oder sie kritischen Freunden zu zeigen. Kurz gesagt, der erst am Anfang stehende Künstler verhält sich auf ihm wohlbekannte Weise masochistisch. Masochismus aber ist eine Kunstform, die der Schattenkünstler schon seit langem beherrscht und die er in den Jahren der Selbstanklage perfektioniert hat. Dieser Missbrauch des Künstlertums ist der Knüppel des Selbsthasses, mit dem ein Schattenkünstler sich selbst wieder in den Schatten prügeln kann.

Wenn wir von unseren kreativen Blockierungen genesen wollen, dann müssen wir langsam und sanft vorgehen. Schließlich wollen wir alte Wunden heilen und nicht neue schaffen. Also bitte keine Höhenflüge! Fehler sind notwendig. Stolpern ist normal. Schließlich beobachten wir die Trippelschrittchen eines Babys. Wir dürfen Fortschritte, nicht aber Perfektion von uns verlangen.

Zu weit, zu schnell – und wir bringen uns selbst zu Fall. Die Wiedergewinnung unserer Kreativität ist wie das Training für einen Marathonlauf. Auf jeden Spurt müssen zehn Runden in langsamem Trab folgen. Das kann dem Ego gegen den Strich gehen. Wir wollen »ganz groß« sein – sofort –, aber so läuft keine Genesung ab. Sie ist ein schwieriger, vorsichtig tasten-

der, ja sogar peinlicher Prozess. Es wird häufig vorkommen, dass wir dabei nicht besonders gut aussehen – weder für uns noch für andere. Es ist unmöglich, besser zu werden und gleichzeitig gut auszusehen.
Denken Sie daran, wenn Sie sich als Künstler wiederentdecken wollen, müssen Sie bereit sein, ein schlechter Künstler zu sein. Gestatten Sie es sich, ein echter Anfänger zu sein. Wenn Sie sich die Genehmigung erteilen, ein schlechter Künstler zu sein, dann *sind* Sie dennoch ein Künstler und werden vielleicht mit der Zeit ein besserer.
Wenn ich diese Argumente in meinen Kursen anführe, dann schlägt mir sofort defensive Feindseligkeit entgegen: »Wissen Sie eigentlich, wie alt ich sein werde, wenn ich dann endlich gelernt habe, Klavier zu spielen/zu schauspielern/zu malen/ein anständiges Stück zu schreiben?«
Ja ... genauso alt, wie Sie sein werden, wenn Sie es nicht tun. Und nun an die Arbeit.

Ihr innerer Feind: Negative Glaubenssätze

Wenn wir in einem Lebensbereich blockiert sind, dann liegt das meistens daran, dass wir uns so sicherer fühlen. Vielleicht sind wir nicht glücklich, aber wenigstens wissen wir, was wir sind, nämlich unglücklich. Ein Großteil der Angst vor unserer eigenen Kreativität ist die Angst vor dem Unbekannten.
Wenn ich meine Kreativität ganz und gar auslebe, was würde das bedeuten? Was würde mit mir und mit anderen geschehen? Wir haben ein paar recht gruselige Vorstellungen davon,

was passieren *könnte*. Statt also die Probe aufs Exempel zu machen, belassen wir es lieber bei unserer blockierten Kreativität. Dabei handelt es sich selten um eine bewusste Entscheidung. Es ist häufiger eine unbewusste Reaktion auf verinnerlichte negative Überzeugungen. In dieser Woche werden wir daran arbeiten, unsere negativen Glaubenssätze aufzudecken und zu überwinden.
Hier finden Sie eine Liste weitverbreiteter negativer Überzeugungen:

Ich kann kein erfolgreicher, produktiver, kreativer Künstler sein, weil:

1. mich jeder hassen wird;
2. es meine Familie und meine Freunde verletzen wird;
3. ich dabei verrückt werde;
4. ich meine Familie und meine Freunde verlassen werde;
5. ich nicht richtig schreiben kann;
6. meine Ideen nicht gut genug sind;
7. es meine Mutter und/oder meinen Vater verärgern wird;
8. ich allein sein werde;
9. ich herausfinden werde, dass ich homosexuell bin (wenn Sie heterosexuell sind);
10. ich herausfinden werde, dass ich heterosexuell bin (wenn Sie homosexuell sind);
11. ich schlechte Arbeit leisten werde, ohne es zu wissen, und dann wie ein Dummkopf dastehe;
12. ich mich zu sehr ärgern würde;
13. ich es nie wirklich zu Geld bringen werde;
14. ich mir selbst gegenüber destruktiv sein werde und trinken, Drogen nehmen oder mich durch Sex zu Tode richten werde;
15. ich Krebs, Aids oder einen Herzinfarkt bekommen werde;

16. mein Geliebter mich verlassen wird;
17. ich sterben werde;
18. ich mich schlecht fühlen werde, weil ich es nicht verdiene, erfolgreich zu sein;
19. ich nur *ein* gutes Werk in mir trage;
20. es zu spät ist; wenn ich bisher kein funktionstüchtiger Künstler geworden bin, werde ich es niemals sein.

Keiner dieser negativen Glaubenssätze muss wahr sein. Sie werden uns von unseren Eltern, unserer Religion, unserer Kultur und unseren ängstlichen Freunden eingeimpft. Jeder dieser Glaubenssätze spiegelt Vorstellungen im Hinblick darauf wider, was es bedeutet, Künstler zu sein.

Sobald wir unsere ärgsten Negativüberzeugungen aus dem Weg geräumt haben, finden wir vielleicht heraus, dass wir immer noch stur die negativen Kernsätze beibehalten, die wir von unseren Familien, Lehrern und Freunden übernommen haben. Diese sind oft subtiler – aber sie untergraben uns ebenso, wenn wir uns nicht mit ihnen auseinandersetzen. Wir müssen uns mit ihnen konfrontieren.

Negative Glaubenssätze sind genau das, nämlich Glaubenssätze und keine Tatsachen. Sie haben schon viel Unheil angerichtet. Die Erde war niemals eine Scheibe, auch wenn es jeder geglaubt hat. Sie sind nicht zwangsläufig dumm, verrückt, krankhaft selbstsüchtig, überzogen oder albern, nur weil Sie fälschlicherweise glauben, all diese Dinge zu sein.

Sie haben einfach nur Angst. Negative Glaubenssätze sorgen dafür, dass Sie in Ihrer Angst verharren.

Mit einem Wort: Negative Glaubenssätze, ob persönlich oder kulturell, schnüren Ihnen die Luft ab. Sie greifen Ihre Sexualität an, Ihre Liebenswürdigkeit, Ihre Intelligenz – jede wunde Stelle, in die sie mit Ihrem Finger stoßen können.

Einige negative Glaubenssätze und ihre positiven Alternativen sind nachfolgend aufgeführt.

Negative Überzeugungen	Positive Alternativen
Künstler sind:	*Künstler können sein:*
betrunken	nüchtern
verrückt	geistig klar
pleite	wohlhabend
unverantwortlich	verantwortungsbewusst
einsam	normal
promiskuitiv	treu
verflucht	gerettet
unglücklich	glücklich
Künstler von Geburt oder keine Künstler	entdeckt und wiederentdeckt

Zum Beispiel kann bei einer Künstlerin das Klischee des promiskuitiven Künstlers eine persönliche Negativentsprechung haben. »Kein Mann wird dich jemals lieben, wenn du Künstlerin bist. Künstler leben entweder keusch, oder sie sind schwul.« Diese negative Überzeugung, die entweder von der Mutter oder einem Lehrer stammt, kann, wenn der junge Künstler sie nicht ausspricht, die Ursache für eine mächtige Blockierung sein.
Ähnlich kann ein junger Künstler die persönliche Negativüberzeugung haben: »Künstler sind entweder schwul oder impotent.« Diese Vorstellung, die von einem Lehrer stammen kann oder daher, dass man zu viel über Fitzgerald und Hemingway gelesen hat, kann eine Blockade zur Folge haben. Wer möchte schon sexuelle Funktionsstörungen haben?

Ein schwuler Künstler kann allerdings dem Ganzen noch eine andere Wendung geben: »Nur heterosexuelle Kunst wird von der Gesellschaft akzeptiert, warum soll ich also Kunst machen, wenn ich sie entweder verstecken oder mich outen muss, egal, ob ich es nun will oder nicht?«

Wenn unsere zahlreichen negativen Glaubenssätze bis auf ihren Kern entblößt sind, dann enthüllen sie eine zentrale Negativüberzeugung: Nur wenn wir den einen guten, geliebten Traum aufgeben, können wir den anderen verwirklichen. Entweder oder. Mit anderen Worten, wenn Ihnen das Künstlerdasein zu gut erscheint, um wahr zu sein, dann werden Sie es mit einem Preisschild versehen, das es für Sie unerreichbar macht. Folglich verharren Sie in Ihrer kreativen Blockade.

Die meisten in ihrem Ausdruck gehemmten kreativen Menschen sind in einem Entweder-oder-Denken verhaftet, das sie sich bisher nicht eingestanden haben und das zwischen ihnen und ihrer Arbeit steht. Um uns zu befreien, müssen wir dieses Denken erkennen. »Ich kann *entweder* in der Liebe Glück haben *oder* Künstler sein.« »Ich kann *entweder* finanziell erfolgreich *oder* Künstler sein.« Es ist möglich, sogar sehr wohl möglich, Künstler zu sein *und* Erfüllung in der Liebe zu finden. Es ist ebenfalls möglich, Künstler *und* finanziell erfolgreich zu sein.

Der Selbstschutzmechanismus jeder Blockade beruht darauf, Ihnen irrationale Ängste über irgendwelche furchtbaren Konsequenzen einzujagen, die Ihnen selbst so peinlich sind, dass Sie sie lieber nicht erwähnen. Im Kopf wissen Sie, dass Sie das Schreiben oder das Malen wegen Ihrer dummen Angst nicht einfach aufschieben sollten, aber weil es eine dumme Angst ist, sprechen Sie sie nicht aus, und so bleibt die Hemmung bestehen. So setzt sich die Überzeugung: »Meine Orthographie ist schlecht« erfolgreich über alle Computer-Rechtschreibprogramme hinweg. Sie *wissen*, dass es dumm ist, sich wegen der Rechtschreibung Sorgen zu machen ..., also erwähnen Sie dies nicht. Und da Sie nicht über Ihre Schwierigkeiten sprechen, sind Sie weiterhin zu blockiert, um eine Lösung zu finden. (Die Angst, zu schlecht in Rechtschreibung zu sein, ist eine bemerkenswert häufige Blockade.)

Im nächsten Abschnitt für diese Woche werden wir Ihre unbewussten Glaubenssätze ausgraben, indem wir einige Lerntricks zur Anwendung bringen. Sie kommen Ihnen auf den ersten Blick vielleicht albern vor, doch mit dieser Einschätzung manifestiert sich nur eine weitere Blockade. Wenn verinnerlichte Negativität Ihr innerer Feind ist, dann steht Ihnen ein äußerst würdiger Gegner gegenüber. Versuchen Sie, sich dieser Vorstellung zu öffnen, bevor Sie sie verwerfen.

Ihr innerer Verbündeter: Affirmationen als Selbstverteidigung

Als gehemmte kreative Menschen sitzen wir oft am Spielfeldrand und kritisieren diejenigen, die im Spiel sind. »Er ist nicht besonders talentiert«, sagen wir vielleicht über einen Künstler, der gerade »in« ist. Und wir könnten durchaus recht damit haben. Nur zu oft ist es seine Dreistigkeit und nicht sein Talent, die einen Künstler in den Mittelpunkt rückt. Als blockierte kreative Menschen begegnen wir diesem aufgeblasenen Popanz feindselig. Wir verbeugen uns vielleicht vor einem wirklichen Genie, aber wenn es sich um ein Genie der Selbstdarstellung handelt, dann kennt unsere Ablehnung keine Grenzen. Das ist nicht nur Ausdruck von Neid. Es ist ein

Ablenkungsmanöver, mit dem wir unser gegenwärtiges Dilemma verstärken. Wir halten vor uns selbst und anderen willigen Opfern Reden wie: »Ich könnte das besser, wenn nur …«

Sie könnten es besser machen, wenn Sie sich bloß ließen! Affirmationen werden Ihnen helfen, sich die Genehmigung zu geben. Eine Affirmation ist eine positive Aussage als Ausdruck einer (positiven) Überzeugung, und wenn wir nur ein Zehntel so gut in unseren positiven Selbstgesprächen werden, wie wir es in unseren negativen sind, dann können wir uns an enormen Veränderungen freuen.

Affirmationen helfen uns, ein Gefühl von Sicherheit und Hoffnung zu entwickeln. Wenn wir die Arbeit mit Affirmationen beginnen, dann hören sie sich zunächst dumm, künstlich und peinlich an. Ist das nicht interessant? Wir können uns leicht und ohne Hemmungen mit negativen Affirmationen strafen: »Ich bin nicht begabt genug/nicht klug genug/nicht originell genug/nicht jung genug …« Nette Sachen über uns selbst zu sagen, fällt uns jedoch viel schwerer. Probieren Sie die folgenden Sätze aus, und stellen Sie fest, wie schmalzig sie sich im ersten Augenblick anhören: »Ich verdiene Liebe.« – »Ich verdiene angemessene Bezahlung.« – »Ich verdiene ein lohnenswertes kreatives Leben.« – »Ich bin ein hervorragender und erfolgreicher Künstler.« – »Ich habe kreatives Talent im Übermaß.« – »Ich bin kompetent und zuversichtlich in meiner kreativen Arbeit.«

Hat Ihr innerer Zensor seine abscheulichen kleinen Ohren gespitzt? Zensoren verabscheuen alles, was nach wirklichem Selbstwertgefühl klingt. Sie beginnen sofort mit ihrer Hochstapler-Routine: »Was glaubst du eigentlich, wer du bist?« Es ist so, als ob unser gesamtes kollektives Unbewusstes bis spät in die Nacht aufbleiben würde, um Walt Disney's *101 Dalmatiner* anzusehen und um Cruella DeVilles Stück über schonungslose Selbstbezichtigungen einzuüben.

Wählen Sie einfach einmal eine beliebige Affirmation aus. Zum Beispiel: »Ich (Ihr Name) bin ein hervorragender und produktiver Töpfer (Maler, Dichter, oder was immer Sie sind).« Schreiben Sie das zehnmal hintereinander. Während Sie damit beschäftigt sind, wird etwas sehr Interessantes passieren. Ihr innerer Zensor wird anfangen, Einwände zu erheben. »Moment, warte mal. Du darfst mir dieses ganze positive Zeug nicht vorbeten!« Einwände werden hochspringen wie verbrannter Toast. *Selbstbezichtigungen platzen unreflektiert und voreilig aus Ihnen heraus.*

Hören Sie sich Ihre Einwände an. Sehen Sie sich an, was da aus Ihnen hervorquillt. »Hervorragend und produktiv ... na klar, das bist du .... Seit wann? ... Kannst nicht einmal Rechtschreibung ... Du bezeichnest deine Schreibhemmung als Produktivität? ... Du machst dir etwas vor ... Schwachkopf ... überzogen ... Wen führst du da eigentlich an der Nase herum? ... Was glaubst du eigentlich, wer du bist?« und so weiter.

Die Gemeinheiten, die sich Ihr Unterbewusstes einfallen lässt, werden Sie in Erstaunen versetzen. Schreiben Sie sie auf. Sie machen Ihre persönlichen negativen Glaubenssätze fassbar und sind daher der Schlüssel zu Ihrer Freiheit. Erstellen Sie eine Liste all dieser Selbstbezichtigungen.

Es ist an der Zeit, ein wenig Detektivarbeit zu leisten. Wo haben Ihre Selbstbezichtigungen ihren Ursprung? Bei der Mutter? Beim Vater, dem Lehrer? Wenn Sie Ihre Liste schreiben, dann suchen Sie Ihre Vergangenheit nach möglichen Quellen ab. Zumindest einige werden Ihnen sofort ins Auge springen. Eine effektive Möglichkeit, um die Quellen zu lokalisieren, ist eine Zeitreise. Unterteilen Sie Ihr Leben in

Fünfjahresabschnitte, und benennen Sie die Haupteinflüsse in jedem Zeitabschnitt.

Paul wollte *schon immer* Schriftsteller sein. Und trotzdem gab er es nach einem kurzen Aufflackern seiner Kreativität am College auf, irgendjemandem seine Texte zu zeigen. Statt der Kurzgeschichten, von denen er träumte, schrieb er ein Tagebuch nach dem anderen voll, und jedes neue folgte dem vorangegangenen in eine dunkle, vor neugierigen Augen fest verschlossene Schublade. Warum er das tat, blieb für ihn so lange ein Geheimnis, bis er versuchte, seine Selbstbezichtigungen mit Affirmationen zu bekämpfen.

Als Paul seine Affirmationen aufschrieb, brachen die Selbstbezichtigungen sofort und wie ein Lavastrom über ihn herein.

Er schrieb: »Ich, Paul, bin ein hervorragender und produktiver Schriftsteller.« Tief aus seinem Unterbewusstsein sprudelten ein Schwall von Gefühlen der Selbsterniedrigung und der Selbstzweifel heraus. Es war betäubend genau und irgendwie vertraut: »Du machst dir etwas vor, du Dummkopf, du hast kein wirkliches Talent, du tust nur so als ob, du Dilettant, das Ganze ist ein Witz ...«

Woher kam dieser zentrale Glaubenssatz? Wer könnte das zu ihm gesagt haben und wann? Paul reiste in der Zeit zurück, um den Schurken zu stellen. Er lokalisierte ihn mit einem starken Gefühl von Peinlichkeit. Ja, es gab da einen Schurken und einen Vorfall, dessentwegen er sich so sehr geschämt hatte, dass er nie ein Wort darüber verloren hatte. In der Grundschule hatte ein Lehrer seine Arbeit gelobt und dann versucht, ihn sexuell zu verführen. Aus Angst und Scham, dass er diesen Mann mit seiner Arbeit irgendwie angestiftet haben könnte, begrub Paul den Vorfall in seinem Unbewussten und mit ihm seinen künstlerischen Drang. Kein Wunder, dass

er immer Angst vor Hintergedanken hatte, wenn ihn jemand lobte.
Im Wesentlichen bestand Pauls zentraler negativer Glaubenssatz aus der Überzeugung, dass er sich selbst betrog, wenn er glaubte, schreiben zu können. Wann immer Menschen ihm Komplimente bezüglich seiner Arbeit machten, war er ihnen und ihren Motiven gegenüber äußerst misstrauisch. Freunde ließ er fast fallen, wenn sie Interesse an seinen Texten zeigten; auf jeden Fall aber entzog er ihnen sein Vertrauen. Als seine Freundin Mimi Interesse an seinem Talent bekundete, zog er sich von ihr zurück.
Nachdem Paul dieses Monster aus der Tiefe hervorgeholt hatte, konnte er mit ihm zu arbeiten beginnen. »Ich, Paul, besitze echtes Talent ...« Obwohl er sich mit solchen positiven Affirmationen anfangs unwohl fühlte, gewährten sie Paul sehr schnell die Freiheit, mit seinen Texten an einer ersten öffentlichen Lesung teilzunehmen. Als er von vielen Seiten Lob und Anerkennung erfuhr, war er in der Lage, die positive Resonanz aufzunehmen, ohne sie abzuwerten.

Wenden Sie sich nun Ihrer eigenen Liste von Selbstbezichtigungen zu. Sie sind für Ihre Heilung sehr wichtig. Jede von ihnen hat Sie gefangen gehalten und muss beseitigt werden. Ein negativer Glaubenssatz wie zum Beispiel: »Ich, Fred, bin untalentiert und ein Schwindler«, kann in die Affirmation »Ich, Fred, bin wirklich talentiert« umgemünzt werden.

KREATIVE AFFIRMATIONEN

1. Ich bin ein Kanal für göttliche Kreativität, und meine Arbeit wird sich zum Guten wenden.
2. Meine Träume kommen von Gott, und Gott hat die Macht, sie in Erfüllung gehen zu lassen.
3. Indem ich schaffe und zuhöre, werde ich geführt werden.
4. Der Schöpfer will meine Kreativität.
5. Meine Kreativität heilt mich selbst und andere.
6. Ich darf meinem inneren Künstler mit Fürsorge begegnen.
7. Durch den Gebrauch einiger einfacher Techniken wird meine Kreativität aufblühen.
8. Durch den Gebrauch meiner Kreativität diene ich Gott.
9. Meine Kreativität führt mich immer zu Wahrheit und Liebe.
10. Meine Kreativität führt mich zu Vergebung und Selbstvergebung.
11. Es gibt einen göttlichen Plan der Güte für mich.
12. Es gibt einen göttlichen Plan der Güte für meine Arbeit.
13. Wenn ich auf den Schöpfer in meinem Inneren höre, werde ich geführt.
14. Wenn ich auf meine Kreativität höre, werde ich zu meinem Schöpfer geführt.
15. Ich will kreativ sein.
16. Ich will mir die Erlaubnis geben, kreativ zu sein.
17. Ich will Gott durch mich hindurch schöpferisch tätig sein lassen.
18. Ich will durch meine Kreativität dienen.
19. Ich will meine kreative Energie erfahren.
20. Ich will meine kreativen Talente nutzen.

Bedienen Sie sich Ihrer eigenen Affirmationen, nachdem Sie Ihre Morgenseiten geschrieben haben.
Verwenden Sie auch beliebig viele der auf Seite 74 aufgeführten Affirmationen.

Aufgaben

1. Lassen Sie sich von Ihrem ***Wecker*** ab sofort jeden Morgen eine halbe Stunde vor der üblichen Zeit wecken; stehen Sie auf, und füllen Sie, ohne Abkürzungen zu verwenden, drei Blatt Papier mit Ihrem Bewusstseinsstrom.
   Lesen Sie diese Morgenseiten nicht noch einmal durch, und gestatten Sie auch niemandem sonst, sie zu lesen. Idealerweise legen Sie die Blätter in einen Briefumschlag und verstecken ihn irgendwo.
   Bitte arbeiten Sie in dieser Woche unbedingt mit den Affirmationen Ihrer Wahl. Befassen Sie sich nach dem Schreiben der Morgenseiten mit Ihren negativen Glaubenssätzen, und wandeln Sie sie in positive Affirmationen um.
2. Führen Sie sich selbst zu einem ***Künstlertreff*** aus. Sie sollten das während der gesamten Kursdauer mindestens einmal pro Woche tun. Nehmen Sie beispielsweise fünf Euro, und gehen Sie zu Ihrem Schreibwarengeschäft an der Ecke. Kaufen Sie dumme Sachen wie goldene Sterne zum Aufkleben, kleine Dinosaurier, Postkarten, glänzende Pailletten, Kleber, eine Kinderschere, Kreide. Sie können sich für jeden Tag, an dem Sie schreiben, einen goldenen Stern auf den Briefumschlag kleben. Nur so zum Spaß.

3. ***Zeitreise:*** Benennen Sie drei alte Feinde Ihres kreativen Selbstwertgefühls. Bitte seien Sie beim Ausführen dieser Übung so detailliert wie möglich. Die Monster aus Ihrer Kindheit, Jugend etc. sind die Bausteine Ihrer negativen Überzeugungen. (Ja, die furchtbare Lehrerin aus der fünften Klasse *ist* wichtig, und die fiesen Sachen, die sie zu Ihnen gesagt hat, spielen ebenfalls eine Rolle. Beziehen Sie sie ein.) Das ist Ihre berühmte Monstergalerie. Weitere Monster werden im Verlauf des Prozesses in den kommenden Wochen in Erscheinung treten. Es ist unbedingt erforderlich, dass Sie die Ihrer Kreativität zugefügten Verletzungen erkennen und sie betrauern. Sonst verwandeln sie sich zu Narbengewebe und blockieren Ihr Wachstum.
4. ***Zeitreise:*** Suchen Sie eine Horrorgeschichte aus Ihrer Monstergalerie aus, und schreiben Sie sie auf. Sie müssen nicht unbedingt lange oder viel schreiben, aber schreiben Sie jedes Detail auf, an das Sie sich erinnern – den Raum, in dem Sie sich befunden haben, die Art und Weise, wie Menschen Sie angeschaut haben, wie Sie sich gefühlt haben, was Ihr Vater/Ihre Mutter gesagt beziehungsweise nicht gesagt hat, als Sie davon erzählten. Beziehen Sie auch das ein, was Sie an diesem Vorfall gewurmt hat: »Und dann erinnere ich mich, dass sie mich unheimlich falsch anlächelte und meinen Kopf tätschelte ...«
   Vielleicht hat es auf Sie eine reinigende Wirkung, wenn Sie eine Zeichnung eines Ihrer alten Monster anfertigen oder ein Bild ausschneiden, das für Sie diesen Vorfall symbolisiert. Vernichten Sie Ihr gezeichnetes Monster, oder streichen Sie es zumindest mit einem großen roten X aus.
5. Schreiben Sie einen ***Leserbrief*** zu Ihrer Verteidigung. Schreiben Sie ihn im Stil des verwundeten Künstlerkindes

in Ihnen, und schicken Sie ihn an sich selbst: »Sehr geehrte Damen und Herren, meine alte Lehrerin aus der Fünften ist ein Arsch mit Ohren und hat Schweinsaugen, und ich kann das übrigens auch buchstabieren!«

6. ***Zeitreise:*** Benennen Sie drei frühere Fürsprecher, die Sie in Ihrem kreativen Selbstwertgefühl unterstützt haben. Dies ist die Galerie der Fürsprecher, derer, die Ihnen und Ihrer Kreativität wohlgesinnt sind. Bemühen Sie sich um die Details. Jedes ermunternde Wort zählt. Selbst wenn Sie einem Kompliment nicht trauen, schreiben Sie es trotzdem auf. Es könnte ernst gemeint gewesen sein.
   Wenn Ihnen keine Komplimente einfallen, dann gehen Sie in Ihrer Zeitreise weiter zurück und suchen dort nach positiven Erinnerungen. Wann, wo und warum haben Sie sich im Hinblick auf sich selbst wohl gefühlt? Wer gab Ihnen Bestätigung?
   Zusätzlich möchten Sie vielleicht ein besonderes Kompliment noch einmal extra herausschreiben, es schön verzieren und rahmen. Stellen Sie es da auf, wo Sie Ihre Morgenseiten schreiben, oder legen Sie es auf die Ablage in Ihrem Auto. Ich stelle meines neben den Computer, um mich beim Schreiben aufzumuntern.
7. ***Zeitreise:*** Erinnern Sie sich an einen Vorfall, bei dem Sie Ermutigung erfahren haben, und schreiben Sie ihn auf. Schreiben Sie einen Dankesbrief. Adressieren Sie ihn an sich selbst oder an Ihren schon lange verloren geglaubten Mentor.
8. ***Imaginäre Leben:*** Wenn Sie noch fünf weitere Leben zur Verfügung hätten, was würden Sie in jedem einzelnen tun? Ich wäre Pilot, Cowboy, Arzt, Medium, Mönch. Sie könnten auch Sporttaucher, Polizistin, Kinderbuchautor, Fußballspieler, Bauchtänzerin, Maler, Performancekünstler,

Geschichtslehrer, Heilerin, Trainer, Wissenschaftlerin, Arzt, Psychologin, Fischer, Ministerin, Automechaniker, Schreinerin, Bildhauer, Rechtsanwältin, Maler, Computerhacker, Seifenopernstar, Countrysängerin, Rock-'n'-Roll-Schlagzeuger werden. Was immer Ihnen in den Sinn kommt, schreiben Sie es auf. Denken Sie nicht über diese Übung nach. Es geht in diesen Leben darum, dass Sie Freude an ihnen haben – mehr Spaß, als Sie vielleicht in diesem Leben haben. Gehen Sie Ihre Liste durch, und wählen Sie einen Beruf aus. Und verwirklichen Sie ihn dann in dieser Woche. Wenn Sie zum Beispiel »Countrysängerin« aufgeschrieben haben, wie wäre es dann, wenn Sie sich diese Woche ein bisschen auf der Gitarre versuchen? Wenn Sie davon träumen, Cowboy zu sein, wie wäre es dann mit ein paar Stunden auf einem Pferderücken?

9. Wenn wir mit ***Affirmationen*** und negativen Glaubenssätzen arbeiten, dann reißen oft alte Verletzungen wieder auf, und die Monster suchen uns erneut heim. Wenn dies geschieht, dann schreiben Sie auf, was in Ihnen hochkommt. Arbeiten Sie mit jedem negativen Glaubenssatz einzeln. Wandeln Sie jeden negativen Glaubenssatz in eine positive Affirmation um.
10. Gehen Sie mit Ihrem Künstler ***spazieren,*** nur Sie beide. Ein flotter zwanzigminütiger Spaziergang kann Ihr Bewusstsein dramatisch verändern.

Check-in

Sie werden jede Woche Check-ins machen. Wenn Sie Ihre kreative Woche von Sonntag bis Sonntag durchführen, dann machen Sie Ihre Check-ins jeden Sonnabend. Denken Sie daran, dass es hier um *Ihre* kreative Reise geht. Was *Sie* denken, ist wichtig und wird im Verlauf Ihrer Weiterentwicklung zunehmend interessanter werden. Vielleicht möchten Sie die Fragen der Check-ins in Ihrer Morgenseiten-Kladde beantworten. Am besten tun Sie es handschriftlich und geben sich für jede Antwort etwa zwanzig Minuten. Sinn und Zweck der Check-ins ist es, Ihnen ein Journal Ihrer kreativen Reise in die Hand zu geben. Ich hoffe, dass Sie später die Techniken mit anderen teilen und dabei entdecken werden, von welch unschätzbarem Wert Ihre Aufzeichnungen sind: »Ja, in Woche vier hatte ich nicht mehr alle Tassen im Schrank. Woche fünf hat mir ausnehmend gut gefallen ...«

1. An wie vielen Tagen in dieser Woche haben Sie Ihre ***Morgenseiten*** geschrieben? An sieben von sieben, so will ich doch hoffen. Wie war diese Erfahrung für Sie?
2. Haben Sie in dieser Woche Ihren ***Künstlertreff*** abgehalten? Ja natürlich, so hoffe ich. Und doch kann es äußerst schwierig sein, sich die Künstlertreffs zu gestatten. Was haben Sie unternommen? Wie haben Sie sich dabei gefühlt?
3. Gab es in dieser Woche andere ***Themen und Ereignisse,*** die Sie als bedeutsam für Ihre kreative Reise ansehen? Beschreiben Sie sie.

WOCHE ZWEI

In dieser Woche geht es um die Definition der eigenen Person als einem Hauptbestandteil Ihrer persönlichen kreativen Reise. Sie werden vielleicht erleben, dass Sie neue Grenzen setzen und neue Bereiche abstecken, wenn sich Ihre persönlichen Bedürfnisse, Wünsche und Interessen kundtun. Übungen und Techniken zielen darauf ab, Sie Ihrer wahren Identität, Ihrem selbstdefinierten Ich näherzubringen.

Das Gefühl für Identität wiederfinden

Normal werden

Viele Menschen sind es nicht gewohnt, ihrer Kreativität zu vertrauen. Es mag sich anfangs ziemlich bedrohlich anfühlen, und zwar nicht nur für uns selbst, sondern auch für die Menschen, die uns nahestehen. Wir wirken orientierungslos und sind es vielleicht auch. Wenn wir uns in Bewegung setzen und aus dem Sumpf befreien, der uns blockiert hat, dann ist dieser Zustand normal. Denken Sie daran: Anfangs fühlt sich *Normalwerden* wie *Verrücktwerden* an.

Es gibt ein erkennbares Auf und Ab im Werden unseres kreativen Selbst. Nicht nur unsere Kraft nimmt zu, auch einige unserer Selbstzweifel. Das ist normal, und wir können mit diesen stärkeren Angriffen umgehen, wenn wir sie als Symptome der Heilung erkennen.

Übliche Selbstangriffe lauten: »Gut, diese Woche habe ich es ganz ordentlich gemacht, aber das bleibt bestimmt nicht so ... Gut, ich habe also die Morgenseiten geschrieben. Wahrscheinlich habe ich sie falsch gemacht ... Gut, jetzt muss ich also etwas Großes planen und soll es *sofort* umsetzen! ...

Wem mache ich hier eigentlich etwas vor? Ich werde meine Kreativität nie und nimmer wiederfinden ... weder heute ... noch jemals.«

Diese Angriffe entbehren jeglicher Grundlage, uns jedoch überzeugen sie. Ihnen zu glauben heißt weiterhin feststecken und in der Opferrolle verharren. Ein genesender Alkoholiker muss um jeden Preis den ersten Schluck vermeiden, und genauso muss der genesende Künstler den ersten Selbstzweifel vermeiden, der da lauten könnte: »Ich glaube nicht, dass diese Arbeit etwas taugt ...«

Die Angriffe von Selbstzweifeln können aus uns oder von außen kommen. Sobald wir sie als eine Art kreativen Virus erkannt haben, können wir sie ausschalten. Affirmationen sind ein wirkungsvolles Mittel gegen Selbsthass, der in der Regel als Selbstzweifel getarnt daherkommt.

Am Anfang unserer kreativen Reise können uns Selbstzweifel dazu verführen, uns selbst zu sabotieren. Viele tun dies, indem sie jemandem ihre Morgenseiten zeigen. Denken Sie daran, Ihre Morgenseiten sind Privatangelegenheit und dürfen nicht den kritischen Blicken wohlwollender Freunde ausgesetzt werden. Ein Schriftsteller, der seine Schreibhemmung gerade überwunden hatte, zeigte seine Morgenseiten einer befreundeten Schriftstellerin, die noch blockiert war. Ihre Kommentare machten seine Anfangserfolge zunichte.

Lassen Sie es nicht zu, dass Ihre Selbstzweifel Sie sabotieren.

Schädliche Spielkameraden

Kreativität blüht auf, wenn wir uns sicher fühlen und uns selbst annehmen können. Wie ein kleines Kind braucht Ihr Künstler das Gefühl von Sicherheit. Als Beschützer unseres Künstlers müssen wir lernen, ihn mit gesunden und förderlichen Spielkameraden zusammenzubringen. Schädliche Spielkameraden können das Wachstum des Künstlers in uns verhindern.

Der schlechteste Umgang für den genesenden Künstler aber sind die Menschen, deren Kreativität unterdrückt ist. Dass wir unsere kreative Reise angetreten haben, stellt für sie eine Bedrohung dar.

Solange wir blockiert waren, empfanden wir es als arrogant und eigensinnig, uns als kreative Künstler zu bezeichnen. Doch eigensinnig war lediglich unsere Weigerung, unsere Kreativität anzuerkennen. Aber selbstverständlich hatte diese Verweigerung auch ihre Vorteile.

Sie gab uns die Möglichkeit, uns mit unserer Arroganz zu beschäftigen, und ersparte es uns, in aller Bescheidenheit jemanden zu bitten, uns durch unsere Ängste hindurchzuhelfen. Wir konnten über Kunst fantasieren, statt sie herzustellen. Den Großen Schöpfer mussten wir nicht um Hilfe für unsere Kreativität bitten, seinen Beitrag in unseren Werken durften wir übersehen, unsere Kreativität weiterhin selbstgerecht ignorieren und brauchten nie das Risiko auf uns zu nehmen, sie zur Erfüllung zu bringen. Möglicherweise geben sich Ihre blockierten Freunde auch weiterhin derart tröstlichen Selbsttäuschungen hin.

Wenn Ihre schädlichen Spielgefährten sich daran stoßen, dass Sie Ihre kreative Reise angetreten haben, dann kann es sein, dass ihre Blockade auch weiterhin von Vorteil für sie ist. Vielleicht verschafft ihnen ihr Verharren in der Blockade Hochgefühle ob ihres Martyriums, bringt ihnen Sympathiepunkte ein oder lässt sie in Selbstmitleid schwelgen. Oder aber sie stellen sich voller Selbstgefälligkeit vor, wie viel kreativer sie sein *könnten* als diejenigen, die ihre Kreativität bereits leben. Solche Einstellungen sind jetzt Gift für Sie!

Erwarten Sie nicht, dass Ihre blockierten Freunde Sie zu Ihrer kreativen Reise beglückwünschen. Frühere Saufkumpane würden ja auch nicht das Trockensein eines Alkoholikers feiern.

Blockierte Freunde empfinden Ihren Aufbruch zur kreativen Reise sehr wahrscheinlich als irritierend. Wenn Sie Ihre Blockaden überwinden, dann stellt sich ihnen die beunruhigende Frage, ob nicht auch ihnen dies gelingen könnte. Vielleicht sollten auch sie authentische kreative Risiken eingehen, statt in ihrem Zynismus zu verharren? Seien Sie wachsam gegenüber subtilen Sabotageakten seitens Ihrer Freunde. Sie können sich deren besserwisserische Zweifel jetzt nicht erlauben, denn sie werden Ihre eigenen reaktivieren. Seien Sie besonders wachsam, wenn man Sie beschuldigt, egoistisch oder so ganz anders als früher zu sein. (Bei solchen Bemerkungen müssen Ihre Alarmglocken läuten. Sie sind der Versuch, Sie um der Bequemlichkeit anderer willen an Ihrer Entwicklung zu hindern.)

Gehemmte Kreative lassen sich leicht mit Schuldgefühlen manipulieren. Unseren Freunden, die sich durch unseren Abschied aus den Reihen der Blockierten im Stich gelassen fühlen, ist jeder Trick recht, uns durch das Erzeugen von Schuldgefühlen zurück ins Glied zu zwingen. Die Zeit, die Sie den Morgenseiten widmen, investieren Sie in Ihre Beziehung zu Gott. Sie werden zu neuen Quellen der Unterstützung geführt werden, wenn Sie anfangen, sich selbst zu unterstützen.

Beschützen Sie Ihren frisch genesenden Künstler um jeden Preis. Oft wird unsere Kreativität dadurch in ihrem Fluss gehemmt, dass wir uns mit den Plänen identifizieren, die andere Menschen für uns haben. Wir möchten uns Zeit für unsere kreative Arbeit nehmen, aber wir meinen, stattdessen etwas anderes tun zu sollen. Als blockierte Kreative konzentrieren wir uns nicht auf unsere Verantwortung uns selbst gegenüber, sondern auf unsere Verantwortung gegenüber anderen. Wir meinen, dass uns solches Verhalten zu guten Menschen macht. Das tut es nicht. Es macht uns lediglich zu frustrierten Menschen.

Um unsere Kreativität zu fördern, müssen wir für uns selbst sorgen. Indem wir uns selbst mit Fürsorge begegnen, festigen wir unsere innere Verbindung zum Großen Schöpfer. Diese Verbindung sorgt für die Entfaltung unserer Kreativität. Neue Wege tun sich vor uns auf. Wir müssen dem Großen Schöpfer vertrauen und vertrauensvoll voranschreiten.

Wiederholen Sie: Der Große Schöpfer hat uns mit Kreativität beschenkt. Unser Geschenk an ihn besteht darin, sie anzuwenden. Lassen Sie es nicht zu, dass Freunde Ihre Zeit verschwenden.

Seien Sie sanft, aber unerschütterlich, und halten Sie durch. Das Beste, was Sie für Ihre Freunde tun können, ist, ihnen durch Ihren eigenen Aufbruch ein Beispiel zu geben. Lassen Sie sich nicht von ihren Ängsten und Hintergedanken aus der Bahn werfen.

Schon bald werden Sie mit den erlernten Techniken anderen weiterhelfen können. Schon bald werden Sie für andere eine Brücke sein, die es ihnen erlaubt, vom Selbstzweifel zum Selbstausdruck zu wechseln. Im Moment aber müssen Sie Ihren inneren Künstler noch schützen. Weigern Sie sich, Ihre Morgenseiten interessierten Zuschauern zu zeigen oder Freunde an Ihrem Künstlertreff teilhaben zu lassen. Ziehen Sie

einen heiligen Kreis um Ihre kreative Reise. Schenken Sie sich Vertrauen. Vertrauen Sie darauf, dass Sie auf dem richtigen Weg sind, denn Sie sind es wirklich.
In dem Maße, in dem Ihre kreative Reise fortschreitet, wird auch Ihr Vertrauen zu Ihrem Schöpfer und zu Ihrem inneren Schöpfer wachsen. Sie werden erfahren, dass es einfacher ist, zu schreiben, als nicht zu schreiben, zu malen, als nicht zu malen und so weiter. Sie werden es mit der Zeit genießen, ein kreativer Kanal zu sein, und Ihr Bedürfnis aufgeben, Ergebnisse zu kontrollieren. Sie werden entdecken, welche Freude es macht, Ihre Kreativität zu *praktizieren.* Der Prozess und nicht das Produkt wird Ihr Schwerpunkt sein.
Ihr Aufbruch in die Kreativität ist für andere eine Botschaft der Hoffnung.

Aufwiegler

Gerne lassen sich Kreative, um nicht kreativ sein zu müssen, mit Aufwieglern ein. Aufwiegler sind Menschen, die überall nur Unruhe stiften. Sie sind oft charismatisch, häufig charmant, höchst erfinderisch und im Besitz einer erstaunlichen Überzeugungsgabe. Auf den kreativen Menschen in ihrer Nähe wirken sie äußerst destruktiv. Sie kennen diesen Menschentyp bestimmt auch: charismatisch, aber außer Kontrolle geraten, langatmig bei Problemen, kurzatmig bei Lösungen.
Aufwiegler sind Menschen, die Ihnen Ihr Leben aus der Hand nehmen. Wenn Sie auf einen Aufwiegler hereingefallen sind, dann haben Sie das wahrscheinlich sofort bemerkt und erkennen viele der oben aufgeführten Eigenschaften wieder. Auf-

wiegler lieben das Drama. Wenn sie die Regie übernehmen können, dann fühlen sie sich als Star. Alle Menschen in ihrer Umgebung werden der Schauspieltruppe einverleibt. Sie lassen sich ihre Stichwörter, ihre Auf- und Abgänge von den verrückten Launen der Aufwiegler ansagen.

Mit die destruktivsten Aufwiegler, die ich kennengelernt habe, sind selbst berühmte Künstler. Sie sorgen gerne dafür, dass wir anderen in Verruf geraten. Ihre geradezu übermenschliche Größe erlangen sie, indem sie die Lebensenergien ihrer Mitmenschen anzapfen. Aus diesem Grunde sind viele der verrücktesten Künstler in Amerika von einem Schwarm von Helfern umgeben, die genauso talentiert sind wie sie selbst, sich aber entschieden haben, ihr eigenes Talent in den Dienst des Aufwieglerkönigs zu stellen.

Ich denke dabei an die Dreharbeiten zu einem Kinofilm, bei denen ich vor einigen Jahren anwesend war. Der Regisseur war einer der Großen des amerikanischen Kinos und in Statur ebenso wie Identität als Aufwiegler sofort erkennbar. Selbstverständlich sind Dreharbeiten immer anstrengend, aber dieser Regisseur sprengte jedes übliche Maß: endlose Arbeitsphasen, wiederkehrender und fortdauernder Verfolgungswahn, Intrigen ohne Ende und eine mörderische Personalpolitik. Die Mitarbeiter am Set hatten noch an dem Gerücht zu beißen, dass sie ausspioniert wurden, da wandte sich dieser Aufwieglerkönig über Lautsprecher an die Schauspieler und zog sich dann wie der Zauberer von Oz in eine große und luxuriös ausgestattete Wohnwagenhöhle zurück.

Ich hatte Gelegenheit, zwanzig Jahre lang viele Regisseure bei der Arbeit zu beobachten. Ich war sogar mit einem sehr begabten Regisseur verheiratet und habe auch selbst bei einem Feature Regie geführt. Dabei fiel mir auf, wie sehr ein Filmteam einer Großfamilie ähnelt. Im Falle des besagten

Aufwieglerkönigs wirkte die Mannschaft jedoch eher wie eine Alkoholikerfamilie: ein Alkoholiker, umgeben von seinen auf Zehenspitzen gehenden Möglichmachern, die allesamt vorgeben, dass sein übergroßes Ego und seine überhöhten Forderungen normal sind.

Durch das Verhalten des Aufwieglers geriet die Produktion aus dem Zeitplan, und auch das Budget konnte natürlich nicht eingehalten werden. Ein Filmteam ist ein Team von Experten, und die schädliche Ausstrahlung des Aufwieglers führte dazu, dass all diese geschätzten Experten nach und nach in der Mutlosigkeit versanken. Auf dem zerstörerischen Kurs der Produktion zogen sich die hervorragenden Bühnenbildner, Kostümbildner, Toningenieure und nicht zuletzt die Schauspieler immer mehr Verletzungen zu. Das persönliche Drama des Regisseurs ließ es nicht zu, dass all diese Experten das eigentliche Drama auf die Leinwand brachten. Wie alle guten Kinoleute war dieses Team gewillt, viele Überstunden für ein gutes Ergebnis zu erbringen. Doch es entmutigte sie, dass sie diese Stunden letztlich in den Dienst des Aufwiegler-Egos stellten statt in den Dienst der Kunst.

Die Dynamik des Aufwieglers beruht auf Macht, folglich kann er jede Gruppe von Menschen als Energiesystem nutzen und ausbeuten. Aufwiegler sind überall und in jeder Kunstform anzutreffen. Ruhm macht sie stark, doch da sie von Macht leben, sind sie mit jeder beliebigen Machtquelle zufrieden. Obwohl Aufwiegler meist bei den Reichen und Berühmten anzutreffen sind, kommen sie auch bei gewöhnlichen Menschen häufig vor. Selbst im engeren Familienkreis kann man Aufwiegler dabei beobachten, wie sie Familienmitglieder gegeneinander ausspielen und ihre Tagesordnung untergraben.

Ich denke dabei an die destruktive Matriarchin der Familie einer Bekannten. Als nominelles Oberhaupt eines großen, talentierten Clans hat sie ihre ausladenden Energien dazu benutzt, um die Kreativität ihrer Kinder zu zerstören. Sie wählt immer kritische Momente für ihre Sabotageakte und legt ihre Bomben so, dass sie immer genau dann explodieren, wenn sich ihre Kinder dem Erfolg nähern.

Die Tochter, die gerade damit kämpft, einen verspäteten Collegeabschluss zu machen, sieht sich in der Nacht vor ihrem Abschlussexamen mit einem unerwarteten Drama konfrontiert. Der Sohn, der ein schwieriges Vorstellungsgespräch vor sich hat, wird gerade dann von ihr mit einem Besuch beehrt, wenn er seine ganze Konzentration braucht.

»Weißt du eigentlich, was die Nachbarn über dich sagen?«, fragt der Aufwiegler gerne. (Dann wird die vereinnahmte Studentin mit schrecklichen Klatschgeschichten bombardiert. In der Folge absolviert sie ihre Prüfungswoche unter dem Motto »Wozu bemühe ich mich überhaupt?«)

»Ist dir klar, dass du mit diesem neuen Job möglicherweise deine Ehe ruinieren wirst?« (Und die hoffnungsvolle Karriere des Sohnes zerfällt zu Staub, bevor sie überhaupt beginnt.)

Ob Aufwiegler nun als Ihre herrische Mutter, als Ihr manischer Chef, Ihr bedürftiger Freund oder Ihr sturer Ehepartner in Erscheinung treten, sie haben bestimmte destruktive Muster gemeinsam, die für jede fortgesetzte kreative Arbeit Gift sind:

Sie brechen Verabredungen und machen Zeitpläne zunichte. Sie erscheinen zwei Tage vor Ihrem Hochzeitstermin und erwarten, von vorne bis hinten bedient zu werden. Sie mieten ein Ferienhaus, das größer und teurer ist als vereinbart, und erwarten dann, dass Sie die Rechnung begleichen.

Aufwiegler erwarten Sonderbehandlung. Sie leiden unter einer ganzen Reihe von mysteriösen Krankheiten, die gerade dann

Fürsorge und Aufmerksamkeit erfordern, wenn bei Ihnen ein Abgabetermin ansteht. Der Aufwiegler kocht sich sein ganz besonderes Essen in einem Haus voll hungriger Kinder – und gibt nichts ab. Nachdem er eine Kanonade von Schimpfwörtern auf seine Mitmenschen losgelassen hat, ist er zu aufgebracht, um noch Auto fahren zu können. »Hoffentlich bekommt Papa keinen Herzinfarkt«, denkt das Opfer, statt den Aufwiegler rauszuschmeißen.

Aufwiegler ignorieren Ihre Realität. Ganz egal, wie wichtig Ihr Abgabetermin oder wie entscheidend Ihr berufliches Projekt für Sie ist, Aufwiegler werden Ihre Bedürfnisse brutal missachten. Sie tun vielleicht so, als ob sie Ihre Grenzen sehen und respektieren, aber in der Praxis zählt nur ihr Auftritt. Aufwiegler rufen Sie mitten in der Nacht oder morgens um sechs an und sagen dann: »Ich weiß, du hast mich gebeten, dich um diese Zeit nicht anzurufen, aber …« Sie schauen unangemeldet vorbei, um sich etwas auszuleihen, das Sie nicht finden können oder ihnen nicht leihen möchten. Oder noch krasser, sie rufen an, damit Sie ihnen etwas zurechtlegen, das sie angeblich brauchen, doch dann holen sie es nicht ab. »Ich weiß, dass du einen Abgabetermin hast«, sagen sie dann, »aber es dauert wirklich nur eine Minute.« Ihre Minute.

Aufwiegler verschwenden Ihre Zeit und Ihr Geld. Wenn sie Ihr Auto ausleihen, dann bringen sie es garantiert zu spät und mit leerem Tank zurück. Ihre Reisepläne kosten immer Ihre Zeit und Ihr Geld. Sie verlangen, dass Sie sie während Ihrer Arbeitszeit an einem weit entfernten Flughafen außerhalb der Stadt abholen. »Ich habe kein Geld fürs Taxi«, erklären sie, wenn Sie entgegnen: »Aber ich stecke mitten in der Arbeit!«

Aufwiegler spielen ihre Mitmenschen gegeneinander aus. Da sie von Energie (von Ihrer Energie) leben, benutzen sie Menschen, um ihre eigene unverrückbare Machtposition zu behaupten. (Damit haben sie den direktesten Zugang zu den negativen Energien, die sie aufwirbeln.) »Soundso hat mir gesagt, dass du heute Morgen nicht pünktlich zur Arbeit gekommen bist«, teilt Ihnen der Aufwiegler vielleicht mit. Sie Ihrerseits ärgern sich nun über Soundso und übersehen dabei ganz, dass der Aufwiegler Gerüchte benutzt hat, um Sie emotional aus der Fassung zu bringen.

Aufwiegler sind Experten darin, anderen die Schuld in die Schuhe zu schieben. Nichts, was schiefgeht, ist jemals ihr eigener Fehler, und so, wie sie die Situation darstellen, liegt der Fehler normalerweise bei Ihnen. »Wenn du im Finanzamt nicht nachgefragt hättest, dann hätten wir keine Nachzahlung leisten müssen«, wirft ein aufwieglerischer Ehemann seiner früheren Ehefrau vor, die gerade angefangen hatte, sich in Gelassenheit zu üben.

Aufwiegler inszenieren Dramen, nur leider selten dort, wo sie erwünscht sind. Sie sind häufig selbst verhinderte Kreative. Weil sie Angst haben, ihre eigene Kreativität wirkungsvoll einzusetzen, sprechen sie anderen ihre Kreativität ab, denn sie weckt ihren Neid, und sie fühlen sich bedroht. Sie inszenieren Dramen – und zwar auf Ihre Kosten. Da Aufwiegler nur ihrem eigenen Programm folgen, zwingen sie es anderen Menschen auf. Wer es mit einem Aufwiegler zu tun hat, der ist unweigerlich mit der Frage konfrontiert, was die Figur und was der Hintergrund im Bild ist. (Optische Täuschung, bei der man verschiedene Bilder sieht, je nachdem, ob man den Blick auf die Figur oder auf den Hintergrund fixiert. – Anm. d. Übers.)

Anders ausgedrückt: Die Dinge, die Sie beschäftigen, wird der Aufwiegler in den Hintergrund drängen und kleinreden. »Glaubst du, dass er/sie mich liebt?«, fragt er Sie am Telefon, wenn Sie gerade mitten im Staatsexamen stecken oder Ihren Mann aus dem Krankenhaus abholen wollen.

Aufwiegler hassen Abmachungen – mit Ausnahme der selbstgetroffenen. In den Händen eines Aufwieglers ist Zeit in erster Linie ein Werkzeug, das man missbrauchen kann. Wenn Sie eine bestimmte Zeit für sich in Anspruch nehmen möchten, dann finden Aufwiegler einen Weg, um sie Ihnen abspenstig zu machen, da sie mysteriöserweise gerade irgendetwas brauchen (und damit sind Sie gemeint), und zwar genau dann, wenn Sie alleine sein möchten oder sich auf Ihre derzeitige Arbeit konzentrieren müssen. »Ich bin gestern erst nach drei Uhr ins Bett gekommen und kann die Kinder heute nicht zur Schule fahren«, wird Ihnen der Aufwiegler gleich als Erstes am Morgen mitteilen, wenn Sie selbst wegen eines Geschäftsfrühstücks sehr früh das Haus verlassen müssen.

Aufwiegler hassen Ordnung. Chaos ist in ihrem Sinne. Wenn Sie sich einen Platz einrichten, der Ihnen und Ihrer Kreativität dient, dann wird Ihr Aufwiegler sofort mit eigenen Plänen in diesen Raum eindringen. »Was sind das hier für Papiere? Was soll die ganze Wäsche auf meinem Arbeitstisch?«, werden Sie fragen. »Ich habe beschlossen, meine Ablage zu machen ... Ich habe gerade nach meinen Socken gesucht ...«

Aufwiegler leugnen, dass sie Aufwiegler sind. Sie gehen Ihnen an die Gurgel. »Nicht ich bin es, der dich verrückt macht«, wird Ihr Aufwiegler sagen, wenn Sie auf ein nicht eingehaltenes Versprechen verweisen oder auf einen Sabotageakt. »Es liegt nur daran, weil wir ein so unbefriedigendes Sexleben führen.«

Wenn Aufwiegler so destruktiv sind, warum haben wir dann so viel mit ihnen zu tun? Die kurze und brutale Antwort lautet, dass wir selbst genauso verrückt und selbstzerstörerisch sind.
Ist das wirklich wahr?
Ja, es ist wahr. Als in ihrem Schaffen gehemmte kreative Menschen sind wir bereit, sehr viel dafür zu tun, um unsere Verkrampfung aufrechtzuerhalten. So beängstigend und nutzlos das Leben mit einem Aufwiegler auch ist, wir finden es weniger bedrohlich als die Vorstellung, selbst ein kreatives Leben zu führen. Was würde dann passieren? Wie würden wir dann sein? Oft befürchten verhinderte Kreative, selbst zu Aufwieglern zu werden, wenn sie ihre Kreativität leben würden. Wir benutzen diese Angst als Vorwand und gestatten es anderen, uns weiterhin zu missbrauchen.
Wenn Sie engen Kontakt zu einem Aufwiegler haben, dann ist es sehr wichtig, dass Sie diese Tatsache zugeben. Gestehen Sie sich ein, dass Sie benutzt werden – und bekennen Sie gleich auch, dass Sie den Menschen, der Sie missbraucht, ebenfalls missbrauchen. Ihr Aufwiegler ist eine Blockade, die Sie sich selbst ausgesucht haben, um sich von Ihrem Weg abzubringen. In dem Maße, wie Sie von Ihrem Aufwiegler ausgenutzt werden, benutzen Sie diese Person, um Ihren eigenen kreativen Fluss zu blockieren.
Wenn Sie an einen Aufwiegler gebunden sind und diese Beziehung einem Foltertango gleicht, dann hören Sie auf, nach seiner/ihrer Pfeife zu tanzen. Kaufen Sie sich ein Buch über Co-Abhängigkeit oder suchen Sie sich eine Selbsthilfegruppe für Beziehungsabhängigkeit.

Wenn Sie sich das nächste Mal bei dem Gedanken ertappen: »Er/sie macht mich verrückt!«, dann fragen Sie sich, welcher kreativen Arbeit Sie sich gerade verweigern, indem Sie mitspielen.

Skepsis

Nachdem wir darüber gesprochen haben, welche Hindernisse andere unserem Aufbruch in die Kreativität entgegensetzen, schauen wir uns jetzt unseren inneren Feind an. Vielleicht ist die größte Hürde für all diejenigen von uns, die ein Leben mit Wachstumsmöglichkeiten suchen, unsere tiefsitzende innere Skepsis beziehungsweise unser geheimer Zweifel. Ob wir Gläubige oder Agnostiker sind, spielt dabei keine Rolle. Unsere Zweifel an allem Schöpferischen und Kreativen sind sehr mächtig. Solange wir sie nicht thematisieren, können und werden sie uns sabotieren. Um unsere Teamfähigkeit unter Beweis zu stellen, unterdrücken wir unsere Zweifel. Doch damit muss jetzt Schluss sein. Es ist an der Zeit, unsere Skepsis genauer zu untersuchen.
In ihrem Kern lauten Zweifel etwa so: »Schön, dann habe ich also damit angefangen, die Morgenseiten zu schreiben, und scheine wacher und klarer durch mein Leben zu gehen. Na und? Das ist reiner Zufall ... Stimmt, ich habe begonnen, meinen Energiepool aufzufüllen und meinen inneren Künstler zu einem Treffen auszuführen, und ich stelle fest, dass ich jetzt ein wenig fröhlicher bin. Na und? Nichts als Zufall ... Mag sein, ich stelle jetzt also fest, dass glückliche Umstände in meinem Leben auftauchen je mehr ich mich darauf einlasse, eine

möglicherweise existierende positive Kraft zu entdecken. Na und? Ich glaube einfach nicht daran, dass ich geführt werde. Das wäre einfach zu verrückt ...«

Wir finden es verrückt, uns die Existenz einer hilfreichen Hand vorzustellen, weil wir immer noch an unserer Verpflichtung zur Kreativität zweifeln. Folglich schauen wir nicht nur jedem geschenkten Gaul genau ins Maul, wir versetzen ihm auch noch gleich einen tüchtigen Klaps auf sein Hinterteil, damit er sich so schnell wie möglich aus unserem Leben schert.

Als Mike seine kreative Reise begann, gestand er sich ein, dass er Regisseur werden wollte. Zwei Wochen später hatte eine Reihe von »Zufällen« dazu geführt, dass er sich in einem Regiekurs wiederfand, den seine Firma ihm bezahlte. Und, gelang es ihm, sich zu entspannen und den Kurs zu genießen? Nein. Er sagte sich, dass der Kurs ihn von seiner eigentlichen Aufgabe, einen neuen Job zu finden, ablenkte. Und folgerichtig gab er den Regiekurs auf, um einen neuen Job zu suchen.

Wenn Mike heute an diesen Vorfall zurückdenkt, dann kann er nur den Kopf schütteln. Da hat ihm das Universum seinen Traum erfüllt, und ihm fällt nichts anderes ein, als das Geschenk postwendend zurückzugeben. Am Ende ließ er es doch zu, dass er den Einstieg in seinen Traumberuf fand, aber er machte es sich ein ganzes Stück schwerer, als das Universum es vielleicht für ihn vorgesehen hatte.

Wir können einfach nicht glauben, dass das Universum unsere neuen, raumgreifenderen Pläne unterstützt und fördert. Wir kratzen allen Mut zusammen, zu unserer Kreativität zu finden, aber lieber ist es uns doch, wenn das Universum es nicht merkt. Wir fühlen uns immer noch zu sehr wie Betrüger, um selbst mit dem geringsten Erfolg fertig zu werden. Sobald er sich einstellt, machen wir lieber eine Kehrtwende.

Natürlich tun wir das! Das kleinste Experiment in Sachen Selbstförderung jagt uns eine Heidenangst ein. Und wenn das Universum reagiert, indem es die eine oder andere Tür öffnet, dann weichen wir zurück. »Ach du Schreck. Das geht mir aber zu schnell!«

Ich stelle mir dann das Bewusstsein gerne als einen Raum vor. In diesem Raum sind all unsere üblichen Vorstellungen über das Leben, über Gott, über Mögliches und Unmögliches enthalten. Der Raum hat eine Tür. Diese Tür ist nur einen Spaltbreit geöffnet, und draußen sehen wir gleißend helles Licht. Dort draußen in dem hellen Licht gibt es eine Menge neuer Vorstellungen, die wir als zu weit weg ansehen, deshalb lassen wir sie draußen. Die Vorstellungen, mit denen wir uns wohl fühlen, sind bei uns im Raum. Die anderen sind draußen, und da sollen sie auch bleiben.

Wenn wir in unserem bisherigen Leben, also bevor wir uns auf den Weg zur Kreativität gemacht haben, irgendetwas Merkwürdiges oder Bedrohliches gehört haben, dann haben wir die Tür am Griff gepackt und zugezogen.

Arbeit am Inneren löst im Äußeren Veränderungen aus? Unsinn! (Zu mit der Tür.) Gott hilft mir, wenn ich meine Kreativität fördere? (Tür zu.) Synchronizität unterstützt meinen inneren Künstler mit sehr günstigen Zufällen? (Sperr die Tür ab.)

Jetzt, da wir begonnen haben, unsere Kreativität zu leben, sollten wir andere Herangehensweisen ausprobieren. Hierzu legen wir unsere Skepsis ganz sanft beiseite – für den späteren Gebrauch, falls es erforderlich werden sollte –, und wenn eine merkwürdige Vorstellung oder ein Zufall daherkommen, dann stupsen wir die Tür ein wenig auf. Weil wir unsere Skepsis wenigstens kurz beiseitelegen, entsteht Raum für sehr interessante Forschungsarbeit. Für unsere Reise zur Kreativität ist es nicht erforderlich, unsere Vorstellungen zu verändern, aber wir müssen sie untersuchen.

Mehr als alles andere ist die Reise zur Kreativität eine Übung in Sachen Offenheit. Stellen Sie sich Ihr Bewusstsein noch einmal als einen Raum vor, dessen Tür angelehnt ist. Wenn Sie die Tür ein kleines bisschen weiter aufstoßen, dann entsteht Offenheit. Üben Sie in dieser Woche, Ihr Bewusstsein zu öffnen.

Aufmerksamkeit

Sehr oft manifestiert sich eine kreative Blockade als Abhängigkeit von Träumereien. Anstatt im Hier und Jetzt zu arbeiten oder zu leben, drehen wir lieber unsere Spinnräder und versinken in Tagträume über das, was sein könnte, würde oder sollte. Es ist eine weitverbreitete, jedoch falsche Vorstellung, dass ein künstlerisches Leben langer Phasen der Ziellosigkeit bedarf. Tatsächlich aber benötigt ein kreatives Leben lange Phasen der Aufmerksamkeit. Aufmerksamkeit verbindet und ermöglicht Überleben.

Die langen, gewundenen Briefe meiner Großmutter bezeichnete ich gerne als »Flora-und-Fauna-Berichte«. »Die Forsythien blühen, und heute Morgen habe ich das erste Rotkehlchen gesehen ... Die Rosen halten sich selbst bei dieser Hitze ... Die Gerbera hat ihre Farbe gewechselt, und der kleine Ahornbaum unten beim Briefkasten ... Mein Weihnachtskaktus macht sich bereit ...«

Ich verfolgte das Leben meiner Großmutter wie einen langen Film, der zu Hause gedreht wurde: eine Aufnahme hiervon und ein Foto davon, zusammengesetzt zu keinem für mich erkennbaren Muster. »Papas Husten wird schlimmer ... Das kleine Shetlandpony scheint sein Fohlen zu verlieren ... Joanne ist wieder im Krankenhaus in Anna ... Wir haben den neuen Boxer Trixie genannt, und er schläft am liebsten in meinem Kaktusbeet –, kannst du dir das vorstellen?«

Ja, das konnte ich mir vorstellen. Ihre Briefe machten das leicht. Mit den Augen meiner Großmutter gesehen, bestand das Leben aus einer Reihe von kleinen Wundern: die wilde Tigerlilie im Pappelwäldchen im Juni, die schnelle Eidechse unter dem grauen Felsen am Fluss, dessen samtige Beschaffenheit sie bewunderte. Ihre Briefe läuteten die Jahreszeiten und ihre Lebensphasen ein. Sie starb in ihrem achtzigsten Lebensjahr, und ihre Briefe kamen bis zuletzt. Als sie starb, geschah es genauso plötzlich wie bei ihrem Weihnachtskaktus: heute noch hier, morgen schon fort. Sie hinterließ ihre Briefe und ihren 62-jährigen Ehemann. Mein Großvater Daddy Howard war ein eleganter Schurke mit einem Spielerlächeln und dem Glück eines Verlierers. Mehrmals hatte er ein Vermögen verdient und es wieder verloren, beim letzten Mal für immer. Er vertrank es, verspielte es, warf es hinaus, so wie Großmutter Brotkrumen an die Vögel verteilte. Er hatte die großen Chancen des Lebens verschwendet, so wie sie die kleinen genoss. »Dieser Mann«, pflegte meine Mutter kopfschüttelnd zu sagen.

Meine Großmutter lebte mit diesem Mann in spanischen Lehmhütten, in Wohnwagen, in einem kleinen Blockhaus auf halber Höhe eines Berges, in einer Eisenbahnerwohnung und schließlich in einem Haus aus einem billigen, unansehnlichen Material, das sich durch nichts von den anderen Häusern in der Straße unterschied. »Ich weiß nicht, *wie* sie das aushält«, sagte meine Mutter, die wegen eines neuerlich missglückten

Abenteuers meines Großvaters wütend auf ihn war. *Warum* meinte sie eigentlich.

Im Grunde wussten wir jedoch alle, wie sie das machte. Sie hielt es aus, weil sie bis zu den Knien im Fluss des Lebens stand und allem große Aufmerksamkeit schenkte.

Meine Großmutter war bereits gestorben, als ich die Lektionen lernte, die ihre Briefe enthielten: Überleben hängt von geistiger Gesundheit ab, und geistige Gesundheit besteht darin, aufmerksam zu sein. Ja, in ihren Briefen schrieb sie, dass Vaters Husten sich verschlimmerte, dass sie das Haus verloren hatten, dass sie ohne Geld und arbeitslos waren, aber auch dass die Tigerlilien blühten und die Eidechse einen sonnigen Platz gefunden hatte, dass sich die Rosen trotz der Hitze hielten.

Meine Großmutter hatte erkannt, was ein Leben voller Schmerzen sie gelehrt hatte: Ob Erfolg oder Misserfolg, die Wahrheit des Lebens hat wenig mit seiner Qualität zu tun. Die Qualität des Lebens steht immer im Verhältnis zu der Fähigkeit, Freude zu empfinden. Die Fähigkeit, Freude zu empfinden, ist das Geschenk, das man erhält, wenn man aufmerksam ist.

Zu einer Zeit, als eine lange und glückliche Liebesbeziehung sich unschön aus May Sartons Leben davonstahl, führte die Schriftstellerin das *Tagebuch einer Einsamkeit.* Darin beschreibt sie ihre Heimkehr von einem sehr schmerzhaften Wochenende mit ihrem Geliebten. Beim Betreten des leeren Hauses »stoppte mich an der Schwelle zu meinem Arbeitszimmer ein Lichtstrahl, der auf eine koreanische Chrysantheme fiel und sie punktgenau anstrahlte – die dunkelroten Blütenblätter und das leuchtend gelbe Zentrum ... Es war, als erführe ich die Transfusion von Herbstlicht.«

Es ist kein Zufall, dass May Sarton das Wort *Transfusion* verwendet. Der Verlust ihres Geliebten war eine Wunde, und durch ihre Reaktion auf die Chrysantheme setzte in dem

Moment, in dem May Sarton ihr Aufmerksamkeit schenkte, ihre Heilung ein.

Die Belohnung für Aufmerksamkeit ist immer Heilung. Sie kann als Heilung eines ganz bestimmten Schmerzes beginnen – über den verlorenen Geliebten, den zerplatzten Traum. Aber letztlich wird der Schmerz geheilt, der jedem Schmerz zugrunde liegt: der Schmerz darüber, dass wir alle, so wie Rilke es ausdrückt, »unaussprechlich alleine sind«. Mehr als alles andere ist Aufmerksamkeit ein Akt des sich Verbindens. Das habe ich so wie die meisten Dinge gelernt – durch Zufall.

Als meine erste Ehe zerbrach, mietete ich ein einsames Haus in den Bergen von Hollywood. Mein Plan war ganz einfach. Ich würde meine Krise allein überstehen. Ich würde niemanden treffen, und niemand würde sich mit mir treffen, bis der schlimmste Schmerz vorüber war. Ich würde lange, einsame Spaziergänge machen, und ich würde leiden. Aber wie das Leben so spielt, ich machte zwar diese Spaziergänge, aber sie verliefen anders als geplant.

Als ich mich noch gar nicht weit von meinem Haus entfernt hatte, begegnete mir eine graugetigerte Katze. Diese Katze lebte in einem leuchtend blauen Haus mit einem großen Hund zusammen, der Schafe hütete und den sie ganz eindeutig nicht mochte. Trotz meiner Lage erfuhr ich das alles innerhalb einer Woche auf meinen Spaziergängen. Die Katze und ich statteten uns zunächst kleine Besuche ab, und dann führten wir beiden einsamen Frauen lange Gespräche über alles, was wir gemeinsam hatten.

Wir bewunderten beide eine besonders schöne lachsfarbene Rose, die sich über einen benachbarten Zaun hin ausstreckte. Wir betrachteten beide gerne den lavendelfarbenen Teppich aus Palisanderblüten. Alice (so wurde sie eines Nachmittags aus dem Haus gerufen) ging mit ihren Tatzen auf sie los.

Als der Palisander verblüht war, wurde dort, wo sich das Rosenbeet befand, ein hässlicher Lattenzaun errichtet. Damals hatte ich meine Spaziergänge bereits um einen zusätzlichen Kilometer bergaufwärts erweitert und andere Katzen, Hunde und Kinder in mein Gefolge aufgenommen. Als die lachsfarbene Rose hinter dem Zaun verschwand, entdeckte ich ein höher gelegenes Haus mit einem maurischen Garten hinter einer Mauer und dazu einen hasserfüllten Papagei, der mir ans Herz wuchs. Farbenprächtig, rechthaberisch und in hohem Maße dramatisch, erinnerte er mich an meinen geschiedenen Mann. Schmerz hatte sich in etwas Wertvolleres verwandelt, nämlich in Erfahrung.

Es fällt mir auf, dass ich beim Schreiben über Aufmerksamkeit sehr viel über Schmerz gesagt habe. Das ist kein Zufall. Für andere kann das anders sein, aber für mich war es der Schmerz, durch den ich gelernt habe, aufmerksam zu sein. In Zeiten des Schmerzes, in denen die Zukunft zu furchterregend erschien, um über sie nachzudenken, und die Vergangenheit zu schmerzhaft, um sie sich in Erinnerung zu rufen, habe ich gelernt, dem Hier und Jetzt Aufmerksamkeit zu schenken. Der Augenblick, in dem ich mich unmittelbar befand, war immer der einzig sichere Platz. Jeder Moment für sich genommen war immer auszuhalten. Im gegenwärtigen Augenblick sind wir alle immer in Ordnung. Gestern ist vielleicht die Ehe zu Ende gegangen. Morgen kann die Katze sterben. Auch wenn ich noch so sehr darauf warte, kann es sein, dass der Anruf des Geliebten niemals kommt. Aber jetzt, in diesem Moment, gerade jetzt, ist das in Ordnung. Ich atme ein und atme aus. Indem mir das klar wird, fange ich an zu bemerken, dass jeder Moment auch seine Schönheit hat.

In der Nacht, in der meine Mutter starb, rief man mich an, um mich über ihren Tod zu informieren. Ich nahm einen Pullover und ging den Hügel hinter meinem Haus hinauf. Ein großer schneeweißer Mond ging gerade hinter den Palmen auf. Später in derselben Nacht schien er über dem Garten und tauchte den Kaktus in silbernes Licht. Wenn ich jetzt an den Tod meiner Mutter denke, erinnere ich mich an den schneeweißen Mond. Der Dichter William Meredith sagt, dass man nichts Schlimmeres über einen Menschen sagen kann, als »dass er nicht aufmerksam war«. Wenn ich an meine Großmutter denke, erinnere ich mich an ihre Gartenarbeit und daran, wie sich eine kleine, braune Brust unversehens aus dem Oberteil des bedruckten Kleides befreite, das sie sich jeden Sommer selbst nähte. Ich erinnere mich, wie sie von der steilen Böschung ihres Hauses, das sie gerade im Begriff war zu verlieren, auf das Geplätscher unten im Pappelwäldchen hinwies. »Die Ponys mögen die Pappeln wegen ihres Schattens, ich mag sie, weil sie in ihrem Grün ganz silbern schimmern.«

STRASSENVERKEHRSORDNUNG

Um Künstler zu sein, muss ich:

1. auf dem Papier zu erkennen sein, das Papier zum Ausruhen, Träumen, Ausprobieren verwenden;
2. meinen Energiepool füllen, indem ich mich um meinen inneren Künstler kümmere;
3. mir vorsichtig kleine Ziele setzen und sie erreichen;
4. um Führung, Mut und Bescheidenheit bitten;
5. mich daran erinnern, dass es weitaus schwieriger und schmerzhafter ist, ein verhinderter Künstler zu sein, als die Arbeit eines Künstlers zu tun;

6. immer wach für die Gegenwart des Großen Schöpfers sein; er ist es, der meinen inneren Künstler führt und ihm hilft;
7. mir Freunde suchen, die mich ermutigen, meine Arbeit zu tun, und nicht nur mit mir darüber reden, dass ich meine Arbeit tun muss oder warum ich sie nicht tue;
8. mich daran erinnern, dass der Große Schöpfer Kreativität liebt;
9. mich daran erinnern, dass es meine Aufgabe ist, meine Arbeit zu tun; ihre Bewertung bleibt anderen überlassen;
10. folgende Notiz an meinem Arbeitsplatz anbringen: Großer Schöpfer, ich werde auf die *Quantität* achten. Achte Du auf die *Qualität*.

Aufgaben

1. ***Affirmatives Lesen:*** Werden Sie jeden Tag, morgens und abends, still und ruhig, konzentrieren Sie sich und lesen Sie sich die »Grundprinzipien« (Seite 22) vor. Achten Sie auf Veränderungen in Ihrer Einstellung. Können Sie bereits feststellen, dass Sie etwas von Ihrer Skepsis ablegen?
2. Womit verbringen Sie Ihre Zeit? Schreiben Sie Ihre fünf ***Hauptaktivitäten*** in dieser Woche auf. Wie viel Zeit haben Sie mit jeder verbracht? Was davon wollten Sie tun, und was waren Pflichten? Wie viel Zeit verwenden Sie darauf, anderen zu helfen und dabei Ihre eigenen Wünsche hintanzustellen? Haben irgendwelche Ihrer blockierten Freunde Zweifel in Ihnen ausgelöst?

Nehmen Sie ein Blatt Papier. Zeichnen Sie einen Kreis. Schreiben Sie in den Kreis Themen ein, die Sie schützen müssen. Setzen Sie die Namen derer hinzu, die Sie als unterstützend empfinden. Schreiben Sie außerhalb des Kreises die Namen derer auf, vor denen Sie sich zur Zeit hüten sollten. Verwenden Sie diese Orientierungshilfe zur Unterstützung Ihrer Autonomie, und legen Sie sie dorthin, wo Sie Ihre Morgenseiten schreiben. Fügen Sie weitere Namen inner- und außerhalb des Kreises hinzu, so wie es Ihnen jeweils angebracht erscheint: »Ja, Derek ist einer, mit dem ich im Moment mal nicht sprechen sollte.«

3. Schreiben Sie ***zwanzig Aktivitäten*** auf, in die Sie gerne Zeit investieren (Klettern im Gebirge, Rollschuh laufen, Kuchen backen, Suppe kochen, Liebe machen, noch mal Liebe machen, Fahrrad fahren, Reiten, Tanzen, Basketball spielen, Joggen, Lesen und so weiter). Wann haben Sie sich diese Dinge zum letzten Mal gegönnt? Schreiben Sie hinter jeden Eintrag ein Datum. Seien Sie nicht erstaunt, wenn manche Lieblingsbeschäftigungen schon Jahre zurückliegen. Das wird sich ändern. Diese Liste ist eine hervorragende Quelle für Ideen zu Künstlertreffs.
4. Notieren Sie zwei der vorherigen Liste entnommene ***Lieblingsbeschäftigungen,*** denen Sie nicht nachgegangen sind und die Ziele dieser Woche sein könnten. Es können ganz kleine Ziele sein: Einen Film kaufen und ihn verknipsen. Erinnern Sie sich daran, dass wir versuchen, ein bisschen Autonomie in Bezug auf Ihre Zeit zurückzugewinnen. Halten Sie nach Zeitfenstern Ausschau, und nutzen Sie sie für kleine kreative Aktivitäten. Gehen Sie in der Mittagspause in eine Musikalienhandlung, und sei es auch nur für eine Viertelstunde. Hören Sie auf, nach gro-

ßen zeitlichen Freiräumen zu suchen, finden Sie stattdessen die kleinen.

5. Gehen Sie zurück zu Woche eins, und lesen Sie die ***Affirmationen.*** Notieren Sie, welche bei Ihnen die stärksten Reaktionen auslösen. Oft ist die, die sich am lächerlichsten anhört, die wichtigste. Schreiben Sie drei ausgewählte Affirmationen fünfmal hintereinander jeden Tag gleich nach Ihren Morgenseiten auf; wählen Sie auch solche Affirmationen aus, die beim Heraussprudeln Ihrer Gedanken und Gefühle erschienen sind.
6. Kehren Sie zu Ihrer Liste mit den imaginären Leben von letzter Woche zurück. Fügen Sie fünf weitere Leben hinzu. Schreiben Sie nun ***konkrete Ideen*** dafür auf, um dies oder jenes aus diesen imaginären Leben in Ihrem jetzigen Leben zu verwirklichen. Wenn Sie das Leben einer Tänzerin aufgeführt haben, erlauben Sie sich, tanzen zu gehen? Wenn Sie das Leben eines Mönchs aufgeführt haben, haben Sie sich jemals einen zeitlich begrenzten Aufenthalt im Kloster zugestanden? Wenn Sie gerne Sporttaucher wären, gibt es irgendwo ein Geschäft für Taucherbedarf, das Sie aufsuchen könnten? Könnten Sie es zeitlich einrichten, einen Tag am See zu verbringen?
7. ***Lebenskuchen:*** Zeichnen Sie einen Kreis. Unterteilen Sie ihn in sechs Kuchenstücke. Bezeichnen Sie ein Stück mit *Spiritualität*, ein weiteres mit *Übung*, ein drittes mit *Spiel* und fahren Sie mit *Arbeit, Freunde* und *Romantik/Abenteuer* fort. Machen Sie in jedem Stück einen Punkt, um den Grad Ihrer Erfüllung in diesem Lebensbereich anzuzeigen (ein Punkt am äußeren Rand bedeutet große Erfüllung, im Kreisinneren weniger große Erfüllung). Verbinden Sie die Punkte miteinander. Das wird Ihnen zeigen, wo eine Schieflage herrscht.

Es ist nicht ungewöhnlich, dass Ihr Lebenskuchen zu Kursbeginn wie eine Tarantel aussieht. Doch wird im Laufe der Zeit vielleicht ein Mandala daraus. Wenn Sie mit dieser Technik arbeiten, werden sie feststellen, dass es »verarmte« Bereiche in Ihrem Leben gibt, auf die Sie nur sehr wenig oder gar keine Zeit verwenden. Nutzen Sie die kleinen zeitlichen Freiräume, die Sie finden, um das zu ändern.

Wenn Sie Ihrem spirituellen Leben bisher kaum Platz eingeräumt haben, dann kann selbst der fünfminütige Besuch einer Kirche oder Kathedrale wieder ein Gefühl für das Erhabene in uns wecken. Viele Menschen stellen fest, dass fünf Minuten rhythmische Trommelklänge sie mit ihrem spirituellen Wesenskern in Kontakt bringen können. Bei anderen wird dies durch den Besuch in einem Gewächshaus bewirkt. Es ist nämlich so, dass sich unsere verarmten Bereiche bereits durch die kleinste Aufmerksamkeit bereichern lassen.

8. Zehn kleine ***Veränderungen:*** Führen Sie, in der Reihenfolge von wichtig bis gering oder umgekehrt, zehn Veränderungen auf, die Sie gerne vornehmen würden (»neue Bettwäsche kaufen, damit noch eine Garnitur da ist, eine Chinareise machen, meine Küche streichen, meiner blöden Freundin Alice auf Nimmerwiedersehen sagen«). Beginnen Sie dabei folgendermaßen:

   Ich würde gerne ...

   Ich würde gerne ...

   Wenn uns die Morgenseiten immer mehr in die Gegenwart stoßen und wir unserem gegenwärtigen Leben mehr Aufmerksamkeit schenken, dann kann uns so eine kleine Veränderung wie das Streichen des Badezimmers ein luxuriöses Gefühl von gewaltiger Selbstfürsorge vermitteln.

9. Wählen Sie eine kleine Sache aus den zehn Veränderungen aus, und machen Sie sie zum ***Ziel*** dieser Woche.
10. Erledigen Sie diese Sache jetzt ***sofort.***

Check-in

1. An wie vielen Tagen in dieser Woche haben Sie Ihre ***Morgenseiten*** geschrieben? (Ich hoffe, an allen sieben Tagen, Sie erinnern sich?) Wie war diese Erfahrung für Sie? Was haben die Morgenseiten bei Ihnen bewirkt? Geben Sie eine Beschreibung (zum Beispiel: »Sie kamen mir blöd vor. Ich habe lauter einzelne Bruchstücke aufgeschrieben, die anscheinend nichts miteinander und auch mit nichts anderem sonst etwas zu tun haben ...«). Denken Sie daran, wenn Sie wirklich Morgenseiten *schreiben*, dann arbeiten sie auch für Sie. Was hat Sie an dem, was Sie geschrieben haben, überrascht? Beantworten Sie diese Frage zur Gänze auf Ihrer Check-in-Seite. Dies ist eine allwöchentliche Selbstüberprüfung im Hinblick auf Ihre Stimmungen und Launen, nicht auf Ihre Fortschritte. Machen Sie sich keine Sorgen, wenn Ihre Seiten weinerlich und banal klingen. Manchmal ist das das Beste für Sie.
2. Haben Sie in dieser Woche Ihren ***Künstlertreff*** abgehalten? Denken Sie daran, dass Künstlertreffs ein notwendiger Spaß sind. Was haben Sie unternommen? Wie haben Sie sich dabei gefühlt?
3. Gab es diese Woche andere ***Themen und Ereignisse,*** die Sie als bedeutsam für Ihre kreative Reise ansehen? Beschreiben Sie sie.

WOCHE DREI

*Es könnte sein, dass Sie es in dieser Woche
mit ungewöhnlichen Energieschüben und mit
heftigen Ausbrüchen von Wut, Freude
und Trauer zu tun bekommen.
Da das Festhalten an zuvor akzeptierten
Begrenzungen eine Lockerung erfährt,
kommen Sie allmählich an Ihre innere Kraft heran.
Sie werden dazu aufgefordert, ganz bewusst
mit spiritueller Aufgeschlossenheit
zu experimentieren.*

Das Gefühl von Macht wiedergewinnen

Wut

Wut ist ein Brennstoff. Wir spüren das und möchten etwas tun. Jemanden schlagen, etwas zerbrechen, hysterisch schreien, mit der Faust auf den Tisch hauen, den Idioten die Meinung sagen. Aber da wir *nette* Menschen sind, fressen wir unsere Wut in uns hinein, leugnen sie, vergraben sie, blockieren, verstecken, verbreiten Lügen, behandeln sie medizinisch, dämpfen sie, ignorieren sie. Wir tun alles, um ja nicht *hinhören* zu müssen.

Doch bei Wut muss man hinhören. Wut ist eine Stimme, ein Schrei, eine Bitte, eine Forderung. Wut verlangt Respekt. Warum? Weil Wut Orientierung gewährt. Wut zeigt uns, wo unsere Grenzen sind. Wut zeigt uns, wohin wir gehen möchten. Sie lässt uns erkennen, wo wir gewesen sind, und lässt uns wissen, wenn es uns nicht gefallen hat. Wut bringt uns auf den Weg und zeigt ihn uns nicht nur mit dem Zeigefinger. Auf dem Weg, den ein verhinderter Künstler zur Kreativität einschlägt, ist Wut ein Zeichen von Gesundheit.

Auf Wut muss Handlung folgen. Aber nicht das Ausleben der

Wut. Sie weist uns den Weg. Wir sollen Wut als Brennstoff für unser Handeln nutzen, um dorthin zu gelangen, wohin die Wut uns führt. Mit ein wenig Nachdenken entschlüsseln wir gewöhnlich die Botschaft, die uns unsere Wut übermittelt.

»Zum Teufel mit ihm! Ich könnte einen besseren Film als diesen da machen!« (Hier sagt Ihre Wut: Sie möchten Regie führen – dann müssen Sie lernen, wie.)

»Das ist nicht zu fassen! Schon vor drei Jahren hatte ich die gleiche Idee für ein Theaterstück, und sie hat es jetzt einfach geschrieben.« (Hier sagt die Wut: Hör auf, Dinge vor dir herzuschieben. Ideen haben keine Premieren, fertige Theaterstücke schon. Fange an zu schreiben.)

»Der hat mir meine Strategie gestohlen! Das ist ja unglaublich! Ich bin ausgenutzt worden! Ich weiß, dass ich mein Material zusammenstellen und ein Copyright dafür hätte erwerben müssen.« (Hier sagt die Wut: Es ist Zeit, dass du deine eigenen Ideen ernst nimmst und gut behandelst.)

Wenn wir wütend sind, dann sind wir oft sehr ungehalten darüber, *dass* wir Wut fühlen. Verdammter Ärger! Die Wut sagt uns, dass unser altes Leben nicht mehr passt. Sie verlangt, dass wir eingetretene Pfade verlassen. Sie sagt uns, dass wir wiedergeboren werden, und Geburt ist schmerzhaft. Der Schmerz macht uns wütend.

Wut ist der Feuersturm, der den Tod unseres alten Lebens anzeigt. Wut ist der Brennstoff, der uns in unser neues Leben katapultiert. Wut ist ein Werkzeug, kein Lehrmeister. Wut ist dazu gedacht, angezapft und genutzt zu werden. Richtig genutzt, ist Wut *äußerst nützlich.*

Trägheit, Apathie und Verzweiflung sind unsere Feinde. Aber nicht die Wut. Sie ist unser Freund. Kein netter und sanfter Freund, sondern ein sehr, sehr loyaler. Dieser Freund wird uns immer sagen, wann wir betrogen worden sind und wann wir uns selbst betrügen. Er teilt uns zuverlässig mit, wann es an der Zeit ist, in unserem ureigensten Interesse zu handeln. Wut ist nicht die Handlung selbst. Sie ist die Aufforderung zum Handeln.

Synchronizität

Erhörte Gebete sind furchterregend. Sie bringen Verantwortung mit sich. Sie haben darum gebeten. Was wollen Sie jetzt tun, da Ihr Gebet erhört wurde? Bestimmt kennen Sie die Warnung: »Sei vorsichtig, worum du bittest, deine Bitte könnte erfüllt werden.« Ein erhörtes Gebet wirft uns auf uns selbst zurück. Das ist unbequem. Es fällt uns leichter, uns erhörte Gebete als Beispiele für Synchronizität zu erklären:

- Eine Frau gibt zu, schon immer von der Schauspielerei geträumt, diesen Traum aber schon lange begraben zu haben. Am nächsten Abend sitzt sie beim Essen neben einem Mann, der Schauspieler ausbildet.
- Ein Schriftsteller gesteht sich ein, dass er lieber Filme drehen würde. Ein einziger Telefonanruf bringt ihn in Kontakt mit einem Professor, der seine Arbeit kennt und bewundert und der ihm verspricht, den letzten freien Platz an der Filmschule für ihn zu reservieren.
- Eine Frau denkt daran, ihren Schulabschluss nachzuholen, und findet beim Öffnen ihrer Post einen Brief, in dem genau die Schule um ihre Bewerbung bittet, in die sie gerne gehen will.

- Eine Frau fragt sich, wie sie einen seltenen Film ausleihen könnte, den sie gerne einmal sehen würde. Zwei Tage später findet sie ihn in dem Buchladen ganz in ihrer Nähe.
- Ein Geschäftsmann, der insgeheim schon jahrelang geschrieben hat, nimmt sich vor, einen professionellen Schriftsteller um die Einschätzung seines Talents zu bitten. Am nächsten Abend trifft er beim Billardspiel einen Schriftsteller, der sein Mentor wird und der dann an mehreren erfolgreichen Büchern mit ihm zusammenarbeitet.

Ich meine, wir haben sehr viel mehr Angst davor, dass es einen Gott geben könnte, als dass er nicht existiert. In unserem Leben ereignen sich Vorfälle, wie ich sie oben beschrieben habe, und dann tun wir sie als Zufälle ab. Die meisten Menschen fühlen sich wohler mit der Vorstellung, dass es keinen Gott gibt und sie nicht so genau beobachtet werden.

Wenn Gott – womit ich nicht unbedingt ein monotheistisches christliches Konzept, sondern eine allmächtige und allwissende Kraft meine – nicht existiert, nun, dann sind wir alle aus dem Schneider, nicht wahr? Dann gibt es weder göttliche Strafe noch Trost. Und wenn wir mit unseren Vorhaben scheitern – was haben wir schon erwartet?

Das Thema »Erwartungen« interessiert mich. Wenn es keinen Gott gibt oder er sich nicht für unsere kümmerlichen kleinen Angelegenheiten interessiert, dann kann alles bleiben, wie es ist, und wir können uns bestätigt fühlen, wenn wir manches für unmöglich halten und anderes unfair finden. Wenn Gott oder das Fehlen Gottes für den Zustand der Welt verantwortlich ist, dann können wir leicht zynisch werden und uns in Apathie flüchten. Was soll das alles? Wozu überhaupt etwas verändern wollen?

Damit sind wir die Verantwortung los – das ist unser Vorteil.

Doch wenn es eine kreative Kraft gibt, die uns antwortet, die uns erhört und in unserem Namen handelt, dann könnten wir wirklich etwas erreichen. Und schon sind wir aufgeflogen. Gott weiß, nur der Himmel ist die Grenze. Jeder aufrichtige Mensch wird zugeben, dass Handlungsmöglichkeit und Freiheit furchterregender sind als Untätigkeit und Gefängnis. Wenn es wirklich eine Kraft gibt, die an unserem Leben teilnimmt, so dass wir uns mit ihr auseinandersetzen müssen, dann sind wir ausgerechnet da zum Handeln gezwungen, wo unsere Träume bisher unerfüllt sind.

Unser Leben ist das, was wir daraus machen. Es spielt keine Rolle, ob wir uns eine innere Gotteskraft vorstellen oder einen anderen, äußeren Gott. Entscheidend ist lediglich, ob wir dieser Kraft vertrauen.

»Bittet, so wird euch gegeben; suchet, so werdet ihr finden; klopfet an, so wird euch aufgetan.« Diese Worte Jesu gehören mit zu seinen unangenehmsten. Sie verweisen auf eine geradezu wissenschaftliche Vorgehensweise: Bitte und suche (Versuch) und sieh dann, was passiert (Aufzeichnen der Ergebnisse).

Ist es etwa verwunderlich, dass wir nicht an die Erhörung unserer Gebete glauben? Lieber glauben wir an Zufall oder Glück. Wir lassen uns vielerlei Erklärungen für dieses Phänomen einfallen, nur bei seinem Namen nennen wir es nicht: die Hand Gottes oder des Guten, die in Aktion tritt, wenn wir im Einklang mit unseren Träumen handeln und uns unserer Seele verschreiben.

Selbst das einfachste Leben kennt solche Augenblicke eines höheren Engagements. »Ich hätte so gerne ein Sofa!« Und dann: »Ich habe genau das gefunden, was ich gesucht habe. Es war sehr merkwürdig. Ich war zu Besuch bei Tante Bernice, und ihre Nachbarin verkaufte Sachen in ihrer Garage, und da war dieses wundervolle Sofa, gegen das ihr neuer Ehemann allergisch ist!«

Aus einem außergewöhnlichen Leben ragen solche Momente heraus wie die Porträtköpfe der vier amerikanischen Präsidenten aus dem Mount Rushmore. Lewis und Clark leiteten die erste amerikanische Überlandexpedition zur Pazifikküste und zurück, und Tania Blixen machte sich auf den Weg nach Afrika. Wir alle tragen in uns ein solches Afrika, diese dunklen und romantischen Vorstellungen, die wir unser tiefstes Selbst nennen. Wenn wir dem Ruf unserer Seele folgen, dann setzen wir das Prinzip in Gang, das C.G. Jung »Synchronizität« genannt hat, das glückliche Zusammentreffen von Ereignissen. Egal, wie Sie das Phänomen bezeichnen, sobald Sie sich auf die Reise zu Ihrer Kreativität begeben, werden Sie ihm überall begegnen.

Wundern sie sich nicht, wenn Sie Synchronizität lieber übersehen. Es kann ein sehr bedrohliches Konzept sein. Obwohl Jungs Arbeit über Synchronizität ein Eckpfeiler seiner Gedanken ist, gehen sogar viele Jungianer lieber über sie hinweg. Für sie ist es die gleiche Art Spinnerei wie Jungs Interesse am I-Ging.

Jung könnte da anderer Meinung sein. Er folgte seiner inneren Führung und konnte deshalb ein Phänomen erfahren und beschreiben, das die meisten von uns lieber ignorieren: ein intelligentes Universum, das uns antwortet und in unserem Interesse agiert und reagiert.

Ich bin sicher, dass es so ist. Darum frage ich mich auch nicht mehr, ob ich irgendeine selbstgestellte Aufgabe wohl schaffen werde. Ich entscheide stattdessen, es einfach zu tun, und schnalle mich dann an. Danach geschehen die erstaunlichsten Dinge.

»Gott ist effizient«, erinnert mich die Schauspielerin Julianna

McCarthy gerne. Ich habe oft über die Geschicklichkeit gestaunt, mit der das Universum seine Gaben verteilt.

Vor etwa sechs Jahren wurde eines meiner Theaterstücke für eine große öffentliche Lesung am Denver Center für Darstellende Kunst ausgewählt. Ich hatte mir beim Schreiben des Stückes vorgestellt, dass meine Freundin Julianna die Hauptrolle darin spielen würde. Sie war meine Idealbesetzung. Doch als ich in Denver eintraf, waren alle Rollen bereits besetzt. Sobald ich die Hauptdarstellerin kennengelernt hatte, hörte ich eine Zeitbombe ticken. Ich machte dem Regisseur gegenüber eine entsprechende Bemerkung, aber er versicherte mir, dass es sich um eine engagierte und professionelle Schauspielerin handelte. Doch das komische Gefühl in meinem Magen blieb mir erhalten. Und tatsächlich, eine Woche vor der Premiere warf unsere Hauptdarstellerin ihren Job hin.

Das Denver Center war wie gelähmt und entschuldigte sich wortreich. Sie machten sich Vorwürfe wegen des Schadens, den mein Stück durch die Blamage erleiden könnte. »Wenn wir uns in einer vollkommenen Welt befänden, wen würden Sie dann für die Rolle vorschlagen?«, fragten sie mich. Ich antwortete: »Julianna McCarthy.«

Julianna wurde engagiert und aus Los Angeles eingeflogen. Kaum hatten die Leiter des Denver Centers Julianna bei der Arbeit gesehen, da baten sie sie auch schon, eine weitere Rolle in einem anderen Stück zu übernehmen.

»Gott zeigt, was er kann«, sagte ich lachend zu Julianna und war sehr glücklich, dass sie schließlich die Chance bekam, in »ihrem« Stück zu spielen.

Ich habe viele Male erfahren, dass das Universum wertvolle, festliche und weitreichende Pläne unterstützt. Es ist kaum je vorgekommen, dass mir ein herrliches Vorhaben einfiel, ohne dass ich zugleich auch die Mittel zu seiner Verwirklichung erhielt. Begreifen Sie: Das *Was* muss vor dem *Wie* kommen. Erst müssen Sie entscheiden, *was* Sie tun wollen. Das *Wie* kommt normalerweise ganz von alleine.

Nur allzu oft betonen Menschen im Gespräch über kreative Arbeit die Bedeutung der Strategie. Anfängern empfiehlt man zum Beispiel irgendwelche machiavellistischen Tricks, um ins Feld vorzustoßen. Ich meine, das ist alles Quatsch. Wenn Sie einen Künstler fragen, wie er dahin gekommen ist, wo er ist, dann wird er nicht über irgendwelche Kampfstrategien sprechen, sondern über eine Reihe glücklicher Fügungen. Joseph Campbell nennt diese Fügungen »tausend ungesehene helfende Hände«. Ich bin davon überzeugt, dass auch Sie mit ihnen rechnen dürfen.

Denken Sie daran, dass Kreativität eine Stammeserfahrung ist und dass die Stammesältesten begabte Neulinge initiieren werden. Das mag wie Wunschdenken klingen, ist es aber nicht. Manchmal wird sich ein älterer Künstler dazu veranlasst fühlen, einem jüngeren sogar gegen seinen Wunsch zu helfen. »Ich weiß nicht, warum ich das für Sie tue, aber …« Einige der helfenden Hände könnten durchaus menschlicher Natur sein.

Wir klagen gerne darüber, wie schwer es ist, Herzensträume zu verwirklichen. In Wahrheit ist es aber viel schwerer, *nicht* durch die Türen zu gehen, die sich reihenweise öffnen, sobald wir uns der Verwirklichung unseres Traums verschreiben. Weisen Sie Ihren Traum zurück, und er wird Sie verfolgen. Lassen Sie ihn zu, und es werden sich auf mysteriöse Weise Türen öffnen.

Das Universum ist verschwenderisch in seiner Unterstützung. Wir aber tun uns schwer, etwas anzunehmen. Geschenkten Gäulen schauen wir ins Maul und schicken sie zurück an den Absender. Wir behaupten, Angst vor dem Versagen zu haben, viel mehr jedoch erschreckt uns ein möglicher Erfolg.

Machen Sie einen kleinen Schritt auf Ihren Traum zu, und beobachten Sie, wie die synchronisierten Türen auffliegen. Sehen heißt schließlich glauben. Und wenn Sie die Resultate Ihres Versuchs sehen, dann werden Sie mir nicht glauben müssen. Denken Sie an die Maxime: »Spring, und das Fangnetz wird sich unter dir ausbreiten.« In seinem Buch *The Scottish Himalayan Expedition* schreibt W. H. Murray:

> *Bis man wirklich Verantwortung übernimmt, stehen Zweifel, die Möglichkeit zum Rückzug und immer Ineffizienz im Vordergrund. Was jegliche Initiative oder Schöpfung angeht, so gibt es eine elementare Wahrheit, deren Nichtbeachtung zahllose Ideen und hervorragende Pläne zunichtemacht: In dem Moment, in dem man sich einer Sache definitiv verpflichtet, schaltet sich die Vorsehung zugunsten des Handelnden ein.*
> *Alle möglichen hilfreichen Dinge, die sonst nie passiert wären, ereignen sich plötzlich wie von selbst. Ein ganzer Strom von Ereignissen folgt aufgrund der Entscheidung zum Handeln und bringt alle Arten von positiven Vorfällen und Begegnungen und materieller Unterstützung mit sich, die kein Mensch je so erwartet hätte.*

Wenn Sie weder mir noch Murray glauben wollen, dann vertrauen Sie Goethe. Er hat Folgendes über die Vorsehung zu sagen, die uns bei unseren Bemühungen unterstützt:

> *Was immer du meinst oder glaubst, tun zu können, beginne damit. Handeln ist Magie, Anmut und Kraft.*

Scham

Mancher denkt: »Wenn das mit dem Handeln so leicht wäre, dann würde ich dieses Buch nicht lesen.« Wen die Angst handlungsunfähig macht, der wird meist von einem noch viel älteren Feind sabotiert: der Scham. Scham ist ein Instrument der Kontrolle. Jemanden zu beschämen ist der Versuch, ihn an einem für uns peinlichen Verhalten zu hindern.

Die Erschaffung eines Kunstwerks kann sich anfühlen, als gäbe man ein Familiengeheimnis preis. Dass man sich beim Erzählen von Geheimnissen fürchtet und schämt, liegt in der Natur der Sache. Es quält uns die Frage: »Was werden sie von mir halten, wenn sie es erfahren?« Sie quält uns vor allem dann, wenn wir früher wegen unserer Neugier bei der Erforschung sozialer, sexueller und spiritueller Themen beschämt wurden.

»Wie kannst du es wagen?«, wüten zornige Erwachsene, wenn ein Kind über ein Familiengeheimnis stolpert. (Wie kannst du es wagen: im Schmuckkästchen deiner Mutter zu wühlen, die Schreibtischschublade deines Vaters zu öffnen, in den Keller zu schleichen, auf den Speicher zu gehen, an den dunklen Ort zu gehen, wo wir die Dinge verstecken, die du nicht wissen sollst?)

Der Prozess des Kunstschaffens konfrontiert eine Gesellschaft mit sich selbst. Die Kunst bringt Dinge ans Licht. Sie erleuchtet uns. Sie durchdringt unsere anhaltende Dunkelheit. Sie beleuchtet das Herz unserer eigenen Finsternis und sagt: »Na, siehst du?«

Wenn Menschen etwas nicht sehen wollen, dann sind sie wütend auf denjenigen, der sie damit konfrontiert. Sie bringen den Boten um. Ein Kind aus einer Alkoholikerfamilie hat schulische oder sexuelle Probleme. Die Familie wird stigmatisiert.

Und das Kind schämt sich, weil es Schande über die Familie gebracht hat. Hat denn das Kind die Familie beschämt? Nein. Das Kind hat lediglich den peinlichen Zustand seiner Familie ans Licht gebracht. Die Schande der Familie war vorher da und hat die Notlage des Kindes verursacht. Die Frage: »Was werden die Nachbarn denken?« ist häufig angewandtes Mittel, um mittels Scham den krankmachenden Status quo zu erhalten.

Kunst öffnet Wandschränke, lüftet Keller und Speicher. Kunst schafft Heilung. Luft und Licht muss an die Wunde, bevor sie heilen kann. Dafür sorgt der Künstler, und die Gesellschaft reagiert mit Scham. Mit schlechten Kritiken wird der Künstler beschämt, und genau darauf zielen sie ab: »Schande über dich! Wie kannst du es wagen, ein so miserables Kunstwerk abzuliefern!«

Bei dem Künstler, der bereits in der Kindheit Beschämung ertragen musste – sei es wegen seiner Bedürftigkeit, seiner Neugier oder seiner Erwartungen –, kann Scham sogar ohne eigens für diesen Zweck verfasste Kritiken ausgelöst werden. Wenn ein Kind je für dumm erklärt wurde, weil es meinte, talentiert zu sein, dann kann später die Fertigstellung eines Kunstwerks mit Schamgefühlen behaftet sein. Viele Künstler beginnen ein Kunstwerk und kommen gut voran. Doch wenn sie fast fertig sind, verliert ihre Arbeit plötzlich und auf mysteriöse Weise an Wert. Sie zu vollenden lohnt sich nicht. Für Therapeuten ist dieses plötzliche Desinteresse eine Abwehrreaktion: der Versuch, sich vor Schmerz und Verletzung zu schützen.

Wer in einem funktionsgestörten Elternhaus aufwachsen musste, der erlernt den Gebrauch solcher Abwehrstrategien sehr gründlich. Solche Menschen bezeichnen das, was sie tun, als gesunde Distanzierung, aber in Wirklichkeit ist es ein ungesundes Dumpf- und Starrwerden.

»Er hat meinen Geburtstag vergessen. Na ja, nicht so schlimm.«
Ein Leben, in dem das Bedürfnis nach Wahrnehmung und Anerkennung regelmäßig abgewertet wird, lehrt ein kleines Kind, dass es gefährlich ist, Aufmerksamkeit erregen zu wollen.
»Den unsichtbaren Knochen nach Hause ziehen« – so umschrieb eine genesende Künstlerin ihre vergebliche Suche nach einer Leistung, die groß genug sein könnte, um von ihrer Herkunftsfamilie anerkannt zu werden. »Egal, wie groß meine Leistung war, meine Familie schien sie nicht zur Kenntnis zu nehmen. Sie fand immer irgendetwas daran auszusetzen. Alles Einser und nur eine Zwei, aber auf die richtet sich die gesamte Aufmerksamkeit.«
Es ist ganz natürlich, dass ein junger Künstler versucht, die elterliche Aufmerksamkeit durch Leistungen – positiver oder negativer Art – zu erlangen. Jugendliche, die mit Gleichgültigkeit oder Wut konfrontiert sind, finden rasch heraus, dass es für sie keinen Knochen gibt, mit dem sie die Anerkennung der Eltern erringen können.
Oft werden wir kreativen Menschen aus den falschen Gründen veranlasst, uns zu schämen. Aus dieser Scham leiten wir ab, dass es falsch ist, etwas zu schaffen. Sobald wir diese Lektion gelernt haben, vergessen wir sie sofort wieder. Doch verborgen unter den »Nicht so schlimm«-Sätzen lebt die Scham weiter; sie wartet nur darauf, sich auf unsere neuen kreativen Bemühungen zu stürzen. Allein schon der Versuch, Kunst zu schaffen, erzeugt Scham.
Aus diesem Grunde wird manch ein guter Film, der von einem Filmstudenten gedreht wurde, nicht zur Prämierung eingereicht; deshalb werden gute Romane vernichtet oder landen für alle Zeit in der Schreibtischschublade. Deshalb auch werden

Theaterstücke nicht eingeschickt, erscheinen talentierte Schauspieler nicht zu ihren Vorsprechterminen. Das ist die Ursache, warum Künstler sich so oft schämen, ihre Träume zuzugeben. Scham wird im erwachsenen Künstler so leicht wachgerufen, weil sein innerer Künstler immer ein leicht beschämbares Kind bleibt. Deshalb kann es auch bei uns geschehen, dass wir Scham fühlen, wenn wir ein Kunstwerk schaffen.

Wir schaffen Kunst nicht mit dem Gedanken an mögliche Kritik. Aber wenn sie kommt und die Frage stellt: »Wie konntest du nur?«, dann kann sie den Künstler veranlassen, sich wie ein beschämtes Kind zu fühlen. Ein wohlmeinender Freund, der einen frischgebackenen Schriftsteller kritisiert, kann ihn als Künstler vernichten.

Lassen Sie es mich ganz klar sagen: Nicht jede Kritik erzeugt Scham. Sogar die schärfste Kritik, die schmerzhaft genau ins Schwarze trifft, kann ein Aha-Erlebnis sein, wenn sie dem Künstler einen neuen und richtigen Weg für seine Arbeit aufzeigt. Es schadet jedoch die Kritik, die herabsetzt, zurückweist, lächerlich macht oder verurteilt. Sie ist oft boshaft, aber zugleich vage und schwer zu widerlegen.

Durch solche Kritik beschämt, kann ein Künstler blockiert werden oder aufhören, Werke in die Welt zu schicken. Ein perfektionistischer Freund, Lehrer oder Kritiker – wie ein Elternteil, der fehlende Kommas bekrittelt – kann die Begeisterung eines jungen Künstlers, der gerade erst gelernt hat, sie vor seinen Wagen zu spannen, auslöschen. Deswegen müssen wir als Künstler lernen, uns gut vor solcher Kritik zu schützen.

Sollen wir also gar keine Kritik zulassen? Doch. Aber wir sollen lernen, wo und wann man zutreffende Kritik aufnimmt. Als Künstler müssen wir wissen, wann und von wem Kritik angemessen ist. Die Quelle ist ebenso wichtig wie das Timing.

Einen ersten Entwurf zeigt man am besten gar nicht oder höchstens den sanftesten und klügsten Augen. Hilfreich ist ein erfahrener Kollege, um das aufkeimende Pflänzchen der Kreativität zu unterstützen. Der unerfahrene oder strenge Kritiker könnte den Keim der Kunst ersticken.

Als Künstler können wir nicht jede Kritik überprüfen, die wir bekommen. Wir können unsere professionellen Kritiker nicht gesünder, liebevoller oder konstruktiver machen, als sie sind. Aber wir können lernen, Freunde unter denen zu finden, bei denen wir ohne Gefahr unseren Schmerz zum Ausdruck bringen dürfen. Wir können lernen, unsere Gefühle nicht länger zu leugnen und zu verstecken, wenn wir mit unserer Kunst abschätzig behandelt worden sind.

Kunst erfordert einen sicheren Brutplatz. Idealerweise finden ihn Künstler zuerst in ihrer Familie, dann in ihrer Schule und schließlich in einer Gemeinschaft von Freunden und Anhängern. Dieses Ideal entspricht jedoch selten der Realität. Als Künstler müssen wir lernen, uns eine eigene sichere Umgebung zu schaffen. Die Realität ist unsicher, geprägt von Häme und Beschämung. Unser Künstlerkind will vor der Beschämung geschützt werden. Voraussetzung hierfür ist, dass wir unserer Kindheitsscham die Schärfe nehmen, sie zu Papier bringen und sie mit einem anderen teilen, der nicht unter Scham leidet und dem wir vertrauen.

Indem wir die Schamgeheimnisse, die unsere Kunst betreffen, aussprechen und sie mit Hilfe unserer Kunst verarbeiten, befreien wir uns selbst und andere aus der Dunkelheit. Doch diese Befreiung ist nicht immer willkommen.

Wenn unsere Kunst ein Geheimnis der menschlichen Seele enthüllt, dann kann es sein, dass die Rezipienten unserer Kunst in uns Schamgefühle dafür auszulösen versuchen.

»Es ist abscheulich!«, sagen sie vielleicht und greifen das Werk an, obwohl es an sich gut ist. Diese Erfahrung kann sehr verwirrend sein. Wenn man uns zuruft: »Schäm dich!« und wir diese Scham fühlen, dann ist es gut zu wissen, dass es die Scham aus unserer Kindheit ist, die da den Kopf in uns hebt.

»Ich weiß, dass meine Arbeit gut ist … Ich dachte, meine Arbeit sei gut … Könnte es sein, dass ich mir selbst etwas vorgemacht habe? … Vielleicht hat der Kritiker recht. Warum hatte ich je den Nerv zu glauben …?« Und die Abwärtsspirale kommt in Gang.

In solchen Zeiten müssen wir sehr streng mit uns sein und dürfen diesen Zweifeln keinen Glauben schenken. Diese negativen Gedanken dürfen keine Macht über uns gewinnen. Einen ersten Zweifel in sich zuzulassen ist wie der erste Schluck aus der Flasche, den ein Alkoholiker nimmt. Sobald der erste Zweifel in unser System eingedrungen ist, schafft er Platz für immer mehr Zweifel. Es ist möglich, zweiflerischem Denken Einhalt zu gebieten, aber dazu bedarf es einer gehörigen Portion Wachsamkeit. »Vielleicht hatte dieser Kritiker recht …« Und *sofort* müssen wir Paroli bieten: »Du *bist* ein guter Künstler, ein mutiger Künstler, du *machst* deine Sache gut. Deine Arbeit *ist* gut …«

Als die romantische Filmkomödie *God's Will,* bei der ich Regie führte, ihre Premiere in Washington hatte, da war es für mich, als käme ich nach Hause. Meine ersten journalistischen Erfahrungen hatte ich bei der *Washington Post* gesammelt. Ich hoffte auf ein Heimspiel. Doch die vor der Premiere gedruckten Rezensionen fielen für mich unerfreulich aus.

Die *Washington Post* schickte eine junge Frau, die sich einen ganzen Film über Leute am Theater ansah und dann schrieb, dass der Film von Filmschauspielern handelte. Sie fügte hinzu, dass »ein Großteil« meiner Dialoge aus *Casablanca* gestohlen sei. Ich fragte mich, welchen Film sie gesehen hatte – jedenfalls nicht meinen. Mein Drehbuch enthielt ungefähr vierzig Theaterpointen und eine einzige Anspielung auf *Casablanca.* Das waren die Tatsachen, aber die nützten mir nichts.

Ich wäre am liebsten in den Boden versunken. Ich schämte mich, war fast bereit zu sterben.

Ich setzte Selbstliebe und Selbstlob als Gegengift gegen die Scham ein. Ich ging im Rock Creek Park spazieren. Ich betete. Ich erinnerte mich an früheres Lob und gute Kritiken. Ich gab mich nicht mit dem üblichen »Macht doch nichts« zufrieden. Vielmehr versuchte ich mein Künstler-Selbst mit den Worten »Alles wird gut« zu trösten.

Und ich ging zu meiner Premiere. Sie war wesentlich erfolgreicher als meine Rezensionen.

Drei Monate später wurde mein Film für ein angesehenes europäisches Filmfestival ausgewählt. Man wollte mich einfliegen lassen und meine Spesen übernehmen. Man bot mir an, meinen Film eigens zu bewerben. Ich zögerte. Die in Washington erfahrene Beschämung hatte ihr langsames, giftiges Werk getan. Ich hatte Angst hinzufahren.

Aber ich wusste, dass ich fahren musste. Die jahrelange Arbeit an meinem Künstler-Selbst hatte mich gelehrt, einfach trotzdem hinzugehen. Und tatsächlich verkaufte sich mein Film ausgezeichnet und erhielt eine Schlagzeile in *Variety.*

Ich will Ihnen die Schlagzeile nicht vorenthalten, weil ich sie äußerst treffend fand: »*God's Will* hit in Munich« – Gottes Wille schlägt in München ein.

Es *ist* »Gottes Wille«, dass wir kreativ sind.

Mit Kritik umgehen

Es ist wichtig, sinnvolle Kritik von anderer zu unterscheiden. Oft müssen wir diese Unterscheidung selbst treffen, ohne dass dabei irgendjemand für uns Partei ergreift. Als Künstler können wir diese Unterscheidung weitaus besser treffen, als man vermuten würde. Konstruktive Kritik erfüllt den Künstler mit Erleichterung: »Aha! Daran lag es also.« Hilfreiche Kritik kann wie ein gefundenes Puzzlestück für unsere Arbeit sein.

Destruktive Kritik hingegen gibt uns das Gefühl, fertiggemacht worden zu sein. Normalerweise ist sie im Tonfall vernichtend und beschämend, dem Inhalt nach mehrdeutig und in ihrer Missbilligung persönlich, ungenau und pauschal. Es gibt nichts, was man aus destruktiver Kritik lernen könnte.

Sie haben es hier mit einem inneren Kind zu tun. Der Missbrauch des Künstlerkindes verursacht Rebellion und Blockade. Jegliche destruktive Kritik bedarf eines anschließenden Heilungsprozesses.

Es gibt Faustregeln, die nützlich im Umgang mit *jeglicher* Kritik sind:

1. Nehmen Sie die Kritik vollständig an, und lassen Sie sie dann hinter sich.
2. Notieren Sie für sich, welche Meinungen und Ausdrücke Sie quälen.
3. Notieren Sie für sich, welche Meinungen und Ausdrücke Ihnen nützlich erscheinen.
4. Machen Sie etwas für sich, was Ihnen guttut – lesen Sie eine positive frühere Kritik, oder erinnern Sie sich an ein Lob.
5. Machen Sie sich bewusst, dass Ihr Kunstwerk, selbst wenn

es noch so schlecht ist, ein notwendiges Sprungbrett für Ihre nächste Arbeit sein könnte. Kunst reift sprunghaft und *braucht* Wachstumsphasen, in denen sie das hässliche Entlein sein darf.

6. Schauen Sie sich die Kritik noch einmal an. Erinnert Sie sie vielleicht an eine Kritik aus früheren Zeiten – insbesondere an Beschämungen aus der Kindheit? Machen Sie sich bewusst, dass die aktuelle Kritik in Ihnen Trauer über eine schon lange bestehende Wunde auslöst.
7. Schreiben Sie dem Kritiker einen Brief – nicht unbedingt, um ihn auch abzuschicken. Verteidigen Sie Ihre Arbeit, und erkennen Sie den Nutzen der angebotenen Kritik an, falls es ihn gibt.
8. Und dann: zurück in den Sattel. Machen Sie sich sofort an Ihre nächstes kreatives Projekt.
9. Arbeiten Sie. Kreativität ist das einzige Heilmittel gegen Kritik.

Übung

DETEKTIVARBEIT

Viele blockierte Menschen sind eigentlich sehr kraftvolle und kreative Persönlichkeiten, denen man Schuldgefühle ob ihrer eigenen Stärken und Gaben eingeimpft hat. Ohne dafür Anerkennung zu finden, werden sie von ihren Familien und Freunden als Energiequelle benutzt. Andere nehmen sich die Freiheit, ihre kreativen Energien zu nutzen und zu verschwenden.

Wenn diese gehemmten Künstler versuchen, sich aus ihren

funktionsgestörten Systemen zu befreien, dann ruft man sie zur Vernunft, auch wenn es das gar nicht ist, was ihnen fehlt. Weil ihr Talent ihnen Schuldgefühle verursacht, stellen sie ihr Licht unter den Scheffel, um andere ja nicht zu verletzen. Stattdessen schaden sie sich selbst.

Mit ein wenig Spürhundarbeit kommen wir dem Menschen, den wir im Stich gelassen haben, wieder auf die Spur – uns selbst. Wenn Sie die nachfolgenden Sätze vervollständigen, dann können sehr starke Gefühle in Ihnen hochkommen, und zwar in dem Maße, in dem Sie Erinnerungen und verlegte Fragmente dem Vergessen entreißen. Ergänzen Sie die Satzanfänge spontan und in freier Assoziation:

1. Mein Lieblingsspielzeug als Kind war ...
2. Mein Lieblingsspiel als Kind war ...
3. Mein Lieblingsfilm als Kind war ...
4. Ich tue das nicht sehr oft, aber es macht mir Spaß, zu ...
5. Wenn ich ein wenig lockerer sein könnte, würde ich ...
6. Wenn es nicht zu spät wäre, würde ich ...
7. Mein Lieblingsmusikinstrument ist ...
8. Die Geldsumme, die ich jeden Monat zu meiner Unterhaltung ausgebe, beträgt ...
9. Wenn ich nicht zu geizig mit meinem Künstler/meiner Künstlerin wäre, würde ich ihm/ihr ... kaufen.
10. Mir Zeit für mich selbst zu nehmen ist ...
11. Ich befürchte, wenn ich erst anfange zu träumen, dann ...
12. Insgeheim macht es mir Spaß, ... zu lesen.
13. Wenn ich eine gute Kindheit gehabt hätte, wäre ich als Erwachsene ... geworden.
14. Wenn es nicht so verrückt klänge, würde ich ... schreiben oder machen.

15. Meine Eltern denken, Künstler sind ...
16. Mein Gott denkt, Künstler sind ...
17. An dieser Reise zur Kreativität kommt mir komisch vor, dass ...
18. Lernen, mir selbst zu vertrauen, ist wahrscheinlich ...
19. Meine Lieblingsmusik, um mich aufzumuntern, ist ...
20. Mein Lieblingskleidungsstil ist ...

Wachstum

Wachstum ist eine unregelmäßige Vorwärtsbewegung: zwei Schritte vor, einer zurück. Vergessen Sie das nicht, und seien Sie liebevoll mit sich.

Die Reise zur Kreativität ist ein Heilungsprozess. Vielleicht sind Sie am Dienstag voller Schaffenskraft, und am Mittwoch will Ihnen nichts gelingen. Das ist normal. Wachstum geschieht in Schüben. Manchmal versinken Sie in einen Dornröschenschlaf. Lassen Sie sich nicht entmutigen. Begreifen Sie es als Ausruhen.

Einer Woche voller Einsichten folgt oft eine Woche der Trägheit. Die Morgenseiten kommen Ihnen sinnlos vor. Sie *sind es nicht*. Wenn Sie sie schreiben, obwohl Sie müde und gelangweilt sind, dann lernen Sie, auf dem Papier auszuruhen. Das ist sehr wichtig. Marathonläufer empfehlen, dass jedem Einkilometerspurt zehn langsame Kilometer folgen sollten. Das Gleiche gilt für die Kreativität.

»Eile mit Weile« ist für Künstler eine geeignete Vorgehensweise. Sie bedeutet: Leichtigkeit führt zum Ziel. Wenn Sie sich dazu verpflichten, jeden Morgen drei Seiten zu schreiben, und sich jeden Tag etwas gönnen, was Ihnen guttut, dann werden Sie eine sanfte Leichtigkeit des Herzens spüren.

Üben Sie anhand kleiner, konkreter Dinge, nett zu sich zu sein. Schauen Sie in Ihren Kühlschrank. Ernähren Sie sich so, wie Sie es möchten? Haben Sie warme Socken? Genug bequeme und ansprechende Unterwäsche? Wie steht es mit einer neuen Zimmerpflanze? Einer Thermoskanne für die lange Fahrt zur Arbeit? Erlauben Sie sich, einige Ihrer alten abgetragenen Klamotten auszurangieren. Sie müssen nicht alles behalten.

Der Ausdruck »Wer sich selbst hilft, dem hilft Gott« könnte eine neue und ganz andere Bedeutung bekommen. Während er in der Vergangenheit als »Gott hilft nur denjenigen, die sich seine Hilfe verdient haben« verstanden wurde, wird er jetzt die erstaunliche Zahl kleiner kostenloser Geschenke bedeuten, die der Schöpfer denjenigen zukommen lässt, die sich selbst zu einer kleinen Belohnung verhelfen. Wenn Sie sich eine Nettigkeit pro Tag gönnen, dann wird Gott zwei weitere hinzufügen. Haben Sie ein waches Auge für Unterstützung und Ermutigung von unerwarteter Seite. Seien Sie offen dafür, Geschenke aus ungewöhnlichen Kanälen zu erhalten: Freikarten, eine kostenlose Reise, eine Einladung zum Abendessen, eine altes Sofa, das für Sie wie ein neues ist. Üben Sie, solche Freundlichkeiten anzunehmen.

Wer von Ihnen eine wissenschaftliche Ader hat, der stellt sich vielleicht eine detaillierte Liste von Kleidungsstücken zusammen, die er gerne hätte. Oft gelangen die Teile auf der Liste mit beunruhigender Geschwindigkeit in Ihren Besitz. Probieren sie es aus. Experimentieren Sie.

Am wichtigsten ist es, das Alleinsein zu erforschen. Sie brauchen feste Ruhezeiten. Gewöhnen Sie sich daran, regelmäßig zu sich selbst zurückzukehren. Halten Sie mehrmals am Tag inne, und fragen Sie sich, wie *Sie* sich fühlen. Öffnen Sie sich

für die Antwort aus Ihrem Inneren. Reagieren Sie freundlich. Wenn Sie gerade etwas sehr Schwieriges tun, versprechen Sie sich für später eine Pause und ein Extravergnügen.
Ja, ich fordere Sie auf, sich wie ein Baby zu behandeln. Wir glauben, dass wir Härte, Zynismus und intellektuelle Kühle ausstrahlen müssen, um Künstler sein zu können. Überlassen Sie das den Kritikern. Als kreatives Wesen werden Sie wesentlich produktiver sein, wenn Sie sich geschmeichelt fühlen statt schikaniert.

Aufgaben

1. Beschreiben Sie Ihr ***Kinderzimmer.*** Wenn Sie möchten, können Sie auch eine Zeichnung davon anfertigen. Was war Ihnen darin das Liebste? Welcher ist Ihnen in Ihrem jetzigen Zimmer der liebste Gegenstand? Keiner? Nun, dann besorgen Sie sich etwas, das Sie gerne darin hätten – vielleicht etwas aus Ihrem alten Kinderzimmer.
2. Beschreiben Sie ***fünf Charakterzüge,*** die Sie als Kind an sich mochten.
3. Zählen Sie ***fünf Leistungen*** aus Ihrer Kindheit auf (glatte Einsen in der siebten Klasse, den Hund abgerichtet, den Klassenrowdy k.o. geschlagen).
   Und einen Hochgenuss: Schreiben Sie ***fünf Lieblingsessen*** aus der Kindheit auf. Kaufen Sie sich in dieser Woche eines davon. Ja, Götterspeise mit Banane ist okay.
4. ***Gewohnheiten:*** Schauen Sie sich Ihre Gewohnheiten an. Möglicherweise beeinträchtigen etliche davon Ihren guten Umgang mit sich selbst und lösen Schamgefühle aus.

Manche sind selbstzerstörerisch. Sehen Sie sich Fernsehsendungen an, die Sie eigentlich gar nicht interessieren? Hängen Sie mit langweiligen Freunden ab und schlagen die Zeit tot (ein treffender Ausdruck!)? Manche schlechte Angewohnheiten sind offenkundig (zu viel trinken, rauchen und essen, statt zu schreiben!). Führen Sie drei ganz eindeutig schlechte Gewohnheiten auf. Was haben Sie davon, wenn Sie damit weitermachen?
Manche schlechte Gewohnheiten sind subtiler (keine Zeit zum Üben, wenig Zeit zum Innehalten, immer anderen zu helfen, sich selbst aber keine Fürsorge angedeihen zu lassen, mit Leuten herumzuhängen, die Ihre Träume heruntermachen). Benennen Sie drei solche subtilen Gegner. Welchen Nutzen bringen diese Formen von Sabotage? Seien Sie konkret.

5. Erstellen Sie eine Liste von ***Freunden,*** die Ihnen wirklich guttun. *Guttun* heißt, dass sie Ihnen das Gefühl geben, kompetent zu sein und Möglichkeiten zu haben. Es bedeutet nicht, dass sie Ihnen die Botschaft vermitteln, ohne ihre Hilfe nie etwas auf die Reihe zu kriegen. Es ist ein großer Unterschied, ob man Hilfe erhält oder ob man so behandelt wird, als sei man hilflos. Führen Sie drei Freunde auf, die Ihnen guttun. Welche speziellen Wesensmerkmale Ihrer Freunde unterstützen Sie besonders gut?
6. Rufen Sie einen Freund an, der Sie als wirklich guten und intelligenten Menschen behandelt, der etwas zustande bringen kann. Ihre Reise zur Kreativität beinhaltet auch, dass Sie sich ***Unterstützung*** holen. Diese Unterstützung wird entscheidend sein, wenn Sie neue Risiken wagen.
7. ***Innerer Kompass:*** Jeder Mensch besitzt einen inneren Kompass. Das ist ein Instinkt, der uns auf unsere Gesundheit hinweist. Er warnt uns, wenn wir uns auf gefährli-

chem Terrain bewegen, und sagt uns, wenn etwas für uns sicher und gut ist. Die Morgenseiten sind ein Weg, um mit diesem Instinkt in Kontakt zu treten. Ebenso einige andere das Künstlergehirn anregende Aktivitäten – Malen, Autofahren, Spazierengehen, Laufen. Nehmen Sie sich in dieser Woche eine Stunde Zeit, um Ihrem inneren Kompass zu folgen, indem Sie eine das Künstlergehirn anregende Tätigkeit ausführen und auf das *hören,* was im Inneren aufsteigt.

8. Listen Sie fünf Menschen auf, die Sie ***bewundern.*** Jetzt nennen Sie fünf Personen, die Sie insgeheim bewundern. Welche Eigenschaften haben diese Menschen, die Sie bei sich entwickeln könnten?
9. Führen Sie fünf Menschen auf, die tot sind und denen Sie zu ihren Lebzeiten gerne ***begegnet*** wären. Und dann fünf Menschen, die schon tot sind und mit denen Sie gerne ein Weilchen in der Ewigkeit verbringen würden. Welche Eigenschaften und Wesenszüge nehmen Sie in diesen Menschen wahr, die Sie auch bei Ihren Freunden suchen könnten?
10. ***Vergleichen*** Sie die beiden Listen. Schauen Sie sich an, wen Sie *wirklich* mögen und bewundern – und stellen Sie fest, wen Sie Ihrer Meinung nach mögen und bewundern *sollten.* Ihre »Ich sollte«-Sätze sagen Ihnen vielleicht, dass Sie Edison bewundern sollten, doch Ihr Herz gehört Houdini. Bleiben Sie eine Zeitlang bei Ihrer Houdini-Seite.

Check-in

1. An wie vielen Tagen in dieser Woche haben Sie Ihre ***Morgenseiten*** geschrieben? Wie war diese Erfahrung für Sie? Wenn Sie einen Tag ausgelassen haben, warum haben sie ihn dann ausgelassen?
2. Haben Sie in dieser Woche Ihren ***Künstlertreff*** abgehalten? (Ja, ja und es war *schrecklich!*) Was haben Sie unternommen? Wie haben Sie sich dabei gefühlt?
3. Haben Sie in dieser Woche irgendeine Form von ***Synchronizität*** erlebt? Erzählen Sie!
4. Gab es in dieser Woche andere ***Themen und Ereignisse,*** die Sie als bedeutsam für Ihre kreative Reise ansehen? Beschreiben Sie sie.

WOCHE VIER

Möglicherweise haben Sie sich in dieser Woche damit auseinanderzusetzen, dass sich die Definition Ihrer eigenen Person verändert. Die Aufgaben sollen Sie zu einer produktiven Innenschau und Integration Ihres neuen Selbst-Bewusstseins katapultieren. Das könnte sowohl sehr schwierig als auch sehr aufregend für Sie sein.

Warnung:
Verzichten Sie nicht auf den Leseentzug!

Das Gefühl für Integrität wiedergewinnen

Aufrichtige Veränderungen

Durch die Arbeit mit den Morgenseiten lernen wir, unsere wirklichen, oft geheimen Gefühle von unseren *offiziellen*, den in der Öffentlichkeit gezeigten, zu unterscheiden. Offizielle Gefühle leiten wir gerne mit der Formulierung ein: »Es ist in Ordnung, dass ... (ich meinen Job verloren habe, sie einen neuen Liebhaber hat, mein Vater gestorben ist).«

Was meinen wir, wenn wir sagen: »Es ist in Ordnung«? Die Morgenseiten zwingen uns zu Genauigkeit. Bedeutet »Es ist in Ordnung«, dass ich frustriert bin, es akzeptiere, es mir angenehm ist, ich gefühllos, tolerant, erfreut oder zufrieden bin? *Was* genau bedeutet es?

»Es ist in Ordnung« ist für die meisten von uns eine Pauschalaussage. Sie umfasst alle Arten von ekligen Gefühlen, und häufig deutet sie auf einen Verlust hin. Offiziell fühlen wir uns »in Ordnung«, aber fühlen wir uns wirklich so?

Die Grundlage einer erfolgreichen Reise zur Kreativität ist unsere Verpflichtung dazu, unsere Abwehr zu sprengen und nicht mehr zu sagen: »Es ist in Ordnung«, wenn es das eigentlich nicht ist. Die Morgenseiten zwingen uns, eine andere Antwort zu finden.

In den Jahren, in denen ich Menschen bei der Arbeit an den Morgenseiten beobachtet habe, ist mir aufgefallen, dass viele die Seiten gerade dann vernachlässigen oder gar nicht mehr schreiben, wenn sich am Horizont unangenehme Klarheiten ankündigen. Wenn wir zum Beispiel sehr, sehr wütend sind, es aber nicht zugeben möchten, dann behaupten wir gerne, dass alles »in Ordnung« ist. Die Morgenseiten lassen uns mit diesen Ausflüchten nicht davonkommen. Deshalb vernachlässigen wir sie.

Wenn wir das schleichende Gefühl haben, dass unser Lebenspartner nicht aufrichtig mit uns ist, dann kann es sein, dass die Morgenseiten dieses Gefühl zur Gewissheit werden lassen, und das bedeutet, uns steht eine unangenehme Aussprache ins Haus. Statt uns diesem Durcheinander zu stellen, entziehen wir uns lieber unseren Morgenseiten.

Auch wenn wir uns plötzlich Hals über Kopf verlieben, können die Morgenseiten eine Bedrohung für uns darstellen. Wir möchten lieber in der schillernden, aber zerbrechlichen Seifenblase unseres Glücks verharren. Wir wollen uns weiterhin in dem Meer eines glückseligen Wirgefühls verlieren, statt daran erinnert zu werden, dass es ein Ich in dem Wir gibt, das vorübergehend geblendet ist.

Mit einem Wort: Gerade starke Gefühle jeglicher Art – die man mit Hilfe der Morgenseiten übrigens ausgezeichnet verarbeiten kann – sind normalerweise der Auslöser für die Vernachlässigung der Morgenseiten.

Genauso wie ein an das Laufen gewöhnter Athlet gereizt wird, wenn er seine Kilometer nicht abarbeitet, so macht auch uns, die wir jetzt an die Morgenseiten gewöhnt sind, der Verzicht auf sie reizbar. Da Menschen jedoch dazu neigen, Ursache und

Wirkung zu vertauschen, sagen wir: »Ich war zu schlecht gelaunt, um sie zu schreiben«, statt: »Ich habe sie nicht geschrieben, und deswegen bin ich so schlecht gelaunt.«
Wenn wir die Morgenseiten über einen längeren Zeitraum hinweg schreiben, wirken sie wie spirituelle Chiropraktik. Sie richten unsere Werte neu aus und bringen unsere Spiritualität ins Gleichgewicht. Wenn wir vom Weg unserer persönlichen Wahrheit abgekommen sind, verweisen uns die Morgenseiten auf die Notwendigkeit einer Kurskorrektur. Wir werden uns unseres Abdriftens bewusst und kehren zurück zu unserem Weg – und sei es nur, um die Seiten zum Schweigen zu bringen.
»Deinem eigenen Selbst sei treu«, verlangen die Seiten, während sie geflissentlich mit dem Finger auf dieses Selbst zeigen. Durch das Schreiben der Morgenseiten erkannte die Malerin Mickey, dass sie Komödien schreiben wollte. Kein Wunder, dass all ihre Freunde Schriftsteller waren. Auch sie war eine Schriftstellerin!
Der russische Dichter Tschechow rät: »Wenn du an deiner Kunst arbeiten möchtest, dann arbeite an dir selbst.« Mit anderen Worten: Selbstausdruck kann erst dann gelingen, wenn wir ein Selbst haben, das wir zum Ausdruck bringen können. Darum geht es in den Morgenseiten: »Ich selbst fühle mich so ... und so ... und so ... Niemand muss darin mit mir übereinstimmen, aber so fühle *ich* mich.«
Der Prozess der Selbst-Findung beinhaltet unweigerlich Gewinn und Verlust. Wir entdecken unsere Grenzen, und diese Grenzen trennen uns per definitionem von unseren Mitmenschen. Wenn wir Klarheit in unsere Wahrnehmung bringen, geben wir unsere falschen Vorstellungen auf. Indem wir die Mehrdeutigkeit eliminieren, befreien wir uns gleichzeitig von Illusionen. Wir erreichen Klarheit, und Klarheit erzeugt Veränderung.

»Ich bin über diese Arbeit hinausgewachsen«, könnte auf den Morgenseiten stehen. Zunächst ist das eine beunruhigende Wahrnehmung. Dann rufen sie uns zum Handeln auf und fordern schließlich einen konkreten Handlungsplan.

»Diese Ehe funktioniert nicht für mich«, sagen die Morgenseiten. Und schlussfolgern: »Wie wäre es mit Paartherapie?« Und dann: »Ich frage mich, ob mich mein Leben nicht einfach nur langweilt?«

Es könnte sein, dass die Seiten nicht nur auf Probleme hinweisen, sondern darüber hinaus auch Lösungen anbieten. »Ich langweile mich *tatsächlich.* Es würde mir Spaß machen, Französisch zu lernen.« Oder: »Bei mir um die Ecke ist ein Töpfer- und Modellierkurs angekündigt. Das klingt interessant.«

Wenn wir feststellen, dass bestimmte Freunde uns langweilen und welche Situationen uns ersticken, dann erfasst uns eine Welle der Trauer. Vielleicht wollen wir sogar unsere Illusionen zurück! Wir möchten gerne so tun, als ob die Freundschaft gut läuft. Wir wollen die traumatische Erfahrung, einen neuen Job suchen zu müssen, nicht machen.

Mit Veränderung konfrontiert, die wir eigenhändig in Gang gesetzt haben, möchten wir meutern, uns verkriechen, Rotz und Wasser heulen. Doch »ohne Fleiß (Schmerz!) kein Preis«. Aber von Fleiß und Schmerz wollen wir nichts wissen, egal, welchen Gewinn er uns bringen könnte.

»Ich will mein Bewusstsein nicht erweitern!«, klagen wir. »Ich will ...« Dank der Morgenseiten finden wir heraus, was wir wollen, und schließlich entwickeln wir auch die Bereitschaft, die erforderlichen Veränderungen herbeizuführen. Aber nicht ohne den einen oder anderen Wutanfall. Und nicht ohne *Kriya.* Dieses Sanskrit-Wort bezeichnet einen spirituellen Notfall, den Schrei der Seele, die in das Mühlrad der Veränderung gezwungen wird.

Wir alle wissen, was Kriya ist: die schlimme Erkältung, die Sie niederstreckt, nachdem Sie Ihrem Geliebten den Laufpass gegeben haben; die leidige Kopfgrippe und der Bronchialkatarrh, die Ihnen mitteilen, dass Sie sich überanstrengt haben, um einen unerreichbaren Abgabetermin einzuhalten; der Asthmaanfall aus heiterem Himmel, der kommt, wenn Sie sich gerade mal wieder um Ihren alkoholkranken Bruder gekümmert haben. Lauter Beispiele für Kriya.
Immer bedeutsam und häufig psychosomatisch sind Kriyas die letzte Zumutung, die Ihre Psyche Ihren Verletzungen noch hinzufügt: »Kapierst du es endlich?«, fragt die Kriya Sie.
Nun begreifen Sie doch:

- Sie können nicht bei dem Partner bleiben, der Sie missbraucht!
- Sie können keinen Job machen, der Ihnen achtzig Wochenstunden abverlangt!
- Sie können einen Bruder nicht retten, der sich selbst retten muss!

In Zwölf-Schritte-Gruppen werden Kriyas als Ergebung verstanden. Die Teilnehmer werden aufgefordert, sich zu ergeben und loszulassen. Und sie würden es tun, wenn sie nur wüssten, was es ist, das sie festhalten. Mit dem Schreiben der Morgenseiten und dem Abhalten der Künstlertreffs haben Sie zumindest eine fünfzigprozentige Chance, die Botschaft zu empfangen, die Ihr Selbst Ihnen sendet. In den Morgenseiten kreisen Sie die Verdächtigen ein. Sie erwähnen die kleinen Verletzungen, die wir lieber ignorieren, und die großen Erfolge, die wir nicht anerkennen. Kurz gesagt, die Morgenseiten stoßen Sie auf die Wahrheit: So und so fühlst du dich. Und was fängst du jetzt mit diesem Wissen an?

Was dabei herauskommt, wenn wir etwas damit anfangen, ist häufig Kunst.

Viele meinen, die Grundlage eines kreativen Lebens sei die Fantasie. Doch die schwer zu verdauende Wahrheit lautet, dass Kreativität in der Realität fußt, in der detaillierten, konzentrierten, gut beobachteten oder eigens vorgestellten Realität.

Indem wir aufhören, in Hinblick auf unser Selbst, unsere Werte und unsere Lebenssituation vage zu sein, werden wir für den Augenblick frei. Dort, im Eigentlichen, nehmen wir Kontakt zu unserem kreativen Selbst auf. Bevor wir nicht die Freiheit des Alleinseins erfahren, sind uns authentische Bindungen verwehrt. Zwar verstricken wir uns, doch echte Begegnungen finden nicht statt.

Die Kunst liegt im Augenblick der Begegnung: Wir begegnen unserer Wahrheit und dadurch uns selbst; wir begegnen uns selbst und dadurch unserem Selbstausdruck. Wir werden authentisch, weil wir zu einer Quelle geworden sind, aus der die Arbeit fließt.

Indem wir unsere kreative Identität gewinnen – oder wiedergewinnen –, verlieren wir unser bisher aufrechterhaltenes falsches Selbst. Dieser Verlust kann sich traumatisch anfühlen: »Ich weiß nicht mehr, wer ich bin! Ich erkenne mich selbst nicht wieder!«

Je mehr Sie sich als Terra incognita fühlen, umso sicherer können Sie sein, dass Ihre Reise zur Kreativität Fortschritte macht. Sie sind Ihr eigenes gelobtes Land, Ihre eigene »New Frontier«.

Veränderungen der Identität werden häufig von neuen geschmacklichen und sinnlichen Wahrnehmungen begleitet. Ein deutlicher Hinweis darauf, dass ein Genesungsprozess in Gang kommt, ist der Impuls, alte Kleider, Unterlagen und sonstige Dinge auszumisten, sie zu ordnen und wegzuwerfen.

»Ich brauche das nicht mehr«, sagen wir, wenn wir eine Bluse, die unseren geringen Selbstwert verkörpert, auf den Stoß für das Rote Kreuz legen. »Ich bin diesen kaputten Kleiderschrank mit seinen sechzehn Farbschichten leid«, erklären wir und vermachen den Kleiderschrank einer wohltätigen Einrichtung. Indem wir Altes und Unnützes hinauswerfen, schaffen wir Platz für Neues und Angemessenes. Ein bis oben hin mit unattraktiven Klamotten vollgestopfter Wandschrank lädt keine neuen ein. In einem Haus, das vor Krimskrams und den für andere aufbewahrten Schätzen überquillt, gibt es keinen Platz für die Dinge, mit denen Sie Ihr jetziges Leben verbessern könnten.

Wenn Sie vom Aufräumfieber erfasst werden, sind zwei entgegengesetzte Strömungen in Ihnen am Werk: Das alte Ich geht und trauert, während das neue feiert und stark wird. Wie bei jeder Trennung gibt es sowohl Spannung als auch Erleichterung. Tiefsitzende Depressionen brechen los wie Eisschollen. Lang eingefrorene Gefühle tauen auf, schmelzen, bilden Sturzbäche, ergießen sich und überfluten in vielen Fällen ihr Gefäß, nämlich Sie. Vielleicht fühlen Sie sich unbeständig und wankelmütig. Sie sind es.

Seien Sie auf Tränenausbrüche und Lachanfälle gefasst. Plötzlichen Kicheranfällen können unvermittelt starke Verlustgefühle folgen. Stellen Sie sich das vor wie bei einem Unfallopfer, das nach dem Unfall den Ort des Geschehens verlässt: Ihr altes Leben hat einen Zusammenprall erlitten und ist verbrannt; Ihr neues Leben ist noch nicht greifbar. Sie könnten das Gefühl haben, dass Sie vorübergehend ohne Auto dastehen. Gehen Sie einfach zu Fuß.

Mit dieser dramatischen Beschreibung möchte ich Sie auf ein mögliches emotionales Feuerwerk vorbereiten. Doch dazu muss es nicht zwangsläufig kommen. Genauso gut könnten bei Ihnen die Veränderungen wie friedliche Wolkenbewegungen am Himmel aussehen – von bedeckt bis bewölkt. Welche Form Ihr Wachstum auch annimmt, eine langsame und subtile, tägliche Veränderung wird, auch wenn Sie sie nicht bewusst wahrnehmen, Ihr Wachstum begleiten.

»Bei mir passiert gar nichts Dramatisches. Ich glaube nicht, dass der Prozess funktioniert«, habe ich oft von Menschen gehört, die sich aus meiner Perspektive mit Lichtgeschwindigkeit verändert haben. Sobald wir uns auf das Schreiben der Morgenseiten und die Künstlertreffs eingelassen haben, bewegen wir uns mit so hoher Geschwindigkeit, dass wir das Tempo nicht einmal bemerken. Reisende auf dem »Weg des Künstlers« sind sich ebenso wenig ihrer Wachstumsgeschwindigkeit bewusst wie die Reisenden in einem Düsenflugzeug. Diese Wahrnehmungsschwäche ist eine Form des inneren Widerstands, die uns in Versuchung führt, den Entwicklungsprozess, der sich bei uns scheinbar nicht einstellen will, abzubrechen. Doch ich versichere Ihnen, auch bei Ihnen findet der Prozess statt.

Sobald wir den inneren Schöpfer vor unseren Entwicklungskarren gespannt haben, machen sich viele Veränderungen und Verschiebungen in unseren Einstellungen bemerkbar. Ich möchte einige von ihnen aufzählen, weil sie oft nicht auf den ersten Blick als das zu erkennen sind, was sie sind. Tatsächlich kann es sein, dass wir sie als verrückt und sogar destruktiv empfinden. Bestenfalls wirken sie exzentrisch.

Veränderungen im Energiemuster sind unausweichlich. Ihre Träume werden intensiver und deutlicher werden, sowohl jene in der Nacht als auch Ihre Tagträume. Plötzlich erinnern Sie sich besser an Ihre Träume, und Ihre Tagträume nehmen Ihre Aufmerksamkeit mehr in Anspruch. Harmlose und unerwartete Fantasien brechen sich Bahn.

Viele Bereiche Ihres Lebens, die vorher stimmig zu sein schienen, sind es nun nicht mehr. Die meisten Ihrer gewohnten Anziehsachen kommen Ihnen nun merkwürdig vor. Vielleicht entscheiden Sie sich, ein Sofa neu aufpolstern zu lassen oder es ganz wegzugeben. Musikalische Vorlieben verändern sich vielleicht ebenfalls. Es kann sogar zu spontanen Ausbrüchen von Singen, Tanzen oder Laufen kommen.

Sie werden Ihre neue Offenheit vielleicht als beunruhigend erleben. »Ich mag das nicht«, ist ein Satz, den Sie sich selbst vielleicht werden sagen hören. Oder: »Ich finde das toll.« Kurz, Ihr eigentlicher Geschmack, Ihre eigenen Urteile und Ihre neue Identität werden allmählich durchscheinen.

Sie haben den Spiegel geputzt. Die Morgenseiten eines jeden Tages werden immer mehr Klarheit zwischen Ihnen und Ihrem wahren Selbst entstehen lassen. Wenn das Bild Ihrer Identität deutlicher hervortritt, wird es Sie vielleicht überraschen. Sie könnten besondere Vorlieben oder Abneigungen entdecken, die Sie bisher nicht zur Kenntnis genommen haben. Eine Liebe zu Kakteen. Warum habe ich dann diese Töpfe mit Efeu? Eine Abneigung gegen Braun. Warum behalte ich dann diesen Pullover, in dem ich mich nie wohl gefühlt habe?

Da wir darauf geeicht sind, uns von anderen Menschen bestimmen zu lassen und ihre Definitionen anzunehmen, kann uns diese aufkeimende Individualität wie ein Eigenwille vorkommen, der Amok läuft. Doch damit irren wir uns.

Das Schneeflockenmuster Ihrer Seele beginnt, sichtbar zu werden. Jeder Mensch ist ein einzigartiges, kreatives Individuum. Aber wir tragen durch Zucker, Alkohol, Drogen, Überarbeitung, zu wenig Spiel, schlechten Umgang, giftigen Sex, zu wenig Sport, zu viel Fernsehen, zu wenig Schlaf dazu bei, dass diese Einzigartigkeit verblasst – durch die unendlich vielen Spielarten von Junkfood für die Seele. Die Morgenseiten helfen uns, diese Flecken auf unserem Bewusstsein zu erkennen.

Wenn Sie sich die Zeit vergegenwärtigen, in der Sie Ihre morgendliche Schreibübung gemacht haben, werden Sie sehen, dass infolge Ihrer Bereitschaft, in Ihrem Leben Raum für das Wirken des Schöpfers zu schaffen, viele Veränderungen stattgefunden haben. Sie werden ein stärkeres Gefühl von persönlicher Energie bemerken, das manchmal auch beunruhigend ist. Sie werden manchen Zornesausbruch und manches Aufblitzen von Klarheit erlebt haben. Menschen und Gegenstände haben vielleicht eine andere Bedeutung für Sie erlangt. Es stellt sich bei Ihnen ein Gefühl für den Fluss des Lebens ein – und dafür, dass sich vor Ihnen neue Horizonte auftun, wenn Sie sich hingeben und sich mit dem Energiefluss Gottes bewegen. So viel Klarheit haben Sie bereits gefunden.
Es könnte auch sein, dass Sie zugleich ein Gefühl von Verblüffung und Vertrauen erleben. Sie stecken nicht länger fest, aber wohin Sie gehen, können Sie noch nicht sagen. Vielleicht sehnen Sie sich nach der Zeit zurück, als Sie noch kein Gefühl für die Vielzahl der Möglichkeiten hatten, als Sie sich stärker als Opfer fühlten und als Ihnen nicht bewusst war, wie viele kleine Dinge Sie tun können, um Ihr eigenes Leben zu verbessern.
Selbstverständlich wünschen Sie sich ein wenig Ruhe angesichts Ihres raschen Vorankommens. Aber Sie werden lernen, in der Bewegung Ruhe zu finden, so wie Sie sich ja auch in einem bewegten Boot entspannen können. Ihre Morgenseiten sind Ihr Boot. Sie bringen Sie vorwärts und geben Ihnen zugleich einen Raum, in dem Sie sich von der Vorwärtsbewegung erholen können.
Wir begreifen nur schwer, dass dieser Prozess des Nach-innen-Gehens und des Schreibens von Seiten eine Tür öffnet, durch die unser Schöpfer uns hilft und uns leitet. Unsere Bereitschaft öffnet diese Tür. Die Morgenseiten symbolisieren unsere Willigkeit, mit Gott zu sprechen und ihn anzuhören. Sie füh-

ren uns in viele andere Veränderungen hinein, die ebenfalls von Gott kommen und uns zu Gott führen. Wenn wir schreiben, ist es die Hand Gottes, die unsere Hand führt. Das ist sehr kraftvoll.

An diesem Punkt kann es sehr beruhigend sein, Ihre Morgenseiten – oder einen Teil von ihnen – als schriftliche Bestätigung Ihres Fortschritts zu begreifen.

»Geben Sie mir das schriftlich«, sagen wir oft, wenn wir ein Geschäft abschließen.

Es liegt eine spezielle Macht darin, das Abkommen aufzuschreiben, das wir mit unserem Schöpfer treffen. »Ich empfange dein Gut willentlich« und »dein Wille geschehe« sind zwei kurze Affirmationen, die, morgens geschrieben, uns während des Tages daran erinnern, uns dem Guten mehr zu öffnen.

»Ich vertraue meinen Wahrnehmungen« ist eine weitere machtvolle Affirmation, die wir benutzen können, wenn wir die Veränderungen unserer Identität erleben. »Ein stärkeres und klareres Ich entsteht.«

Wählen Sie Affirmationen nach Bedarf aus. Wenn Sie Ihre verschütteten Träume ausgraben, dann benötigen Sie die Zusicherung, dass ein solches Erforschen gestattet ist: »Ich genese und genieße meine Identität.«

Übung

BEGRABENE TRÄUME

Als genesende Kreative müssen wir unsere Vergangenheit erforschen, um die Scherben verschütteter Träume und Freuden zu bergen. Bitte graben Sie ein wenig. Seien Sie schnell und spielerisch. Dies ist eine Übung in Spontaneität, denken Sie also daran, Ihre Antworten schnell aufzuschreiben. Geschwindigkeit macht den inneren Zensor unschädlich.

1. Zählen Sie fünf Hobbys auf, die so klingen, als ob sie Spaß machen könnten.
2. Zählen Sie fünf Kurse auf, die so klingen, als ob sie Spaß machen könnten.
3. Zählen Sie fünf Dinge auf, die Sie persönlich nie tun würden, die aber dennoch so klingen, als ob sie Spaß machen könnten.
4. Zählen Sie fünf Fähigkeiten auf, die Sie gerne hätten.
5. Zählen Sie fünf Dinge auf, die Sie früher gerne getan haben.
6. Zählen Sie fünf Albernheiten auf, die Sie gerne einmal ausprobieren würden.

Wie Sie an diesem Punkt Ihrer Reise vielleicht schon begriffen haben, gehen wir bestimmte Probleme aus vielen verschiedenen Blickwinkeln an. Sie alle dienen dem Zweck, mehr Informationen aus Ihrem Unbewussten darüber hervorzulocken, was Sie gerne tun würden. In der folgenden Übung werden Sie sehr viel über sich selbst erfahren – und die Übung wird Ihnen zugleich etwas Freizeit verschaffen, in der Sie die Interessen verfolgen können, die Sie gerade aufgezählt haben.

Leseentzug

Wenn Sie meinen, sich in Ihrem Leben oder in Ihrer Kunst festgefahren zu haben, dann gibt es kaum einen besseren Weg für Sie, die Dinge wieder ins Rollen zu bringen, als eine Woche *Leseentzug.* Nicht lesen? Ja, Sie haben richtig gehört: nicht lesen. Auf die meisten Künstler wirken Worte wie winzige Beruhigungspillen. Wie selbstverständlich schlucken wir unsere tägliche Dosis an Neuigkeiten, die unseren Körper beschweren wie fettes Essen. Zu viel davon, und wir fühlen uns, als ob sämtliche Poren verstopft seien.

Es ist paradox, aber indem wir Zerstreuungen aus unserem Leben verbannen, füllen wir unseren kreativen Energiepool. Wenn wir Ablenkungen ausschalten, dann dürfen wir in die Welt der Sinne zurückkehren. Ohne eine Zeitung, hinter der wir uns verstecken, wird ein Zugfahrt zum Galeriebesuch. Ohne einen Roman, in dem wir uns verlieren (und ohne Fernsehen, das uns betäubt), wird ein Abend zu einer riesigen Freifläche, in der Möbel – und einige unserer Ansichten – neu geordnet werden.

Leseentzug wirft uns auf unsere innere Stille zurück, einen Raum, den einige von uns sofort füllen müssen – mit langen, geistlosen Unterhaltungen, übermäßigem Fernsehkonsum, dem Radio als konstantem eloquentem Begleiter. Oft können wir unsere innere Stimme, die inspirierende Stimme unseres Künstlerkindes, wegen all der atmosphärischen Störungen gar nicht hören. Während wir uns im Leseentzug üben, müssen wir ein wachsames Auge auf all die anderen Verschmutzer unserer Sinne werfen. Auch sie vergiften den Brunnen.

Wenn wir das, was hereinkommt, überwachen und es auf ein Mindestmaß beschränken, dann werden wir für unseren

Leseentzug mit erstaunlicher Geschwindigkeit entschädigt. Als Belohnung wird uns einiges entströmen. Unsere eigene Kunst, unsere eigenen Gedanken und Gefühle werden den Schlamm der Blockaden beiseitedrängen und ihn auflösen, sie werden ihn nach oben und nach draußen befördern, bis unsere innere Quelle endlich wieder frei fließen kann.

Leseentzug ist eine sehr wirkungsvolle und manchmal sehr beängstigende Technik. Allein schon das Nachdenken darüber kann enorme Wut zutage fördern. Für die meisten blockierten Kreativen ist Lesen eine Sucht. Wir verschlingen die Worte von anderen, statt uns unsere eigenen Gedanken und Gefühle zu machen, statt etwas Eigenes hervorzubringen.

In meinem Kurs ist die Woche, in der Leseentzug praktiziert wird, immer sehr hart. Ich gehe ans Pult in dem Wissen, dass man mich anfeinden wird. Ich verkünde die Neuigkeit, dass wir nicht lesen werden, und wappne mich dann gegen die Wellen von Feindseligkeit, die mir entgegenschwappen.

Es ist immer mindestens eine Person dabei, die mir scharf und unmissverständlich mitteilt, dass sie wichtig und vielbeschäftigt ist und dass sie Pflichten und Verpflichtungen habe, die sie zum Lesen zwängen.

Diese Information wird mir in der Regel in einem vernichtenden Tonfall übermittelt, der nahelegt, dass ich ein dämliches Kind bin und als Künstlerin nicht ernst genommen werden kann und dass ich unfähig bin, die Komplexität des Erwachsenenlebens zu begreifen. Ich höre nur zu.

Wenn der Dampf abgelassen ist, wenn all die Pflichtlektüren für Collegekurse und die Arbeit aufgezählt wurden, dann weise ich darauf hin, dass auch ich gearbeitet habe und aufs College gegangen bin und dass ich mich öfter eine ganze Woche aus reiner Lustlosigkeit vor dem Lesen gedrückt habe. Als blockierte Kreative sind wir sehr kreativ darin, uns vor bestimmten Dingen zu drücken. Ich bitte meine Kursteilnehmer, ihre Kreativität darauf zu richten, sich dem Nichtlesen anzunähern.

»Aber was sollen wir dann tun?«, kommt als Nächstes.

Hier stelle ich Ihnen eine kurze Auswahl der Dinge vor, die Menschen tun, wenn sie nicht lesen:

- Musik hören
- Stricken
- Konditionstraining
- Vorhänge nähen
- Kochen
- Meditieren
- Den Hund waschen
- Das Fahrrad reparieren
- Freunde zum Essen einladen
- Schränke aufräumen
- Mit Wasserfarben malen
- Die Stereoanlage zum Funktionieren bringen
- Rechnungen bezahlen
- Die Lampe neu verkabeln
- Bücherregale aufräumen (das ist gefährlich!)
- Alten Freunden schreiben
- Das Schlafzimmer streichen
- Tanzen gehen
- Pflanzen umtopfen
- Die Küche umräumen
- Sachen flicken

Obwohl das geschriebene Wort sicher aus dem Weg geräumt ist, kann ich die Schockwellen des Widerstands fühlen, die Sie beim Ausprobieren dieser Technik durchfluten. Ich möchte

Ihnen hierzu sagen, dass diejenigen, die den größten Widerstand geleistet haben, am reichsten für ihren Mut belohnt worden sind. Die unangenehme Wahrheit ist nämlich die, dass Sie, wenn Sie nicht lesen, früher oder später nichts mehr zu tun haben und deshalb gezwungen sind zu spielen. Sie werden ein Räucherstäbchen anzünden, eine alte Jazzplatte auflegen oder ein Regal türkis streichen, und dann werden Sie sich nicht einfach nur besser fühlen, sondern sogar ein klein wenig aufgeregt sein.

Lesen Sie nicht. Wenn Sie nicht wissen, was Sie mit sich anfangen sollen, dann tanzen Sie Cha-Cha-Cha.

(Aber ja, die Aufgaben für diese Woche dürfen Sie lesen und ausführen.)

Aufgaben

1. ***Umgebung:*** Beschreiben Sie die für Sie ideale Umgebung. Stadt? Land? Gemütlich? Schick? Schreiben Sie einen Absatz dazu, und zeichnen Sie ein Bild, oder schneiden Sie eines aus, das Ihre Vorstellung illustriert.
   Welche Jahreszeit ist Ihnen die liebste? Warum? Blättern Sie ein paar Zeitschriften durch, und finden Sie ein Bild dafür. Oder zeichnen Sie es. Bringen Sie es in der Nähe Ihres Arbeitsplatzes an.
2. ***Zeitreise:*** Beschreiben Sie sich selbst mit achtzig. Was haben Sie seit Ihrem fünfzigsten Lebensjahr unternommen, das Ihnen Spaß gemacht hat? Seien Sie sehr genau und konkret. Schreiben Sie jetzt als Achtzigjährige einen Brief an sich in Ihrem gegenwärtigen Alter. Was würden Sie

sich erzählen? Zur Verfolgung welcher Interessen würden Sie sich dringend auffordern? Zu welchen Träumen würden Sie sich ermuntern?

3. ***Zeitreise:*** Erinnern Sie sich an sich im Alter von acht Jahren. Was haben Sie gerne gemacht? Welche Dinge hatten Sie am liebsten? Schreiben Sie jetzt als Achtjähriger einen Brief an sich selbst in Ihrem gegenwärtigen Alter. Was würden Sie sich erzählen?
4. ***Umgebung:*** Schauen Sie sich Ihr Haus/Ihre Wohnung an. Gibt es irgendein Zimmer, das Sie zu Ihrem geheimen, ganz privaten Raum für sich selbst machen könnten? Das Fernsehzimmer ummodeln? Eine spanische Wand kaufen oder einen Vorhang aufhängen und so einen Teil in irgendeinem anderen Zimmer abtrennen? Dies ist Ihr Traumbereich. Sie sollten ihn zu Ihrem Vergnügen und nicht wie ein Büro einrichten.
   Im Grunde brauchen Sie nur einen Stuhl oder ein Kissen, eine Schreibunterlage, eine Art kleinen Altar für Blumen und Kerzen. Das soll Ihnen helfen, sich auf die Tatsache zu konzentrieren, dass Kreativität eine spirituelle Angelegenheit ist und keine Sache des Egos.
5. Nehmen Sie Ihren ***Lebenskuchen*** (von Woche zwei) heraus, um Ihre Weiterentwicklung zu überprüfen. Hat die eklige Tarantel schon ihre Form verändert? Sind Sie seitdem nicht aktiver, weniger rigide und ausdrucksstärker geworden? Passen Sie auf, dass Sie nicht allzu schnell allzu viel erwarten. Das würde bedeuten, dass Sie den Bogen überspannen. Wachstum muss die Zeit haben, sich zu konsolidieren und zu Gesundheit zu werden. Sie bauen Tag um Tag die Gewohnheitsmuster eines gesunden Künstlers auf. Immer schön langsam. – Stellen Sie eine Liste von Dingen zusammen, die Sie sich gönnen könnten, um den Künstler

in Ihnen zu fördern: Hörbücher, Zeitschriftenabos, Theaterkarten, eine Bowlingkugel.

6. Schreiben Sie Ihr eigenes ***Künstlergebet.*** (Vergleichen Sie dazu die Seite 345 f.) Verwenden Sie es eine Woche lang jeden Tag.
7. Ein erweiterter ***Künstlertreff:*** Planen Sie einen Kurzurlaub für sich. (Einen Tag am Wochenende. Bereiten Sie sich darauf vor, ihn anzutreten.)
8. Öffnen Sie Ihren ***Schrank.*** Suchen Sie ein Outfit heraus, das für geringes Selbstwertgefühl steht (Sie wissen schon, welches), und geben Sie es an eine Freundin weiter, oder spenden Sie es für karitative Zwecke. Schaffen Sie Platz für das Neue.
9. Schauen Sie sich eine Situation in Ihrem Leben an, die Sie Ihrem Empfinden nach ***ändern*** sollten, aber noch nicht geändert haben. Was haben Sie davon, weiter daran festzuhalten?
10. Wenn Sie Ihren ***Leseentzug*** nicht einhalten, dann schreiben Sie darüber, wie es dazu gekommen ist. War es im Verlauf eines Anfalls von Ärger und Wut? In einem Moment der Schwäche? Im Moment eines Suchtanfalls? Was haben Sie dabei gefühlt?

Check-in

1. An wie vielen Tagen in dieser Woche haben Sie Ihre ***Morgenseiten*** geschrieben? (Hochgradige Übellaunigkeit, Wutanfälle oder Koller erkennt man oft daran, dass man die Morgenseiten auslässt.) Wie war diese Erfahrung für Sie?

2. Haben Sie in dieser Woche Ihren ***Künstlertreff*** unternommen? (Bekommt Ihr Künstler mehr Futter als nur ein ausgeliehenes Video?) Was haben Sie unternommen? Wie haben Sie sich dabei gefühlt?
3. Haben Sie in dieser Woche irgendwelche ***Synchronizitäten*** erlebt? Worin bestanden sie?
4. Gab es in dieser Woche andere ***Themen oder Ereignisse,*** die Sie als bedeutsam für Ihre Reise zur Kreativität ansehen? Beschreiben Sie sie.

WOCHE FÜNF

In dieser Woche werden Sie aufgefordert zu untersuchen, was Sie davon haben, wenn Sie in Ihrer Erstarrung verharren. Sie werden erforschen, wie Sie Ihre eigenen Möglichkeiten beschneiden, indem Sie dem Guten, das darinstecken könnte, Grenzen setzen. Sie werden untersuchen, welchen Preis Sie bezahlen, wenn Sie sich damit zufriedengeben, gut dazustehen, statt authentisch zu sein. Vielleicht werden Sie über radikale Veränderungen nachdenken und nicht länger Ihre Weiterentwicklung dadurch boykottieren, dass Sie andere für alles verantwortlich machen.

Das Gefühl für die eigenen Möglichkeiten wiedergewinnen

Grenzen

Wir haben eine sehr begrenzte Vorstellung davon, was wir wirklich erreichen können, und deshalb fällt es uns auch schwer, Gottes Großzügigkeit anzuerkennen. Zwar kommt es durchaus vor, dass wir uns mit der Stimme des Schöpfers in uns verbinden und seine Botschaft hören, aber dann tun wir sie als verrückten Unsinn ab. Einerseits nehmen wir uns furchtbar ernst und möchten nicht wie Idioten aussehen, die irgendeinen offenkundig überzogenen Plan verfolgen. Andererseits nehmen wir uns – oder Gott – nicht ernst genug und stempeln unsere Pläne als übersteigert ab, obwohl wir sie mit Gottes Hilfe durchaus verwirklichen könnten.
Wenn wir uns daran erinnern, dass Gott unsere Quelle ist, dann verfügen wir über ein spirituelles Bankkonto mit nach oben unbegrenztem Kredit. Doch wir machen uns gar nicht klar, wie mächtig der Schöpfer ist. Stattdessen nutzen wir seine Macht nur in sehr begrenztem Maß. Jeder Mensch legt selbst fest, wie viel Macht Gott über ihn hat. Wir selbst bestimmen, wie viel Gott uns geben und inwieweit er uns helfen darf.

In unserer Blindheit gestehen wir uns Gottes Unterstützung nicht zu. Und wenn wir ein Geschenk bekommen, das unsere Erwartungen übertrifft, dann geben wir es lieber zurück.

Einige von Ihnen denken jetzt vielleicht, dass ich in diesem Kapitel meinen Zauberstab hervorhole: Ich bete und – Hokuspokus Fidibus! Manchmal fühlt es sich *tatsächlich* so an. Häufiger jedoch erscheint das, worüber wir sprechen, wie eine bewusste Partnerschaft, in der wir uns langsam und schrittweise voranarbeiten; wir räumen die Trümmer unserer negativen Muster beiseite, machen die Vision dessen sichtbar, was wir wirklich wollen, und lernen, die Verwirklichung, wie und durch wen auch immer, von kleinen Teilen dieser Vision anzunehmen, und dann eines Tages: Hokuspokus Fidibus! Mit einem Mal passt alles ganz genau, und unsere Vision scheint nicht mehr überzogen. Mit anderen Worten: Bete, dass du den Bus erwischst, und dann lauf, so schnell du kannst.

Damit wir den Bus erwischen, müssen wir erst einmal überzeugt sein, dass wir ihn erreichen dürfen. Gottes Vorräte sind unbegrenzt, und alle haben den gleichen Zugang zu ihnen, heißt unser erster Lernschritt. Die Schuldgefühle, die aus dem Gefühl entstehen, dass wir zu viel haben oder zu viel bekommen, werden überflüssig. Weil jeder seinen Bedürfnissen gemäß aus den Vorräten des Universums schöpfen darf, berauben wir niemanden. Wir begreifen, dass das Empfangen von Gottes Gaben ein Akt der Anbetung ist. Unsere Anbetung erfolgt, indem wir mit dem göttlichen Plan kooperieren und Gutes in unserem Leben manifestieren. Allmählich hören wir damit auf, uns selbst zu sabotieren.

Wir sind uns selbst gegenüber so geizig, weil wir meinen, dass nicht genug für alle da ist. Wir fürchten, unser Glück könnte zu Ende gehen und wir könnten unseren spirituellen Reichtum verschleudern. Damit begrenzen wir unseren Energiefluss, indem wir Gott in Form eines launischen Elternteils vermenschlichen. Wenn wir uns vorstellen, dass Gott unsere Quelle ist und ein Energiefluss, der sich gerne ausbreitet, dann sind wir eher dazu fähig, unsere kreative Kraft effektiv anzuzapfen.

Gott besitzt Geld im Überfluss. Er hat Unmengen von Filmideen, Romanhandlungen, Gedichten, Liedern, Gemälden und Theaterrollen. Er hat einen unermesslichen Vorrat an Geliebten, Freunden und Häusern. All dies stellt er uns zur Verfügung, ausnahmslos. Wenn wir auf den Schöpfer in uns hören, dann werden wir auf den richtigen Weg geführt. Auf diesem Weg finden wir Freunde, Liebhaber, Geld und sinnvolle Betätigung. Wenn uns kein angemessener Vorrat zur Verfügung zu stehen scheint, dann nur deshalb, weil wir zwischen Scheuklappen hindurch auf eine bestimmte Quelle starren. Wir müssen lernen, den Energiefluss sich dort manifestieren zu lassen, wo *er* es will – nicht, wo wir es wollen.

Cara, eine Schriftstellerin, harrte viel zu lange in einer für sie ungesunden Arbeitsbeziehung zu ihrem Agenten aus, weil sie befürchtete, beruflichen Selbstmord zu begehen, wenn sie sie aufkündigte. In ihrer Zusammenarbeit litt sie unter den ständigen Ausflüchten, Halbwahrheiten und Verspätungen ihres Agenten. Nach einem besonders beleidigenden Telefongespräch kündigte Cara schließlich mit einem Brief das Arbeitsverhältnis. Sie fühlte sich wie abgeschnitten von der Welt. Als ihr Mann nach Hause kam, erzählte sie ihm unter Tränen, wie sie ihre Karriere sabotiert hatte. Er hörte ihr zu und sagte dann: »Vor einer Woche war ich in einer Buchhandlung, und der Besitzer fragte mich, ob du einen guten Agenten hast. Er gab mir den Namen und die Telefonnummer dieser Frau. Ruf sie doch mal an.«

Unter Tränen nahm Cara den Rat an. Sie griff zum Hörer und war sofort von den vernünftigen Ansichten ihrer neuen

Agentin beeindruckt. Seit dieser Zeit arbeiten sie sehr erfolgreich zusammen.

In meinen Augen geht es in dieser Geschichte nicht nur um Synchronizität. Sobald Cara nicht mehr auf einer bestimmten Quelle ihre Glücks beharrte, kehrte sie der Opferrolle den Rücken.

Vor kurzem erzählte mir eine Künstlerin, dass sie ihren hervorragenden neuen Agenten mit Hilfe von Affirmationen gefunden habe. Selbst viele Jahre nach meiner eigenen Reise zur Kreativität gibt es da immer noch meine zynische Seite, die bei solchen Gelegenheiten skeptisch ist. Wir können uns zwar vorstellen, dass Gott subatomare Strukturen schaffen kann, aber wir trauen ihm nicht zu, uns beim Malen eines Bildes, der Erschaffung einer Skulptur, Schreiben eines Buches oder Drehen eines Films zu helfen.

Die Einfachheit meines Konzepts lässt viele zurückschrecken. »Gott hat keine leitende Funktion im Filmgeschäft«, möchten wir sagen. »Wenden Sie sich an die Filmgewerkschaft.« Doch all diejenigen Künstler, die ihre Kreativität ausschließlich in menschliche Hände legen, blockieren durch diese Haltung den Fluss ihrer Kreativität.

Der Wunsch, weltgewandt, raffiniert und besonders ausgefuchst zu sein, trägt häufig zur Stagnation unseres kreativen Energiepools bei. Wir haben eine feste Vorstellung davon, wo unser Reichtum herkommen sollte. Als Drehbuchautorin in Hollywood habe ich oft mit Kollegen Gespräche darüber geführt, dass unsere Agenten uns zwar unbezahlbare Dienste leisten, dass wir aber dennoch eine Menge Anregungen auch aus anderer Quelle erhalten wie zum Beispiel »von meinem Nachbarn«, »dem Bruder meines Zahnarztes« oder »jemandem, mit dem meine Frau aufs College gegangen ist«. Bei solchen Anregungen ist Gott am Werke.

Wie gesagt: Kreativität ist eine spirituelle Angelegenheit. Jeder Fortschritt, jede Weiterentwicklung geschieht durch kleine und große Vertrauenssprünge. Zuerst benötigen wir vielleicht Vertrauen, um den ersten Tanzkurs zu machen oder ein neues Medium kennenzulernen. Später brauchen wir den Glauben und das Geld für Fortbildungskurse, Seminare, einen geräumigeren Arbeitsplatz, ein Jahr Forschungsurlaub. Danach haben wir vielleicht eine gute Idee für ein Buch oder eine Gemeinschaftsausstellung mit anderen Künstlern. Mit jeder neuen Idee müssen wir unsere inneren Barrieren aus dem Weg räumen, damit wir uns entsprechend auf sie einlassen und dann auf der äußeren Ebene die konkreten Schritte ausführen können, die notwendig sind, um unsere synchronisierte Bereicherung auszulösen.

Wenn sich das für Sie zu überspannt und unwirklich anhört, dann fragen Sie sich hier und jetzt, welchen nächsten Schritt Sie vermeiden. Welchen Traum tun Sie als unrealisierbar ab, weil Sie meinen, dass Ihnen die Mittel fehlen? Was haben Sie davon, wenn Sie an diesem Punkt in Ihrer Entwicklung stehen bleiben?

Gott als meine Quelle ist ein einfacher, aber äußerst effektiver Lebensplan. Abhängigkeit und Ängste verschwinden aus unserem Leben, weil wir wissen, dass Gott für uns sorgt. Unsere Aufgabe besteht darin, darauf zu hören, wie das geschehen kann.

Eine Möglichkeit des Zuhörens ist das Schreiben unserer Morgenseiten. Abends vor dem Einschlafen können wir Bereiche auflisten, in denen wir Führung brauchen. Wenn wir dann morgens über diese Themen schreiben, stellen wir manchmal fest, dass wir plötzlich neue, bisher ungesehene Möglichkeiten wahrnehmen. Experimentieren Sie mit diesem Zwei-Schritte-Prozess: Bitten Sie am Abend um Antworten, und sperren Sie morgens die Ohren auf, um sie zu hören. Seien Sie offen für jede Form von Unterstützung.

Den Fluss finden

Seit vier Wochen arbeiten wir jetzt an der Erforschung unseres Bewusstseins. Wir haben erkannt, wie häufig wir uns negativen und angstvollen Gedanken überlassen und wie erschreckend für uns die Vorstellung ist, dass es einen richtigen Platz für uns geben könnte, wenn wir nur auf unsere kreative innere Stimme hören und ihrer Führung folgen. Nun beginnen wir zu hoffen und fürchten diese Hoffnung.

Veränderungen im Reich des Spirituellen erfolgt schrittweise. Wir haben die Kehrtwende langsam und sicher vollzogen. Mit jedem neuen Morgen werden wir uns selbst gegenüber aufrichtiger und dem Positiven gegenüber aufgeschlossener. Zu unserem Erstaunen wirkt sich dies auch auf unsere zwischenmenschlichen Beziehungen aus. Wir können besser über unsere eigene Wahrheit sprechen, nehmen die Wahrheit anderer Menschen deutlicher wahr und entwickeln eine freundlichere Einstellung gegenüber beidem. Wir urteilen weniger über uns und über andere.

Wie ist das möglich? Die Morgenseiten, ein Energiefluss des Bewusstseinsstroms, lösen schrittweise unser Festhalten an festen Meinungen und kurzsichtigen Ansichten auf. Wir erkennen, dass unsere Stimmungen, Ansichten und Einsichten vorübergehend sind. Wir erlangen ein Gefühl für den Fluss der Veränderung in unserem Leben. Er ist ein Energiestrom der Gnade, der uns zu der für uns richtigen Lebensweise, zu den richtigen Wegbegleitern und zu unserem eigentlichen Schicksal führt.

Die Abhängigkeit vom Schöpfer in uns bedeutet wirkliche Freiheit von allen anderen Abhängigkeiten. Paradoxerweise ist das auch der einzige Weg zu wirklicher Intimität mit anderen Menschen. Wenn wir unsere Angst vor dem Verlassenwerden abgestreift haben, dann können wir sehr viel spontaner leben. Wenn wir uns von unserer ständigen Forderung nach immer größerer Bestätigung befreit haben, dann können uns unsere Freunde wieder lieben, ohne sich durch uns überfordert zu fühlen.

Weil wir jetzt auf unser inneres Künstlerkind hören, fühlt es sich sicherer. Wenn es sich sicher fühlt, dann wagt es, seine Stimme lauter zu erheben. Selbst wenn wir einen ganz schlechten Tag haben, gibt es da noch eine zarte, positive Stimme, die sagt: »Eigentlich könntest du noch dies tun, oder vielleicht macht jenes Spaß ...«

Wer regelmäßig Morgenseiten schreibt, dessen Rigidität fällt nach und nach von ihm ab. Die Reise zur Kreativität führt uns zu unserem Fluss und lässt uns seine Energie bejahen, seine Stromschnellen und alles, was er mit sich führt. Wir sind von uns selbst überrascht, weil wir neuen Möglichkeiten immer häufiger mit einem Ja statt mit einem Nein begegnen. Wenn wir uns von unseren alten Vorstellungen über uns selbst lösen, dann erleben wir, wie unser neu zum Vorschein tretendes Selbst Spaß auch noch an den bizarrsten Abenteuern hat.

Michelle, eine ehrgeizige, erfolgreiche Rechtsanwältin mit entsprechendem Styling, meldete sich zu einem Flamencokurs an, der ihr großen Spaß machte. Ihr Haus, das sehr elegante, mit modernster Technik ausgestattete Repräsentationsobjekt einer Karrierefrau, begann sich plötzlich mit üppig wachsenden Pflanzen, einladenden Kissen und sinnlichen Düften zu füllen.

Tropische Farben breiteten sich auf den ehemals weißgetünchten Wänden aus. Zum ersten Mal in all den Jahren gestand sie sich zu, ein bisschen zu kochen und auch wieder zu nähen. Sie blieb weiterhin eine erfolgreiche Rechtsanwältin, aber ihr Leben wurde runder. Sie lachte mehr und sah hübscher aus. »Ich kann gar nicht glauben, dass ich das alles tue!«, verkündete sie voller Freude, als sie wieder einmal ein neues Unternehmen startete. Und dann: »Ich kann nicht begreifen, warum ich damit nicht schon früher angefangen habe.«

Wenn wir an den Punkt gelangen, an dem wir die Dinge mit Sanftheit erforschen, dann nähern wir uns einer Erweiterung unserer Kreativität. Wenn wir »auf keinen Fall!« durch »vielleicht ...« ersetzen, dann öffnen wir das Tor zu Geheimnis und Magie.

Diese neue positive Einstellung ist der Beginn von Selbst-Vertrauen. Wir fangen an, in jedem vermeintlichen Unglück nach dem Silberstreifen am Horizont zu suchen. Wer Morgenseiten schreibt, der beginnt, sich selbst sanfter zu behandeln. Wenn wir nicht mehr so verzweifelt sind, dann sind wir mit uns und anderen weniger hart. Dieses neue Mitgefühl ist die Belohnung dafür, dass wir unsere Kreativität mit ihrem Schöpfer verbinden.

Weil wir nun unserem inneren Führer vertrauen und ihn lieben, verlieren wir unsere Angst vor Intimität, denn nun verwechseln wir die Menschen, die uns nahestehen, nicht mehr mit jener höheren Macht, die wir gerade kennenlernen. Kurz gesagt: Wir geben die vergötternde Abhängigkeit von anderen Menschen, Orten oder Dingen auf. Stattdessen begeben wir uns vertrauensvoll in die Hände der Quelle selbst. Sie erfüllt uns unsere Bedürfnisse durch Menschen, Orte und Dinge.

Den meisten Menschen fällt es schwer, diese Vorstellung zu übernehmen. Wir glauben nämlich, nach draußen gehen und ein paar Bäume schütteln zu müssen, damit etwas passiert. Bäume schütteln ist in Ordnung und sogar notwendig – ich bezeichne es als die *Basisarbeit*. Aber ich habe selten erlebt, dass sie sich nur in linearer Form auszahlt. Es scheint eher so zu funktionieren, dass uns das Universum Orangen liefert, wenn wir einen Apfelbaum schütteln. Immer wieder habe ich gesehen, wie ein genesender Künstler die Basisarbeit leistete, um sich Klarheit über seine Träume und Wünsche zu verschaffen und sich auf sie zu konzentrieren, dann ein paar Schritte hin zur Realisierung seines Traums machte, und plötzlich riss das Universum eine unvermutete Tür auf. Diese Art unerwartete Großzügigkeit anzunehmen ist eine der vorrangigen Aufgaben auf der Reise zur Kreativität.

Die Tugendfalle

Ein Künstler muss Ruhezeiten haben, in denen er nichts tut. Es sind Mut, Überzeugungskraft und Ausdauer erforderlich, um unser Recht auf eine solche untätige Zeit zu verteidigen. Unsere Familie und unsere Freunde werden diese Zeit, diesen Raum und diese Ruhe als Rückzug auffassen. Und so ist es auch gemeint.

Ein Künstler braucht diesen Rückzug. Ohne ihn ist der Künstler in uns ärgerlich und wütend. Hält der Verzicht auf den Rückzug länger an, dann wird unser innerer Künstler mürrisch, deprimiert und feindselig. Schließlich verhalten wir uns wie eingesperrte Tiere und schnauzen unsere Familie und Freunde an, wollen in Ruhe gelassen werden und beklagen uns über ihre unangemessenen Forderungen.

Dabei sind eigentlich wir diejenigen, die unangemessene Forderungen stellen. Wir verlangen von unserem Künstler-Selbst zu funktionieren, ohne im Gegenzug seine Bedürfnisse zu erfüllen. Ein Künstler benötigt in regelmäßigen Abständen kreative Einsamkeit. Ein Künstler braucht die Heilung, die nur Zeit schaffen kann. Ohne diese Zeit des Wiederaufladens erschöpft sich unser Künstler. Je länger der Entzug andauert, desto schlimmer können die Folgen sein und bis zur Morddrohung gehen.

Im Frühstadium werden diese Morddrohungen unseren engsten Freunden und Partnern gegenüber ausgesprochen. (»Ich könnte dich jedes Mal umbringen, wenn du mich unterbrichst …«) Wehe dem Ehepartner, der die Signale nicht richtig deutet. Wehe dem unglücklichen Kind, das die Grenze nicht erkennt. (»Du machst mich schrecklich wütend …«)

Werden die Warnungen ignoriert und verharren wir in der jeweiligen Situation – Ehe, Arbeit, Freundschaft –, dann werden aus Morddrohungen schließlich Selbstmordgedanken. »Ich könnte dich umbringen« wird ersetzt durch: »Ich will mich umbringen.«

»Es hat ja doch keinen Sinn« ersetzt unsere Gefühle von Freude und Erfüllung. Vielleicht fahren wir mit unserem Leben fort wie bisher. Oder wir arbeiten sogar weiterhin kreativ, aber wir graben uns den eigenen Boden ab und saugen unsere Seele aus wie ein Vampir. Mit einem Wort: Wir sitzen fest in der Tretmühle des tugendhaften Schaffens.

Wir sind in der Tugendfalle gefangen.

Steckenzubleiben und die Entwicklung des eigenen Selbst-Gefühls aufzuschieben bringt viele Vorteile mit sich. Vielen Künstlern reicht bereits die Angst, was wohl aus ihren Freunden, ihrer Familie und ihren Kollegen würde, wenn sie es wagten, ohne Rücksicht auf Verluste ihre eigenen Wünsche zu verwirklichen. Lieber sind sie nett.

Ein Mann, der jeden Tag in der Hektik seines Büros arbeitet, sehnt sich vielleicht nach einem vorübergehenden Rückzug in die Einsamkeit und würde ihn dringend brauchen. Nichts wäre besser für ihn als ein Urlaub ganz alleine. Aber er hält es für egoistisch, allein zu verreisen, und verzichtet lieber darauf. Es wäre seiner Frau gegenüber einfach nicht nett.

Eine Frau mit zwei kleinen Kindern möchte gerne an einem Töpferkurs teilnehmen. Zeitlich überschneidet er sich jedoch mit den Ligaspielen ihres Sohnes, und sie würde den Kurs nicht regelmäßig besuchen können. Sie sagt den Töpferkurs ab und spielt die gute, nette Mutter, kocht aber insgeheim und steckt voller Groll.

Ein junger Vater, der ein ernsthaftes Interesse an Fotografie hat, sehnt sich nach einem Ort im Haus, an dem er seinem Interesse nachgehen kann. Die Einrichtung einer bescheidenen Dunkelkammer würde bedeuten, dass die Familie Ersparnisse aufwenden und die Anschaffung einer Couch verschieben müsste. Die Dunkelkammer wird nicht eingerichtet, die neue Couch wird jedoch gekauft.

Viele Kreative sabotieren sich dadurch, dass sie nett sein wollen. Die Kosten für eine solche Ersatztugend sind enorm hoch.

Wir haben eine Tugend daraus gemacht, uns etwas zu versagen. Schon länger leiden wir an der künstlerischen Magersucht und umarmen sie als unser Märtyrerkreuz. Unser falsches Verständnis von Spiritualität gründet sich auf dem Wusch, gut – das heißt *überlegen* – zu sein.

Ich nenne diese verführerische falsche Spiritualität die Tugendfalle. Spiritualität ist häufig als Weg zu liebloser Einsamkeit missbraucht worden, eine Haltung, bei der wir uns über unsere menschliche Natur stellen. Diese spirituelle Überlegenheit ist in Wirklichkeit nur eine weitere Form der Verweigerung.

Für einen Künstler kann Tugend tödlich sein. Das Streben nach Ehrbarkeit und Reife kann lähmend, ja sogar fatal sein. Wir streben danach, gut, nett, hilfsbereit und selbstlos zu sein. Wir möchten großzügig, nützlich, von dieser Welt sein. *Tatsächlich wollen wir aber einfach nur in Ruhe gelassen werden.* Wenn wir andere nicht dazu bringen können, uns in Ruhe zu lassen, dann geben wir uns schließlich selbst auf. Andere mögen meinen, dass wir präsent sind. Wir handeln ja auch so. Aber unser wahres Selbst ist verschwunden.

Übrig ist nur die Hülle unseres eigentlichen Selbst. Sie bleibt zurück, weil sie gefangen ist. Wie ein lustloses Zirkustier, das gepiesackt wird, damit es auftritt, führen wir unsere Kunststücke vor. Wir spulen sie ab. Wir verdienen uns unseren Applaus. Aber die ganze Aufregung geht an uns vorbei. Uns ist es egal. Unser innerer Künstler hat sich davongemacht. Unser Leben ist jetzt eine außerkörperliche Erfahrung. Wir sind nicht mehr da. Ein Arzt würde unseren Zustand vielleicht als Abspaltung bezeichnen. Ich nenne es sich vom Ort des Verbrechens davonschleichen.

»Komm heraus, komm heraus, wo immer du auch bist«, beschwatzen wir unser wahres Selbst. Doch es hat sich verkrochen. Es vertraut uns nicht mehr. Warum sollte es auch? Wir haben es verraten.

Wir verlieren unser Selbst aus Angst, selbstsüchtig zu erscheinen. Wir flüchten in die Selbstzerstörung. Da wir unseren Selbst-Mord passiv betreiben, bemerken wir seine giftige Herrschaft nicht.

Die Frage: »Bist du selbstzerstörerisch?« wird so häufig gestellt, dass wir nur selten genau zuhören. Sie bedeutet eigentlich: *Bist du deinem eigenen Selbst gegenüber destruktiv?* Und die Frage, die uns eigentlich gestellt wird, lautet: *Zerstörst du gerade deinen eigenen Wesenskern?*

Dem flüchtigen Betrachter kommen die meisten Menschen, die in der Tugendfalle gefangen sind, gar nicht selbstzerstörerisch vor. Sie sind zu guten Ehemännern, Vätern, Müttern, Ehefrauen, Lehrern oder was auch immer zurechtgebogen und haben ein falsches Selbst herausgebildet, das für die Welt gut aussieht und viel Zustimmung von ihr erhält. Dieses falsche Selbst ist immer geduldig, immer bereit, seine Bedürfnisse für die Bedürfnisse oder Forderungen anderer zurückzustellen. (»Was für ein toller Kumpel! Dass Fred seine Konzertkarten zurückgegeben hat, nur um mir am Freitagabend beim Umzug helfen zu können ...«)

Durch ihre übertriebene Tugendhaftigkeit haben diese gefangenen Künstler ihr wahres Selbst zerstört, das Selbst, das auch schon in der Kindheit nur wenig Unterstützung erfahren hat. Das Selbst, das immer wieder »Sei nicht so egoistisch!« zu hören bekam. Das wahre Selbst ist ein beunruhigender Zeitgenosse, vital und gelegentlich anarchistisch. Es weiß, wie Spielen am meisten Spaß macht, wie man andere mit einem »Nein« abblitzen lässt und sich selbst mit einem »Ja« voranbringt.

In der Tugendfalle gefangene Kreative heißen ihr wahres Selbst nicht gut. Sie können es der Welt nicht zeigen, ohne dabei ständig deren Ablehnung zu fürchten. (»Stell dir mal vor! Fred war doch immer so ein netter Typ. Aber als ich ihn gefragt habe, ob er mir beim Umzug helfen könnte, hat er geantwortet, dass er vorhabe, ins Konzert zu gehen. Seit wann ist der denn so an Kultur interessiert?«)

Fred weiß genau, wenn er nicht mehr so nett ist, dann wird sein überdimensionales, »nettes« Alter Ego dran glauben müssen. Auch der märtyrerhaften Mary ist klar, worum es geht, wenn sie zustimmt, das Baby ihrer Schwester zu hüten, damit diese ausgehen kann. Nein zu ihrer Schwester zu sagen hieße, ja zu sich selbst zu sagen, und das ist eine Verantwortung, von der sie sich überfordert fühlt. Keine Pläne für Freitagabend? Was könnte sie nur mit sich anfangen? Das ist eine gute Frage und eine der vielen, bei der Mary und Fred ihre Tugend vorschieben, damit sie sie nicht beantworten müssen.

Die Frage: »Bist du selbstzerstörerisch?« müsste der scheinbar Tugendhafte mit einem vehementen Nein beantworten. Dann beweist er mit einer langen Aufzählung, wie verantwortungsbewusst er ist. Aber wem gegenüber muss er sich verantworten? Die Frage lautet: »*Bist* du selbstzerstörerisch?«, und nicht: »*Scheint* es so, dass du selbstzerstörerisch bist?« Und ganz bestimmt heißt sie nicht: »Bist du nett zu anderen Menschen?«

Wir hören uns an, was andere unter selbstzerstörerisch verstehen, und fragen uns keinen Moment, ob ihr Selbst und unser Selbst überhaupt ähnliche Bedürfnisse haben. In der Tugendfalle gefangen, weigern wir uns, uns selbst zu fragen: »Welche Bedürfnisse habe *ich?* Was würde ich *für mich* tun, wenn es nicht so egoistisch aussähe?«

Bist du selbstzerstörerisch?

Diese Frage ist schwer zu beantworten. Um sie zu beantworten, müssen wir etwas über unser wahres Selbst wissen (und es ist das gleiche Selbst, das wir systematisch zerstören).

Um festzustellen, wie weit wir uns von unserem wahren Selbst entfernt haben, können wir uns folgende Frage stellen: Was würde ich ausprobieren, wenn es nicht zu verrückt wäre?

1. Fallschirmspringen oder Sporttauchen.
2. Bauchtanzen oder Mambo.
3. Meine Gedichte veröffentlichen.
4. Ein Schlagzeug kaufen.
5. Durch Frankreich radeln.

Wenn Ihre Liste ziemlich aufregend aussieht, selbst wenn sie verrückt ist, dann sind Sie auf dem richtigen Weg. Diese verrückten Ideen sind tatsächlich Stimmen unseres wahren Selbst.
Was würde ich tun, wenn es nicht zu egoistisch wäre?

1. Mich zu einem Tauchkurs anmelden.
2. Einen Mambotanzkurs belegen.
3. Bei einer geschätzten Zeitschrift jede Woche einen eigenen Beitrag einreichen.
4. Das Schlagzeug kaufen, das mein Cousin verkaufen will.
5. Mir bei meinem Reisebüro Informationen über Frankreich holen.

Indem wir den Schöpfer in uns suchen und die uns geschenkte Kreativität annehmen, lernen wir, in dieser Welt spirituell zu sein, auf Gottes Güte zu vertrauen und auf das Gute seiner Schöpfung (uns selbst inbegriffen!). Auf diese Weise vermeiden wir die Tugendfalle.

Das Tugendfallen-Quiz

1. Der größte Mangel in meinem Leben ist ...
2. Die größte Freude in meinem Leben ist ...
3. Mein zeitintensivstes Engagement ist ...
4. Wenn ich mehr spiele, arbeite ich ...
5. Ich fühle mich schuldig, weil ich ...
6. Ich befürchte, dass ...
7. Wenn sich meine Träume erfüllen, dann wird meine Familie ...
8. Ich sabotiere mich selbst, also werden andere Menschen ...

9. Wenn ich meine Gefühle zulasse, dann bin ich wütend darüber, dass ...
10. Ich bin manchmal traurig, weil ...

Dient Ihr Leben Ihnen selbst oder nur anderen? Sind Sie selbstzerstörerisch?

Übung

VERBOTENE FREUDEN

Einer der Lieblingstricks von blockierten Kreativen besteht darin, dass sie nein zu sich selbst sagen. Es ist erstaunlich, wie viele kleine Möglichkeiten es gibt, zu sich selbst gemein zu sein. Wenn ich meine Kursteilnehmer darauf hinweise, dann protestieren sie – »Wir sind doch alle sehr nett mit uns selbst!« Dann bitte ich sie, die nachfolgende Übung zu machen. Führen Sie zehn Dinge auf, die Sie mögen und die Sie gerne tun würden, aber nicht tun dürfen:

1. Tanzen gehen.
2. Ein Skizzenbuch bei mir tragen.
3. Rollschuhfahren.
4. Neue Cowboy-Stiefel kaufen.
5. Blonde Strähnchen ins Haar machen lassen.
6. In Urlaub fahren.
7. Flugstunden nehmen.
8. In eine größere Wohnung umziehen.
9. Bei einem Theaterstück Regie führen.
10. Einen Kurs in Aktzeichnen besuchen.

Sehr oft werden durch den bloßen Akt des Schreibens unserer »Liste der verbotenen Freuden« die Barrieren niedergerissen, die uns davon abhalten, sie uns zu gestatten. Bringen Sie Ihre Liste an einem Platz an, an dem sie sehr gut sichtbar ist.

Übung

WUNSCHLISTE

Am besten können wir unseren inneren Zensor umgehen, indem wir schnell und ohne langes Nachdenken schreiben. Da Wünsche nur Wünsche sind, dürfen sie auch ausgefallen sein (und sollten in der Regel sehr ernst genommen werden). Vervollständigen Sie die folgenden Sätze so schnell wie möglich.

1. Ich möchte ...
2. Ich möchte ...
3. Ich möchte ...
4. Ich möchte ...
5. Ich möchte ...
6. Ich möchte ...
7. Ich möchte ...
8. Ich möchte ...
9. Ich möchte ...
10. Ich möchte ...
11. Ich möchte ...
12. Ich möchte ...
13. Ich möchte ...
14. Ich möchte ...

15. Ich möchte ...
16. Ich möchte ...
17. Ich möchte ...
18. Ich möchte ...
19. Ich wünsche mir ganz besonders ...

Aufgaben

Die folgenden Aufgaben helfen Ihnen, Ihre Beziehung zu Ihrer inneren Quelle zu erforschen und zu erweitern.

1. Der Grund, warum ich nicht wirklich an einen *Unterstützung gewährenden* Gott glauben kann, ist ...
   Führen Sie ***fünf Gründe*** auf. (Gott kann das verkraften.)
2. Eine ***Bildermappe*** anlegen: Wenn ich daran glauben würde oder das Geld dafür hätte, dann würde ich ...
   Führen Sie fünf Wünsche auf. Achten Sie in der nächsten Woche auf Bilder oder Darstellungen, die diese Wünsche versinnbildlichen. Wenn Sie etwas entdecken, dann schneiden Sie sie aus, kaufen Sie sie, fotografieren Sie sie, zeichnen Sie sie, *sammeln Sie sie irgendwie*. Legen Sie mit ihnen den Grundstock für eine Bildermappe der Träume, die zu Ihnen sprechen. Fügen Sie im Laufe des Kurses immer weitere hinzu.
3. Führen Sie noch einmal weitere ***fünf imaginäre Leben*** auf. Haben sich diese verändert? Verwirklichen Sie bereits mehr Aspekte davon? Vielleicht möchten Sie Bilder von diesen Leben in Ihre Bildermappe legen.
4. Wenn ich zwanzig wäre und Geld hätte ...

Führen Sie *fünf Abenteuer* auf. Fügen Sie auch hier wieder Bilder davon Ihrer Bildermappe hinzu.

5. Wenn ich 65 wäre und Geld hätte ...
   Führen Sie ***fünf Vergnügungen*** auf, die Sie bisher immer aufgeschoben haben. Sammeln Sie auch hier wieder Bilder dazu. Das ist eine sehr kraftvolle Technik. Ich lebe jetzt in einem Haus, das ich zehn Jahre lang visualisiert habe.
6. Zehn Arten, auf die ich zu mir selbst ***gemein*** bin, sind ...
   Wenn wir uns das Positive verdeutlichen und vor Augen führen, so hilft uns das, es in unser Leben einfließen zu lassen. Wenn wir uns das Negative verdeutlichen und vor Augen führen, so hilft uns das, es aus unserem Leben zu verbannen.
7. Zehn ***Gegenstände,*** die ich gerne besitzen würde, aber nicht habe, sind ...
   Und auch hier möchten Sie vielleicht wieder Bilder dazu sammeln. Motivationsexperten empfehlen Neulingen oft, sich Bilder von Dingen aufzuhängen, die sie gerne besitzen würden. Das funktioniert.
8. Meine liebste ***Kreativitätsblockade*** ist ehrlich gesagt ...
   Fernsehen, zu viel lesen, Freunde, Arbeit, andere retten, zu viel Sport. Benennen Sie sie. Und egal, ob Sie zeichnen können oder nicht, machen Sie eine Skizze, wie Sie darin schwelgen.
9. Folgendes habe ich davon, dass ich blockiert bleibe ...
   Dem möchten Sie vielleicht auf Ihren ***Morgenseiten*** nachgehen.
10. Der ***Mensch,*** dem ich die Schuld dafür gebe, dass ich blockiert bin, ist ...
    Nutzen Sie auch hier Ihre Morgenseiten, um darüber nachzudenken.

Check-in

1. An wie vielen Tagen in dieser Woche haben Sie Ihre ***Morgenseiten*** geschrieben? Mögen Sie sie überhaupt allmählich – ein bisschen? Wie war diese Erfahrung für Sie? Haben Sie schon den Eineinhalb-Seiten-*Wahrheitspunkt* entdeckt? Viele Leute stellen fest, dass sie nach eineinhalb Seiten Herumstümpern und Geschreibsel auf Gold stoßen.
2. Haben Sie in dieser Woche Ihren ***Künstlertreff*** abgehalten? Haben Sie die Erfahrung gemacht, in dieser Zeit der Muße Antworten zu hören? Was haben Sie bei Ihrem Künstlertreff unternommen? Wie haben Sie sich dabei gefühlt? Haben Sie nun schon einmal einen Künstlertreff unternommen, der wirklich aufregend war?
3. Haben Sie in dieser Woche irgendwelche ***Synchronizitäten*** erlebt? Worin bestanden sie? Versuchen Sie, mit Ihren Freunden ein Gespräch über Synchronizitäten in Gang zu setzen.
4. Gab es in dieser Woche andere ***Themen und Ereignisse,*** die Sie als bedeutsam für Ihre Reise zur Kreativität ansehen? Beschreiben Sie sie.

WOCHE SECHS

In dieser Woche nehmen Sie eine ganz wesentliche Kreativitätsblockade in Angriff – Geld. Sie werden aufgefordert, Ihre Vorstellungen über Gott, Geld und kreativen Reichtum genau unter die Lupe zu nehmen. Die folgenden Texte befassen sich mit der Art und Weise, wie unsere innere Einstellung die Erfahrung von Reichtum und Wohlstand in unserem gegenwärtigen Dasein beschränkt. Sie werden hier auch in das Zählen eingeführt, eine geniale Technik zur Entwicklung von Klarheit und zum richtigen Umgang mit Geld. Diese Woche könnte ein Gefühl von Unbeständigkeit und Instabilität mit sich bringen.

Das Gefühl von Reichtum wiedergewinnen

Der Große Schöpfer

»Ich bin gläubig«, erklärt Nancy. »Ich glaube nur nicht, dass Gott etwas mit Geld zu tun hat.« Obwohl sie es nicht bemerkt, trägt Nancy zwei Überzeugungen mit sich herum, mit denen sie sich selbst sabotiert. Sie ist nicht nur davon überzeugt, dass Gott gut ist – zu gut, um etwas mit Geld zu tun zu haben –, sondern auch, dass Geld schlecht ist. Wie so viele von uns muss Nancy ihre Vorstellung von Gott gründlich überdenken, um ihre Kreativität vollständig wiederherzustellen.

Wer mit der Überzeugung groß geworden ist, dass Geld allein Sicherheit herzustellen vermag, dem kommt eine Abhängigkeit von Gott tollkühn, selbstmörderisch und sogar lächerlich vor. Wenn wir den Mohn auf den Feldern betrachten, dann denken wir, dass er malerisch aussieht, aber so gar nicht in die moderne Welt zu passen scheint. Wir müssen uns kleiden und Lebensmittel heranschaffen. Und unsere Kunst werden wir dann ausüben, so sagen wir uns, wenn wir genug Geld haben, um unsere Einkäufe mit leichter Hand zu erledigen. Und wann wird das sein?

Wir wünschen uns einen Gott, der sich wie eine goldene Kreditkarte anfühlt und der uns die Erlaubnis gibt, so viel Geld auszugeben, wie wir möchten. Wenn wir dem Sirenengesang des *mehr, mehr* lauschen, dann sind wir für die leise, feine Stimme taub, die uns in unserer Seele »Du bist genug« zuflüstert.

»Suchet zuerst das Reich Gottes, und alles andere wird euch hinzugegeben werden« – dieses Bibelzitat haben viele in der Kindheit zu hören bekommen. Wir glauben nicht daran. Und mit Blick auf die Kunst glauben wir es schon gar nicht. Vielleicht gibt uns Gott ja Kleidung und Nahrung (wenn wir knapp bei Kasse sind), aber Malutensilien? Eine Museumstour durch Europa, einen Tanzkurs? Solche Vergnügungen bedient Gott nicht, sagen wir uns. Wir hängen an unseren finanziellen Sorgen, um dadurch nicht nur unsere Kunst, sondern auch unser spirituelles Wachstum zu verraten. Unser Vertrauen ruht auf barer Münze. »Ich muss das Dach über meinem Kopf behalten«, sagen wir uns. »Niemand wird mir Geld geben, damit ich kreativer bin.«

Dessen sind wir uns ganz und gar sicher. Die meisten von uns tragen in sich die geheime Überzeugung, dass Arbeit Arbeit sein muss und kein Spiel und dass all das, was wir wirklich tun möchten, wie schreiben, vor der Kamera stehen, tanzen, als leichtfertig und bestenfalls als zweitrangige Möglichkeit angesehen werden darf. Das stimmt nicht.

Wir handeln immer noch aus der alten schädlichen Vorstellung heraus, dass das, was Gott für uns will, und das, was wir für uns wollen, zwei gegensätzliche Dinge sind. »Ich möchte Schauspielerin sein, aber Gott will, dass ich in einem heruntergekommenen Schuppen als Bedienung arbeite«, so lautet das Drehbuch. »Wenn ich also versuche, Schauspielerin zu werden, dann werde ich als Bedienung in einem billigen Lokal enden.«

Derartiges Denken wurzelt in der Vorstellung, dass Gott ein strenger Vater ist, der sehr rigide Vorstellungen davon hat, was für uns angemessen ist – und du tust besser daran, dir abgehobene Ideen gleich aus dem Kopf zu schlagen. Diese unterentwickelte Vorstellung von Gott bedarf der Veränderung.

Schreiben Sie in dieser Woche in Ihren Morgenseiten über den Gott, an den Sie glauben, und den Gott, an den Sie gerne glauben würden. Für einige von uns bedeutet das, sich zu fragen: »Was wäre, wenn Gott eine Frau ist und auf meiner Seite stünde?« Andere stellen sich einen Gott der Energie vor; wieder andere die Gesamtheit höherer Kräfte, die uns zu unserem höchsten Gut führt. Wenn in Ihnen noch immer das Gottesbild aus Ihrer Kindheit vorherrscht, dann schadet es Ihnen wahrscheinlich. Was würde ein liebevoller Gott von Ihren kreativen Zielen halten? Kann denn ein solcher Gott wirklich existieren? Wenn ja, würde dann Geld oder Ihre Arbeit oder Ihr Geliebter weiterhin Ihre höchste Instanz sein?

Viele von uns setzen Schwierigkeiten mit Tugend gleich – und Kunst mit Zeitverschwendung. Harte Arbeit ist gut. Ein schrecklicher Job entwickelt unsere Charakterstärke. Etwas, das uns zufällt und zu uns passt, das Malen zum Beispiel, muss ein billiger Trick sein und darf nicht ernst genommen werden. Einerseits bekennen wir uns – vordergründig – zu der Auffassung, dass Gott unser Glück und unsere Freiheit will. Andererseits denken wir insgeheim, wenn wir schon unbedingt Künstler sein wollen, dann ist es Gott lieber, dass wir pleite sind. Haben wir auch nur einen einzigen Beweis dafür, dass Gott so etwas denken könnte?

Wenn wir Gottes Schöpfung betrachten, dann wird deutlich, dass der Schöpfer selbst nicht wusste, wann er aufhören sollte. Es gibt nicht nur eine Blumenart mit rosa Blüten, sondern Hunderte von ihnen. Schneeflocken sind natürlich die höchste

Übung in purer kreativer Schaffensfreude. Nicht zwei von ihnen sind gleich. Vielleicht ist dieser Schöpfer doch jemand, der unsere kreativen Unternehmungen unterstützt.

»Wir haben einen neuen Arbeitgeber«, verspricht das Buch der Anonymen Alkoholiker genesenden Alkoholikern. »Wenn wir uns um Gottes Angelegenheiten kümmern, dann kümmert er sich auch um unsere.« Für durchgeschüttelte Neue bei den Anonymen Alkoholikern ist dieses Denken ein Rettungsanker. In dem verzweifelten Versuch, trocken zu werden und ihr Leben in den Griff zu bekommen, klammern sie sich an diesen Gedanken. Sie hoffen auf göttliche Unterstützung und erhalten sie in der Regel auch. Die Verwirrung weicht aus ihrem Leben; verworrene Beziehungen kehren in gesundes und freudvolles Fahrwasser zurück.

Für die weniger Verzweifelten klingen solche Versprechen albern oder betrügerisch. Der Gott, der einen Job für uns hat? Der Gott, der eine erfüllende Arbeit hat? Der Gott, der Reichtum und Würde bereithält, der über eine Million Möglichkeiten verfügt, über die Schlüssel zu jeder Tür? Sollen wir hereingelegt werden? Dieser Gott klingt uns verdächtig und nach einem Schwindler.

Und wenn wir dann zwischen einem langgehegten Traum und der miserablen gegenwärtigen Schufterei wählen dürfen, dann ignorieren wir den Traum und schieben die Schuld für unser immerwährendes Elend auf Gott. Wir handeln, als ob es Gottes Schuld sei, dass wir nicht nach Amerika gefahren sind, uns nicht für den Zeichenkurs angemeldet haben, nicht zu dem Fototermin gegangen sind. In Wirklichkeit haben wir – und nicht Gott – entschieden, nicht hinzugehen. Wir haben versucht, vernünftig zu sein – dabei weiß niemand, ob Gott überhaupt vernünftig ist –, statt zu prüfen, ob das Universum nicht doch vielleicht eine gesunde Verschwendung unterstützen würde.

Der Schöpfer kann unser Vater / unsere Mutter / unsere Quelle sein, aber er ist ganz gewiss nicht der Vater / die Mutter / die Kirche / der Lehrer / der Freundeskreis hier auf Erden, der uns seine Vorstellungen darüber, was vernünftig für uns ist, eingeimpft hat. Kreativität ist nicht vernünftig, und sie ist es nie gewesen. Warum sollte sie vernünftig sein? Warum sollten Sie vernünftig sein? Denken Sie immer noch, dass es tugendhaft ist, einen Märtyrertod zu sterben? Wenn Sie etwas Kunst schaffen möchten, dann tun Sie es. Nur ein wenig Kunst ... zwei Sätze. Einen Reim. Ein albernes Kinderliedchen:

Gott liebt die Kunst.
Das ist die Gunst,
die meine Eltern übersahen.
Gott liebt die Kunst,
und ich schaffe Kunst.
Das ist es, was Gott und ich bejahen.

Kunst zu schaffen beginnt damit, das Eisen zu schmieden, solange es heiß ist. Es beginnt damit, im Hier und Jetzt anzukommen und den Tag zu genießen. Es beginnt damit, dass Sie nett zu sich sind und sich kleine Pausen gönnen. Wenn Sie Ihren inneren Künstler mit kleinen Bestechungsgeschenken und schönen Dingen verwöhnen, dann könnten Sie sich sagen: »Was ich tue, ist verschwenderisch – aber Gott ist es ebenfalls.« Denken Sie daran: Sie sind der Geizhals, nicht Gott. Wenn Sie von Gott mehr Großzügigkeit erwarten, dann kann Gott Ihnen gegenüber auch großzügiger sein.
Jeder Mensch sehnt sich danach, seiner Bestimmung zu folgen. Wenn wir tun, was uns bestimmt ist, dann strömt Geld zu uns, Türen öffnen sich für uns, wir fühlen uns nützlich, und unsere Arbeit fühlt sich wie ein Spiel an.

Wir werden uns in dieser Woche weiter mit dem Geld beschäftigen, und wir werden erkennen, wie unsere Vorstellungen von Geld (»Es ist schwer zu verdienen. Man muss lange dafür arbeiten. Man muss sich zuerst mit dem Geld beschäftigen und dann mit der Kreativität.«) unsere Vorstellungen von Kreativität beeinflussen.

Luxus

Bei denjenigen von uns, die unter künstlerischer Magersucht leiden – die sich danach sehnen, kreativ zu sein, und sich gleichzeitig weigern, diesen Hunger in sich zu stillen und sich folglich auf ihren Mangel konzentrieren –, kann ein wenig echter Luxus viel erreichen. Der Schlüsselbegriff in diesem Zusammenhang ist das Wort *authentisch*. Da Kunst aus der Fülle kommt, ist es entscheidend, dass wir uns verwöhnen, damit wir das Gefühl von Reichtum, das mit Kunst einhergeht, akzeptieren können.

Was bedeutet verwöhnen? Hier hat jeder seine eigene Auffassung. Bei Gillian ruft eine Tweedhose aus dem Secondhandshop Bilder von Carole Lombards Lachen und rasanten Sportwagen wach. Für Jean bedeutet eine einzelne Gerbera auf ihrem Nachttisch, dass das Leben prallvoll mit Möglichkeiten ist. Matthew entdeckte für sich, dass der Geruch von Möbelpolitur ihm ein Gefühl von Sicherheit, Stabilität und Ordnung vermittelt. Constance empfand es als Luxus, sich ein Zeitschriftenabonnement zu gönnen (ein 20-Dollar-Geschenk, das ihr ein ganzes Jahr lang Bilder und Genuss liefert).

Es kommt vor, dass wir uns selbst blockieren und dann unserem Geldmangel die Schuld geben. Das ist *niemals* eine authentische Blockade. Die eigentliche Blockade ist unser Gefühl der Beengtheit und Machtlosigkeit. Kunst verlangt von uns, dass wir uns selbst befähigen zu wählen. Auf der tiefsten Ebene bedeutet es, dass wir die Wahl treffen, gut für uns selbst zu sorgen.

Einer meiner Freunde ist ein weltberühmter, sehr talentierter Künstler. Für das, was er geleistet hat, ist ihm bereits ein Platz in den Geschichtsbüchern sicher. Er ist bei jungen Künstlern gesucht und wird von älteren respektiert. Obwohl er noch keine 50 Jahre alt ist, hat er Auszeichnungen erhalten, die normalerweise nur für das Lebenswerk eines Künstlers verliehen werden. Trotz allem leidet er als Künstler unter den Qualen der künstlerischen Magersucht. Zwar setzt er seine Arbeit fort, aber er tut dies auf Kosten seines Wesenskerns. Warum nur, fragt er sich manchmal, fühlt sich sein Lebenswerk jetzt nur noch wie seine Lebens*arbeit* an?

Warum? Weil er sich selbst Luxus versagt hat.

Lassen Sie mich klarstellen, dass der Luxus, über den ich hier spreche, nichts mit exklusiven Dachterrassenwohnungen, Designerkleidung, schnittigen Sportwagen oder Reisen in der ersten Klasse zu tun hat. Dieser Mann genießt all diese Privilegien, doch sein Leben genießt er nicht. Er hat sich selbst den Luxus der Zeit versagt: Zeit verbracht mit Freunden oder der Familie und vor allem Zeit für sich selbst ohne eine Tagesordnung, die übermenschliche Leistungen verlangt. Seine zahlreichen früheren Leidenschaften sind zu bloßen Interessen zusammengeschrumpft; er ist zu beschäftigt, um etwas zum Zeitvertreib zu tun. Er sagt sich: »Ich habe keine Zeit zum Vertreiben.« Die Uhr läuft, und er benutzt die Zeit, um berühmt zu werden.

Vor kurzem habe ich mir nach zehn Jahren wieder ein Pferd

gekauft. Als meinem perfekten Freund die Neuigkeit zu Ohren kam, begann er sogleich mit seiner Spielverderbertour und warnte mich: »Also, ich hoffe nur, du erwartest nicht, es allzu oft zu reiten oder es viel zu sehen. Wenn man älter wird, tut man die Dinge, die man genießt, immer seltener. Das Leben besteht immer mehr aus dem, was man tun muss ...«

Da ich gelernt habe, die Kommentare von Spielverderbern zu durchschauen, habe ich mich durch diese Prognose nicht entmutigen lassen. Aber sie hat mich traurig gemacht. Sie erinnerte mich daran, wie leicht selbst berühmte Künstler unter den Pantoffel ihrer schamhaften Seite geraten, die von ihnen unablässiges Arbeiten verlangt und ihnen so den Mut für jedes kreative Vergnügen nimmt.

Damit wir uns als Künstler – und als Mensch – gut entwickeln können, müssen wir uns dem universalen Energiefluss öffnen. Wenn wir unsere Fähigkeit zur Freude beschränken, indem wir krankhaft die kleinen Geschenke des Lebens zurückweisen, dann wenden wir uns auch von den größeren Geschenken ab. Wer sich wie mein Künstlerfreund über einen längeren Zeitraum mit kreativer Arbeit beschäftigt, dem kann es passieren, dass seine Seele bei dem Versuch, immer wieder die richtigen Bilder zu finden, austrocknet. Solche Kreative kehren dann zu früheren Arbeiten, zu Tricks und eher zum Ausüben ihres Handwerks zurück, statt ihre Kunst weiterzuentwickeln. Zur Kunst gehört die Bewegung wie zum Fließen das Wasser. Diejenigen von uns, die ihren Arbeitsfluss blockiert haben, werden sich in einem Leben wiederfinden, das sich unfruchtbar anfühlt und in ihnen keinerlei Interesse mehr wachruft, egal, mit wie vielen bedeutungslosen Dingen sie es ausgefüllt haben.

Wodurch erfahren wir wirkliche Freude? Das ist die Frage, die der Begriff »Luxus« aufwirft, und für jeden von uns fällt die

Antwort anders aus. Für Berenice lautet die Antwort: Himbeeren, frische Himbeeren. Sie lacht darüber, wie leicht sie sich eine Freude machen kann. Für den Preis eines Schälchens Himbeeren kauft sie sich ein Erlebnis der Fülle. Übers Müsli gestreut, mit einem Pfirsich garniert, zusammen mit einer Kugel Eis. Sie kann ihren Reichtum im Supermarkt kaufen und kann ihn auch tiefgefroren bekommen, wenn es sein muss.

»Ein Schälchen Himbeeren kostet nur ein paar Euro, je nach Jahreszeit. Ich sage mir immer, dass sie zu teuer sind, aber in Wirklichkeit ist das für eine ganze Woche Luxus ein sehr günstiges Angebot. Es kostet weniger als ein Kinofilm und weniger als ein doppelter Cheeseburger. Ich nehme an, dass es einfach mehr ist, als ich von mir meine, wert zu sein.«

Für Alan ist Musik ein großer Luxus. Als junger Mann war er Musiker, seither hat er sich jedoch das Recht zu spielen abgesprochen. Wie viele gehemmte Kreative leidet er unter einem tödlichen Duo: unter künstlerischer Magersucht und stolzem Perfektionismus. Für diesen Musiker gab es kein Probenniveau. Er wollte ganz oben sein, und wenn das nicht möglich war, dann wollte er mit seiner geliebten Musik am liebsten überhaupt nichts zu tun haben.

Alan, festgefahren und außer Gefecht gesetzt, beschrieb seine Blockade auf folgende Weise: »Ich versuche zu spielen und höre mich selbst, und das, was ich kann, ist so weit von dem entfernt, was ich tun möchte, dass ich davor zurückschrecke, weiterzumachen.« (Und dann höre ich auf.)

Alan begab sich auf die Reise zur Kreativität und gestattete sich den Luxus, sich jede Woche eine neue Schallplatte zu kaufen. Er machte Musik nicht mehr länger zu Arbeit und ließ sie wieder zu etwas werden, das Spaß macht. Er fing an, verrückte Aufnahmen zu kaufen, nicht nur hohe Kunst. Vergiss die hochgesteckten Ziele. Was hört sich so an, als könnte es Spaß machen?

Alan begab sich auf Entdeckungsreise. Er kaufte Gospel-, Country- und indianische Trommelmusik. Nachdem er sich einen Monat lang mit dieser Musik beschäftigt hatte, kaufte er sich in seinem Musikgeschäft spontan ein Paar Trommelstöcke. Er ließ sie liegen und weiter liegen und ... drei Monate später trommelte Alan auf den Handgriffen seines Trimmfahrrads, während aus seinem Walkman Rock-'n'-Roll-Musik dröhnte. Zwei Monate danach schaffte er auf dem Speicher Platz und besorgte sich ein gebrauchtes Schlagzeug.

»Ich dachte, dass es meiner Frau und meiner Tochter peinlich sei, zu hören, wie schlecht ich spiele«, meinte er. Er erwischte sich jedoch selbst bei dieser Schuldzuweisung und erklärte: »Eigentlich war ich derjenige, dem es peinlich war, aber jetzt habe ich einfach nur Spaß daran und höre mich für meine eigenen Ohren tatsächlich ein bisschen besser an. Ich muss sagen, dass meine Trommelstöcke ganz schön herumwirbeln für einen alten Kerl wie mich.«

Für Laura waren Wasserfarben aus einem Billigladen ihr erster Ausflug in den Luxus. Für Kathy war es ein luxuriöser Buntstiftkasten »von der Art, wie meine Mutter ihn mir niemals gekauft hätte. Ich machte am ersten Abend zwei Zeichnungen, und eine davon war eine Skizze von mir in meinem neuen Leben, dem Leben, auf das ich hinarbeite.«

Für viele blockierte Kreative ist jedoch etwas Arbeit erforderlich, damit sie sich den Besitz von Luxus auch nur vorstellen können. Den Umgang mit Luxus müssen die meisten von uns erst noch lernen. Blockierte Kreative sind oftmals die Aschenputtel dieser Welt. Da wir auf unsere eigenen Kosten auf das Wohl anderer konzentriert sind, fühlen wir uns sogar von der bloßen Vorstellung bedroht, auch nur ein einziges Mal etwas für uns selbst zu tun.

»Du musst Aschenputtel ja nicht gleich rausschmeißen«, rät meine Schriftstellerfreundin Karen. »Behalte sie nur bei dir. Aber konzentriere dich darauf, dir den Schuh anzuziehen. Die zweite Hälfte des Märchens ist toll.«

Ein kreatives Leben erfordert den Luxus von Zeit, die wir für uns selbst herausschlagen – selbst wenn es nur eine Viertelstunde für schnelle Morgenseiten und ein zehnminütiges Minibad nach der Arbeit sind.

Ein kreatives Leben erfordert den Luxus eines eigenen Platzes, selbst dann, wenn uns nur ein bestimmtes Bücherregal oder eine Fensterbank gehört. (In meinem Arbeitszimmer habe ich eine Fensterbank mit Briefbeschwerern und Muscheln.) Denken Sie daran, dass Ihr innerer Künstler ein Kind ist, und Kinder mögen Dinge, die »meins« sind. Mein Stuhl. Mein Buch. Mein Kopfkissen.

Wenn man sich Dinge zugesteht, die einem ganz alleine gehören, dann ist es leicht, sich zu verwöhnen. In jedem Asialaden bekommt man für ein paar Euro eine wunderschöne Teetasse mit Untertasse. In den meisten An-und-Verkauf-Geschäften gibt es Sammeltassen aus Porzellan, die einen Nachmittagsimbiss zu einem kreativen Erlebnis machen.

Vieles, was wir auf der Reise zu unserer Kreativität tun, mag albern erscheinen. Dinge als »albern« zu bezeichnen ist eine Abwehrstrategie unseres Spielverderbers, der unserem Künstlerkind eins auswischen will. Seien Sie vorsichtig, wenn Sie das Wort *albern* gegen sich selbst richten. Ja, es stimmt, Künstlertreffs *sind* albern – und genau darum geht es.

Kreativität gedeiht in der Paradoxie: Ernsthafte Kunst wird aus ernsthaftem Spiel geboren.

Übung

ZÄHLEN

In der nächsten Woche werden Sie herausfinden, wie Sie Ihr Geld ausgeben. Kaufen Sie sich einen kleinen Notizblock, und schreiben Sie jeden Cent auf, den Sie ausgeben. Es ist egal, wofür Sie das Geld ausgeben, wie unbedeutend der Kauf oder wie gering der Betrag ist. Kleine Geldbeträge sind auch Geld.

Schreiben Sie jeden Tag das Datum auf eine Seite, und zählen Sie auf, was Sie gekauft haben, was Sie ausgegeben haben und wohin Ihr Geld geflossen ist: ob es für Einkäufe war, für ein Mittagessen in einem Lokal, eine Taxifahrt, Fahrgeld für die U-Bahn oder ob Sie es Ihrem Bruder geliehen haben. Vergessen Sie nichts. Seien Sie gründlich, und urteilen Sie nicht. Diese Übung dient der Selbstbeobachtung – und *nicht* der Selbstgeißelung.

Vielleicht möchten Sie die Übung einen ganzen Monat lang oder noch länger fortsetzen. Sie wird Ihnen sagen, was Sie hoch genug schätzen, um dafür Geld auszugeben. Oft geben wir unser Geld gar nicht für das aus, was uns wirklich etwas wert ist. Wir vergeuden Geld für Kram, der uns nichts bedeutet, und es fehlt uns dann für die Dinge, die uns wirklich wichtig sind. Für viele von uns ist Zählen die Voraussetzung, um Luxus zu erlernen.

Übung

VERRÜCKT NACH GELD SEIN

Vervollständigen Sie die folgenden Sätze.

1. Menschen mit Geld sind ...
2. Geld macht Menschen ...
3. Ich hätte mehr Geld, wenn ...
4. Mein Vater dachte, dass Geld ...
5. Meine Mutter dachte immer, das Geld würde ...
6. In meiner Familie verursachte Geld ...
7. Geld ist gleichbedeutend mit ...
8. Wenn ich Geld hätte, dann würde ich ...
9. Wenn ich es mir leisten könnte, dann würde ich ...
10. Wenn ich etwas Geld hätte, dann würde ich ...
11. Ich habe Angst davor, dass ich, wenn ich Geld hätte, ...
12. Geld ist ...
13. Geld verursacht ...
14. Geld zu haben ist nicht ...
15. Um mehr Geld zu haben, müsste ich ...
16. Wenn ich Geld habe, dann mache ich gewöhnlich ...
17. Ich denke, dass Geld ...
18. Wenn ich nicht so geizig wäre, dann ...
19. Menschen sind der Meinung, dass Geld ...
20. Pleite zu sein zeigt mir ...

Aufgaben

1. Natürlicher ***Reichtum:*** Finden Sie fünf schöne oder interessante Steine. Ich mag diese Übung ganz besonders, weil man Steine in die Hosentasche stecken und während geschäftlicher Besprechungen mit ihnen herumspielen kann. Sie können Sie ständig an Ihr kreatives Bewusstsein erinnern.
2. Natürlicher ***Reichtum:*** Pflücken Sie fünf Blumen oder Blätter. Vielleicht möchten Sie sie zwischen zwei Papieren pressen und in einem Buch aufbewahren. Wenn Sie so etwas im Kindergarten getan haben, ist das gut. Einige der besten kreativen Spiele werden dort gespielt. Erlauben Sie sich, es wieder zu tun.
3. ***Ausmisten:*** Werfen oder geben Sie fünf verlotterte Kleidungsstücke weg.
4. ***Schöpfung:*** Kochen oder backen Sie etwas. (Wenn Sie Probleme mit Zucker haben, dann machen Sie einen Obstsalat.) Kreativität muss nicht immer mit großer Kunst zu tun haben. Sehr oft kann der Akt des Kochens Ihnen helfen, in einem anderen kreativen Bereich etwas auszukochen. Wenn ich beim Schreiben nicht vorankomme, dann mache ich Suppen und Pasteten.
5. ***Kommunikation:*** Verschicken Sie Postkarten an fünf Freunde. Das ist keine Übung in der Tugend der Höflichkeit. Verschicken Sie sie an Personen, von denen Sie wirklich gerne etwas hören würden.
6. ***Lesen*** Sie »Die Grundprinzipien« noch einmal durch (Seite 25). Machen Sie das einmal täglich. Lesen Sie Ihr Künstlergebet aus Woche vier oder meines auf Seite 345. Machen Sie auch das einmal täglich.

7. ***Ausmisten:*** Gibt es irgendwelche Veränderungen in Ihrer häuslichen Umgebung? Nehmen Sie einige vor.
8. ***Akzeptieren:*** Gibt es irgendeinen neuen Fluss in Ihrem Leben? Üben Sie, ja zu Dingen zu sagen, die Sie gratis bekommen.
9. ***Reichtum:*** Gibt es irgendwelche Veränderungen in Ihrer finanziellen Situation oder Ihrer Sichtweise darauf? Haben Sie irgendwelche – vielleicht auch verrückten – Ideen in Bezug auf das, was Sie gerne tun würden? Sammeln Sie Bilder dazu, und kleben Sie sie in Ihre Bildermappe.

Check-in

1. An wie vielen Tagen in dieser Woche haben Sie Ihre ***Morgenseiten*** geschrieben? (Haben Sie sie schon genutzt, um über kreativen Luxus für Sie selbst nachzudenken?) Wie war die Erfahrung für Sie?
2. Haben Sie in dieser Woche Ihren ***Künstlertreff*** abgehalten? (Haben Sie schon einmal in Betracht gezogen, sich zwei zu gestatten?) Was haben Sie unternommen? Wie haben Sie sich dabei gefühlt?
3. Haben Sie in dieser Woche irgendwelche ***Synchronizitäten*** erlebt? Worin bestanden sie?
4. Gab es in dieser Woche andere ***Themen und Ereignisse,*** die Sie als bedeutsam für Ihre kreative Reise ansehen? Beschreiben Sie sie.

WOCHE SIEBEN

In dieser Woche wenden wir uns dem Einüben der richtigen Einstellung zur Kreativität zu. Die Betonung liegt dabei auf den Fähigkeiten, die mit Empfänglichkeit und Aktivität zu tun haben. Die Texte, Übungen und Aufgaben zielen darauf ab, authentische kreative Interessengebiete zutage zu fördern und sie mit Ihren persönlichen Wunschträumen in Verbindung zu bringen.

Das Gefühl von Verbundenheit wiedergewinnen

Zuhören

Mit unseren Morgenseiten und mit den Künstlertreffs erweitern wir unsere Wahrnehmungsfähigkeiten. Mit den Seiten üben wir, jenseits unseres inneren Zensors zu hören. Die Künstlertreffs helfen uns, der Stimme der Inspiration nachzugehen. Obwohl es so aussieht, als ob diese beiden Aktivitäten nicht direkt etwas mit dem eigentlichen künstlerischen Schaffen zu tun haben, sind sie für den kreativen Prozess von entscheidender Bedeutung.

In der Kunst geht es nicht darum, sich etwas auszudenken. Das Gegenteil ist der Fall. Es geht darum, etwas Vorhandenes zu Papier, auf die Leinwand zu bringen.

Wenn wir versuchen, *uns etwas auszudenken,* dann strengen wir uns an, wollen etwas erfassen, das eigentlich außerhalb unserer Reichweite liegt, »dort oben, in der Stratosphäre, wo die erhabene Kunst zu Hause ist …«

Wenn wir etwas Vorhandenes zu Papier, auf die Leinwand bringen, dann gibt es keine Anstrengung. Wir tun nichts. Wir empfangen etwas. Das Tun liegt in den Händen anderer. Statt

nach Erfindungen zu angeln, sind wir mit Zuhören beschäftigt.
Ein wirklich präsenter Schauspieler ist damit beschäftigt, Augen und Ohren für die nächste kreative Idee offen zu halten. Wenn eine Malerin malt, dann beginnt sie vielleicht mit einer Idee, aber diese Idee wird bald zugunsten des dem Gemälde immanenten Plans aufgegeben. Egal, ob es um Tanz, Komposition oder Bildhauerei geht, die Erfahrung ist immer dieselbe: Wir sind eher Kanal als Schöpfer dessen, was wir ausdrücken.
Künstlerisches Schaffen heißt sich einstimmen und in den Energiepool fallen lassen. Es ist so, als ob alle Geschichten, Gemälde, Filme, Musik- und Theaterstücke auf der Welt bereits unmittelbar unterhalb unseres Normalbewusstseins vorhanden sind. Wie ein unterirdischer Fluss fließen sie als anzapfbarer Ideenstrom durch uns hindurch. Als Künstler graben wir unseren Brunnen, bis wir auf den Strom treffen. Wir hören, was sich dort unten befindet, und reagieren darauf. – »Frau Müller, bitte zum Diktat.«
Einer meiner Freunde ist ein hervorragender Filmregisseur, der für seine peinlich genaue Planung bekannt ist. Doch seine brillantesten Szenen entstehen nicht selten dann, wenn er plötzliche Einfälle aufgreift.
Diese Momente klarer Inspiration verlangen, dass wir uns ihnen gläubig hingeben. Wir haben Gelegenheit, diese kleinen Glaubensschritte täglich auf unseren Seiten und bei unseren Künstlertreffs zu üben. Wir lernen, gut zuzuhören und genau hinzusehen, was die inspirierte, intuitive Stimme uns mitteilt: »Tue dies, versuche jenes, sage dies …«
Die meisten Schriftsteller kennen die Erfahrung, dass sie ein Gedicht oder einen Textabschnitt »empfangen«. Wir empfinden diese Funde als kleine Wunder, tatsächlich sind sie die

Norm. Wir sind das Instrument, weniger der Schöpfer unserer Arbeit. Michelangelo brachte dies mit den Worten zum Ausdruck, dass es seine Aufgabe sei, den David aus dem Marmorblock zu befreien. »Die Malerei hat ein Eigenleben. Ich versuche, mich davon erfassen zu lassen«, sagt Jackson Pollock. Wenn ich Kurse für Drehbuchautoren abhalte, dann erinnere ich die Teilnehmer, dass ihr gesamter Film schon in ihnen existiert. Ihre Aufgabe ist es, ihn zu empfangen und vor ihrem geistigen Auge ablaufen zu sehen und dann aufzuschreiben. Dasselbe gilt für jede Art von Kunst. Was für Gemälde oder Skulpturen gilt, das gilt auch für Sonaten, Romane, Dramen und Gedichte: Sie warten auf uns. Unsere Aufgabe ist es lediglich, sie aus dem Dunkeln ans Licht zu bringen. Hierzu lassen wir uns in den Energiepool fallen.

Manchen Menschen fällt es leichter, sich den Strom der Inspiration als Radiowellen unterschiedlicher Frequenzen vorzustellen, die ständig ausgestrahlt werden.

Mit zunehmender Erfahrung lernen wir, die gewünschte Frequenz je nach Belieben zu hören. Wir stimmen uns auf sie ein. Wie eine Mutter oder ein Vater lernen wir, die Stimme unseres im Entstehen begriffenen geistigen Kindes aus den Stimmen der anderen Kinder herauszuhören.

Sobald Sie akzeptiert haben, dass es ganz natürlich ist, Dinge zu erschaffen, können Sie sich der Vorstellung nähern, dass der Schöpfer Ihnen das zukommen lässt, was Sie für das jeweilige Projekt brauchen. Sobald Sie bereit sind, seine Hilfe für ein bestimmtes Projekt anzunehmen, werden Sie auch in anderen Bereichen Ihres Lebens mehr Unterstützung erfahren. Doch aufgepasst! Es gibt noch eine zweite Stimme, die zu Ihrer inneren kreativen Stimme noch etwas hinzufügt und sie verstärkt. Diese Stimme zeigt sich häufig in Form von Synchronizität.

Sie werden den benötigten Dialog empfangen, den richtigen Song für die Musical-Sequenz finden, genau die benötigte Farbe sehen. Es wird Ihnen passieren, dass Sie etwas finden – Bücher, Seminare, Dinge, die andere weggeworfen haben –, das zufälligerweise zu dem passt, was Sie gerade tun.

Akzeptieren Sie die Möglichkeit, dass das Universum Ihnen bei dem, was Sie gerade tun, hilft. Machen Sie sich bereit, die Hand Gottes zu sehen und sie als Angebot eines Freundes anzunehmen. Weil viele von uns in sich die unbewusste Angst nähren, dass Gott unsere Werke missbilligt, weisen wir diese Hilfe, die ein Schöpfer dem anderen gewährt, zurück.

Versuchen Sie, sich daran zu erinnern, dass Gott *der* große Künstler ist. Künstler mögen andere Künstler.

Sie können darauf zählen, dass das Universum Ihren Traum unterstützt. Ganz sicher!

Perfektionismus

Tillie Olsen bezeichnet Perfektionismus ganz richtig als »das zerstörerische Messer in der Kunst«, Sie können ihm einen anderen Namen geben. *Es richtig hinbekommen,* könnten Sie sagen, oder *Korrekturen vornehmen vor dem nächsten Schritt.* Sie könnten erklären, dass Sie *Anforderungen an sich stellen.* Doch treffender wäre es, von Perfektionismus zu sprechen.

Perfektionismus hat nichts damit zu tun, etwas richtig hinzubekommen oder zu korrigieren oder Anforderungen an sich zu stellen. Er ist die Weigerung voranzugehen. Perfektionismus ist ein geschlossenes, zwanghaftes System, das Sie schwächt und veranlasst, sich in den Details dessen, was Sie gerade schaffen, zu verbeißen und dadurch den Überblick über das Ganze zu verlieren. Statt frei zu schaffen und es Irrtümern zu gestatten, sich bei späteren Einsichten als solche zu entpuppen, verlieren wir uns in dem Bemühen, alle Einzelheiten richtig hinzubekommen. Die vorzeitige Korrektur macht unsere Originalität zur Uniformität, der Leidenschaft und Spontaneität fehlen. »Habe keine Angst vor Fehlern«, hat uns Miles Davis gesagt. »Es gibt keine.«

Der Perfektionist doktert so lange an jeder Zeile des Gedichts herum, bis keine mehr stimmt. Der Perfektionist zeichnet die Kinnlinie in einem Porträt so lange neu, bis das Papier an dieser Stelle zerreißt. Der Perfektionist schreibt so viele Versionen von Szene eins, dass er den Rest des Stücks nie fertigbekommt. Der Perfektionist schreibt, malt und schafft und hat dabei ständig sein Publikum im Auge. Statt den Prozess zu genießen, bewertet der Perfektionist unablässig das Ergebnis.

Der Perfektionist ist mit der logischen Seite seines Gehirns verschmolzen. Der innere Kritiker ist der unangefochtene Herr im kreativen Haushalt des Perfektionisten. Eine brillante Prosapassage wird bis in die einzelnen Buchstaben hinein seziert: »Hm. Was ist mit diesem Komma? Gehört das da hin ...?« Für den Perfektionisten gibt es keine ersten Entwürfe, keine groben Skizzen, keine Aufwärmübungen. Jeder Entwurf soll endgültig, perfekt und wie in Stein gehauen sein. Wenn er gerade bestens in Fahrt ist, beschließt der Perfektionist plötzlich, alles noch einmal durchzulesen, um sich einen Überblick zu verschaffen, um zu sehen, in welche Richtung es geht.

Und wohin geht es? Nirgendwohin, und das sehr schnell.

Der Perfektionist ist nie zufrieden. Der Perfektionist sagt nie:

»Wow, das ist ziemlich gut. Ich glaube, ich mache einfach weiter.«
Der Perfektionist findet immer etwas zu verbessern und nennt das Bescheidenheit. In Wirklichkeit ist es Geltungsbedürfnis. Es ist unser Stolz, der uns veranlasst, ein *perfektes* Drehbuch schreiben zu wollen, ein *perfektes* Gemälde zu malen, beim Vorsprechen einen *perfekten* Monolog hinzulegen.
Perfektionismus ist nicht die Suche nach dem Besten. Er ist die Beschäftigung mit dem Schlechtesten in uns, dem Teil, der uns sagt, dass nichts von dem, was wir tun, je gut genug sein wird – und dass wir noch einmal von vorn anfangen sollten.
Nein, das sollten wir nicht.
»Ein Gemälde ist nie fertig. Es endet einfach an einem interessanten Punkt«, sagte Paul Gardner. Ein Buch ist nie fertig. Aber an einem bestimmten Punkt hören Sie auf, daran zu schreiben, und wenden sich dem nächsten Projekt zu. Ein Film ist nie perfekt geschnitten, aber an einem bestimmten Punkt lassen Sie ihn los und erklären ihn für beendet. Das Loslassen ist ein fester und normaler Bestandteil der Kreativität. Wir tun immer das Beste, das heißt, wir tun das, was uns unter den gegebenen Umständen möglich ist.

Risiko

FRAGE: Was würde ich tun, wenn es nicht perfekt sein müsste?
ANTWORT: Eine ganze Menge mehr als jetzt.

Wir alle haben schon einmal den Spruch gehört, dass das ungeprüfte Leben es nicht wert ist, gelebt zu werden, aber denken Sie auch daran, dass das ungelebte Leben es nicht wert ist, geprüft zu werden. Der Erfolg unserer Reise zur Kreativität steht und fällt mit unserer Fähigkeit, den Kopf hintanzustellen und zu handeln. Und damit sprechen wir über Risiko. Die meisten finden leicht eine Ausrede, wenn sie einem Risiko aus dem Weg gehen wollen. Wir können bestens über den möglichen Schmerz spekulieren, der uns durch die Offenbarung unseres Selbst bevorsteht.

»Ich werde wie ein Dummkopf aussehen«, sagen wir und erinnern uns gruselnd an Bilder von unserer ersten Schauspielstunde, an unsere erste holprige Kurzgeschichte, an unsere schrecklichen Zeichnungen. Ein Teil des Spiels besteht darin, dass wir die Meister unseres Faches vor uns aufreihen und unsere Babyschritte mit ihren vollendeten Fertigkeiten vergleichen. Wir vergleichen unseren ersten Film nicht mit dem Erstlingswerk von George Lucas, sondern wir vergleichen ihn mit *Krieg der Sterne*.

Wir wollen nichts davon hören, dass wir, um etwas gut zu machen, zuerst bereit sein müssen, es schlecht zu machen. Stattdessen entscheiden wir uns, nicht über die Bereiche hinauszugehen, in denen uns der Erfolg sicher ist. Wenn wir innerhalb dieser Grenzen leben, fühlen wir uns vielleicht unterdrückt, erstickt, verzweifelt und gelangweilt. Aber wir sind sicher. Und Sicherheit ist eine Illusion, die uns am Herzen liegt.

Wenn wir etwas riskieren wollen, dann müssen wir unsere Grenzen sprengen. Wir müssen das »Ich kann nicht, weil ...« durchbrechen. Ist es etwa, weil ich zu alt bin, zu pleite, zu schüchtern, zu stolz oder zu ängstlich? Oder weil ich eine Abwehrhaltung aufgebaut habe?

Wenn wir sagen, dass wir etwas nicht tun *können*, dann meinen wir normalerweise, dass wir es so lange nicht tun werden, bis wir sicher sind, dass wir es perfekt tun.

Schaffende Künstler wissen, wie unsinnig eine solche Haltung ist. Regisseure witzeln gerne: »O ja. Ich weiß immer genau, wie ich bei dem Film Regie führen muss – sobald der Film fertig ist.«

Als gehemmte Künstler haben wir unrealistische Erwartungen an uns. Wir verlangen uns selbst Erfolge und die Anerkennung dieser Erfolge durch andere ab. Vor dem Hintergrund dieser unausgesprochenen Forderung bleibt vieles außerhalb unserer Möglichkeiten. Als Schauspieler neigen wir dazu, uns auf ein bestimmtes Fach beschränken zu lassen, statt unser Repertoire zu erweitern. Als Sänger bleiben wir unserem sicher einstudierten Repertoire verhaftet. Als Komponisten versuchen wir, Hits zu reproduzieren. Auf diese Weise erfahren sich Künstler, deren Blockade Außenstehende nicht bemerken, als innerlich vernagelt und unfähig, den Aufbruch zu neuem und befriedigenderem künstlerischem Terrain zu riskieren.

Sobald wir erst einmal akzeptieren, dass all das, was es wert ist, getan zu werden, es sogar wert ist, schlecht getan zu werden, erweitern wir unsere Möglichkeiten. Wenn das Ergebnis nicht perfekt sein müsste, dann würde ich ...

1. Als Alleinunterhalter auftreten.
2. Modernen Tanz ausprobieren.
3. Wildwasserfahrten wagen.
4. Bogenschießen ausprobieren.
5. Englisch lernen.
6. Porträtzeichnen lernen.
7. Eiskunstlaufen ausprobieren.
8. Meine Haare platinblond färben.
9. Marionettenspiel ausprobieren.
10. Trapezakrobatik wagen.
11. Wasserballett ausprobieren.

12. Polo spielen lernen.
13. Roten Lippenstift tragen.
14. Einen Nähkurs belegen.
15. Kurzgeschichten schreiben.
16. Eine Lesung meiner Gedichte abhalten.
17. Spontan Urlaub in den Tropen machen.
18. Lernen, Videos zu drehen.
19. Lernen, Fahrrad zu fahren.
20. Unterricht in Aquarellmalerei nehmen.

In dem Film *Wie ein wilder Stier* erklärt der Bruder und Manager des Boxers Jake La Motta ihm, warum er abnehmen und gegen einen No-Name-Gegner kämpfen sollte. Nach einer verwickelten Geschichte, von der La Motta kein Wort versteht, kommt er zu der Schlussfolgerung: »Tu es also. Wenn du gewinnst, gewinnst du, und wenn du verlierst, gewinnst du auch.«

So ist das immer, wenn man ein Risiko eingeht.

Oder anders ausgedrückt, es lohnt sich fast immer, ein Risiko einzugehen, einfach um es einzugehen. Es liegt etwas Belebendes darin, das eigene Selbstbild zu erweitern, und das genau erreicht man, wenn man ein Risiko eingeht. Eine Herausforderung auszuwählen und sich ihr zu stellen gibt einem das Gefühl, dass man sein Leben selbst in die Hand nimmt. Auf dieser Grundlage kann man sich erfolgreich weiteren Herausforderungen stellen. So gesehen vergrößern Sie Ihre Chance, ein abendfüllendes Theaterstück zu schreiben, wenn Sie an einem Marathon teilnehmen. Ein abendfüllendes Theaterstück zu schreiben hilft Ihnen, beim Marathon gut abzuschneiden.

Ergänzen Sie folgenden Satz: »Wenn das Ergebnis nicht perfekt sein müsste, dann würde ich ... ausprobieren.«

Eifersucht und Neid

Ich habe oft Menschen sagen hören, dass Eifersucht eine normale menschliche Regung sei. Wenn ich das höre, dann denke ich: »Ihre vielleicht, meine nicht.« Meine Eifersucht dröhnt im Kopf, sie legt sich wie eine Fessel um meine Brust, traktiert meine Magenwände und landet mit todsicherer Faust auf der empfindlichsten Stelle. Ich habe Eifersucht lange als meine größte Schwäche angesehen. Erst in letzter Zeit ist es mir gelungen, sie als die dickköpfige liebende Freundin zu begreifen, die sie in Wirklichkeit ist.

Eifersucht ist ein Wegweiser. Jeder Eifersuchtswegweiser sieht anders aus. Jeden von uns wird wahrscheinlich einiges, was er an sich entdeckt, überraschen. Ich zum Beispiel bin wegen des Erfolgs anderer Romanschriftstellerinnen nie vor Neid geplatzt. Aber ich war krankhaft an den Erfolgen und Misserfolgen von Theaterautorinnen interessiert. Ich war ih re schärfste Kritikerin, bis ich selbst mein erstes Stück schrieb.

Danach verschwand meine Missgunst und machte einem Gefühl der Kameradschaft Platz. Meine Missgunst war eigentlich eine Maske, hinter der sich meine Angst verbarg, etwas zu tun, was ich selbst wirklich gerne tun wollte, wozu mir aber der Mut fehlte.

Hinter Missgunst, Neid und Eifersucht verbirgt sich immer Angst: die Angst davor, dass wir nicht fähig sein könnten, das zu bekommen, was wir haben möchten; die Frustration, dass jemand anders anscheinend das bekommt, was rechtmäßig uns zusteht, auch wenn wir zu viel Angst hatten, um danach zu greifen. Eifersucht, Missgunst und Neid sind im Grunde genommen armselige Abwandlungen von Geiz. Sie verleugnen den Reichtum und die Vielfalt des Universums. Eifersucht macht uns weis, dass es nur Platz für einen gibt – für *einen* Dichter, *einen* Maler, *einen,* was auch immer Sie träumen zu sein.

Doch die Wahrheit zeigt sich, wenn wir unseren Träumen entsprechend handeln: Es gibt für jeden von uns einen Platz. Doch Neid verengt das Gesichtsfeld. Er schränkt unsere Fähigkeit ein, die Dinge aus dem richtigen Blickwinkel zu betrachten. Er macht uns blind gegenüber Alternativen. Die größte Lüge, die uns Eifersucht aufschwatzt, ist die, dass wir keine andere Wahl haben, als eifersüchtig zu sein. Perverserweise lähmt uns Eifersucht in unserer Handlungsbereitschaft, dabei ist gerade das Handeln der Schlüssel zu unserer Freiheit.

Übung

DER NEIDWEGWEISER

Ihr Neidwegweiser sollte drei Spalten haben. In die erste Spalte kommen diejenigen Personen, auf die Sie neidisch sind. Schreiben Sie neben jeden Namen den Grund. Seien Sie so detailliert und genau wie möglich. In die dritte Spalte tragen Sie die Schritte ein, die Sie unternehmen können, um sich von Neid und Missgunst fort- und zu kreativem Risiko hinzubewegen, denn wenn die Eifersucht zubeißt, brauchen Sie genau wie bei einem Schlangenbiss sofort ein Gegengift.

Wer	Warum	Aktion/Gegengift
Meine Schwester Libby:	Sie hat ein richtiges Atelier.	Mir zusätzlichen Raum schaffen.
Mein Freund Ed:	Schreibt gute Kriminalromane.	Versuchen, selbst einen guten Krimi zu schreiben.
Anne Sexton:	Berühmte Dichterin.	Meine lange gesammelten Gedichte veröffentlichen.

Selbst die größten Veränderungen beginnen mit kleinen Schritten. Gelb ist die Farbe des Neids, aber sie ist auch die Farbe der Sonne, die alles Leben ermöglicht. Wenn Sie lernen, Ihre hitzigen Energien für Ihre eigenen Interessen nutzbar zu machen, dann wird Ihr Neid zum Brennstoff für eine lebendigere und blühendere Zukunft.

Übung

ARCHÄOLOGIE

Die folgenden Sätze, die Sie vervollständigen sollen, erfordern Ausgrabungsarbeit. Sehr oft haben wir Teile von uns selbst verschüttet, können sie jedoch durch ein wenig tätiges Nachforschen wieder hervorholen. Ihre Antworten werden Ihnen nicht nur zeigen, was Sie in der Vergangenheit versäumt haben, sondern auch das, was Sie jetzt tun können, um Ihr Künstlerkind zu trösten und ihm Mut zu machen. Es ist noch nicht zu spät, egal, was Ihr Ego Ihnen sagt.

Vervollständigen Sie diese Sätze:

1. Als Kind habe ich die Gelegenheit versäumt ...
2. Als Kind hat mir ... gefehlt.
3. Als Kind hätte ich ... gebrauchen können.
4. Als Kind habe ich davon geträumt, ... zu sein.
5. Als Kind wollte ich ein ... haben.
6. In meinem Haus hatten wir nie genug ...
7. Als Kind brauchte ich mehr ...
8. Es tut mir leid, dass ich ... nie wiedersehen werde.
9. Schon jahrelang habe ich ... vermisst und mich gefragt, was aus ... geworden ist.
10. Ich gräme mich über den Verlust von ...

Es ist wichtig, dass Sie Ihre positiven Punkte genauso anerkennen wie Ihre negativen. Machen Sie eine positive Bestandsaufnahme von dem Gut, auf das Sie in der Gegenwart bauen können.
Beenden Sie folgende Sätze:

1. In ... habe ich einen treuen Freund/eine treue Freundin.
2. Etwas, was mir an meiner Stadt gefällt, ist ...
3. Ich denke, ich habe nette ...
4. Das Schreiben meiner Morgenseiten hat mir gezeigt, dass ich ... kann.
5. Ich interessiere mich mehr für ...
6. Ich glaube, ich werde besser in ...
7. Mein Künstler hat angefangen, ... mehr Aufmerksamkeit zu widmen.
8. Ich sorge für mich selbst, indem ...
9. Ich fühle mich mehr ...
10. Möglicherweise ist meine Kreativität ...

Aufgaben

1. Machen Sie folgenden Satz zu Ihrem ***Mantra:*** *Es wird mich stark machen, mich selbst wie einen kostbaren Gegenstand zu behandeln.* Pinseln Sie diesen Satz mit Wasserfarben, zeichnen Sie ihn mit Buntstiften oder machen Sie eine Kalligraphie daraus. Bringen Sie ihn irgendwo an, wo Sie ihn jeden Tag sehen können. Wir neigen zur Ansicht, dass es uns stark macht, wenn wir uns selbst gegenüber Härte zeigen. Doch die Stärke bekommen wir durch die Wertschätzung und Fürsorge, die wir uns angedeihen lassen.
2. Nehmen Sie sich die Zeit, sich zumindest die Hälfte einer ***CD anzuhören,*** nur so, um sich daran zu erfreuen. Vielleicht möchten Sie beim Zuhören herumkritzeln und Formen, Gefühle und Gedanken malen, die Sie in der Musik spüren. Achten Sie darauf, wie sehr bloße zwanzig Minuten Sie erfrischen können. Lernen Sie, sich diese Minikünstlertreffs zu gönnen, um Stress abzubauen und Einsichten zu gewinnen.
3. Führen Sie sich zu einem ***geheiligten Ort*** aus – eine Kirche, Synagoge, Bibliothek, einen Hain in der Natur –, und genießen Sie die Stille und die heilende Einsamkeit. Wir alle haben eine jeweils ganz persönliche Vorstellung davon, was wir unter einem geheiligten Raum verstehen. Bei mir kann ein großer Uhrenladen oder ein großes Aquariengeschäft das Gefühl von Zeitlosigkeit und Staunen hervorrufen. Experimentieren Sie.
4. Erfüllen Sie Ihr Haus mit einem wundervollen ***Duft*** – sei es von Suppe, Räucherstäbchen, Kiefernzweigen, Kerzen –, was auch immer.

5. Tragen Sie ohne besonderen Anlass Ihr liebstes ***Kleidungsstück.***
6. ***Kaufen*** Sie sich ein wunderschönes Paar Socken, ein wunderschönes Paar Handschuhe – irgendetwas, das wunderbar tröstlich und ein Ausdruck von Selbstliebe ist.
7. ***Collage:*** Suchen Sie mindestens zehn Zeitschriften zusammen, die Sie dann nach Belieben auseinandernehmen. Setzen Sie sich ein Zeitlimit von zwanzig Minuten, gehen Sie rasch die Zeitschriften durch, und reißen Sie alle Bilder heraus, die Ihr Leben oder Ihre Interessen widerspiegeln. Stellen Sie sie sich als Collage in Form einer Autobiographie in Bildern vor. Berücksichtigen Sie Ihre Vergangenheit, Gegenwart, Zukunft und Ihre Träume. Es ist auch in Ordnung, wenn Sie Bilder einbeziehen, die Ihnen einfach nur gefallen. Machen Sie so weiter, bis Sie einen ganzen Stapel Bilder haben (mindestens zwanzig). Nehmen Sie nun eine Zeitung, einen Hefter oder Tesafilm oder Klebstoff, und arrangieren Sie die Bilder so, dass es Ihnen gut gefällt. (Das ist eine der Lieblingsübungen meiner Kursteilnehmer.)
8. Zählen Sie rasch fünf ***Lieblingsfilme*** auf. Können Sie bei ihnen irgendwelche Gemeinsamkeiten erkennen? Handelt es sich um Liebesfilme, Abenteuerfilme, Historienfilme, politische Dramen, Familiensagas, Thriller? Erkennen Sie Spuren dieser filmischen Themen in Ihrer Collage?
9. Nennen Sie die Themen Ihrer ***Lieblingsbücher:*** vergleichende Religionswissenschaft, Filme, außersinnliche Wahrnehmung, Physik, Erfolgsstorys, Untreue und Verrat, Dreiecksverhältnisse, wissenschaftliche Durchbrüche, Sport ... Kommen diese Themen in ihrer Collage vor?
10. Geben Sie Ihrer ***Collage*** einen Ehrenplatz. Es darf auch ein geheimer Ehrenplatz sein – im Schrank, in einer Schublade,

an irgendeinem Platz, der Ihnen allein vorbehalten ist. Vielleicht möchten Sie alle paar Monate eine neue anfertigen oder einen Traum, den Sie zu verwirklichen suchen, in Form einer Collage ausführlicher zur Darstellung bringen.

Check-in

1. An wie vielen Tagen in dieser Woche haben Sie Ihre ***Morgenseiten*** geschrieben? Haben Sie sich erlaubt, ein paar kreative Risiken in Ihren Tagträumen durchzuspielen? Verwöhnen Sie Ihr Künstlerkind mit Lieblingsbeschäftigungen aus Ihrer Kindheit?
2. Haben Sie in dieser Woche Ihren ***Künstlertreff*** abgehalten? Haben Sie ihn genutzt, um irgendwelche Risiken einzugehen? Was haben Sie unternommen? Wie haben Sie sich dabei gefühlt?
3. Haben Sie in dieser Woche irgendwelche ***Synchronizitäten*** erlebt? Worin bestanden sie?
4. Gab es in dieser Woche andere ***Themen und Ereignisse,*** die Sie als bedeutsam für Ihre kreative Reise ansehen? Beschreiben Sie sie.

WOCHE ACHT

In dieser Woche gehen wir eine weitere wesentliche Kreativitätsblockade an: Zeit. Sie werden erforschen, auf welche Weise Sie Ihre Zeitwahrnehmung benutzt haben, um das Eingehen von kreativen Risiken von vornherein auszuschließen. Sie werden unmittelbare und praktikable Veränderungen entdecken, die Sie in Ihrem gegenwärtigen Leben vornehmen können. Sie werden die frühe Konditionierung ans Licht befördern, die Sie möglicherweise darin bestärkt hat, sich in kreativer Hinsicht mit weit weniger zufriedenzugeben, als Sie eigentlich möchten.

Das Gefühl von Stärke wiedergewinnen

Überleben

Zu den schwierigsten Aufgaben, denen sich ein Künstler stellen muss, gehört das künstlerische Überleben. Als Künstler müssen wir lernen, uns trotz zahlreicher Verluste – dem Verlust des Gesichts, der Hoffnungen, des Glaubens an uns selbst und finanzieller Verluste – nicht aus der Bahn werfen zu lassen und weiterzuleben. Im Laufe unserer künstlerischen Karriere warten nicht nur Gewinne, sondern auch Verluste auf uns. Diese Verluste sind wie die Gefahren im Straßenverkehr und dienen in vielerlei Hinsicht als Wegweiser. Künstlerische Verluste können in künstlerische Gewinne und Stärken umgewandelt werden – aber nicht, wenn wir uns abschotten, ins Grübeln geraten und uns den Kopf darüber zerbrechen, wie es weitergehen soll.

Psychologen und Psychotherapeuten betonen gerne, dass wir Verluste und Niederlagen anerkennen und mitteilen müssen, wenn wir über sie hinauswachsen wollen. Da Künstler ihre Niederlagen nur selten eingestehen, mit anderen besprechen oder sie betrauern, verwandeln sie sich in Narbengewebe, das künstlerisches Wachstum verhindert. Sie erleben sie als zu schmerzhaft, zu dumm, zu erniedrigend, um sie mitzuteilen und folglich zu heilen, und halten sie lieber geheim.

Wenn künstlerische Schöpfungen die Kinder unseres Geistes sind, dann sind künstlerische Verluste unsere Fehlgeburten. Frauen leiden oft entsetzlich und im Geheimen darunter, dass sie ein Kind nicht austragen konnten. Und wir Künstler leiden schrecklich, wenn sich das Buch nicht verkauft, der Film nicht einschlägt, die Jury unsere Gemälde nicht auswählt, die beste Töpferarbeit zu Bruch geht, die Gedichte nicht zur Veröffentlichung akzeptiert werden, die Knöchelverletzung uns für eine ganze Tanzsaison außer Gefecht setzt.

Erinnern wir uns doch daran, dass unser innerer Künstler ein Kind ist. Das, was wir intellektuell verarbeiten können, übersteigt bei weitem das, was unser Künstlerkind emotional bewältigt. Es ist wichtig, dass wir zu unseren Niederlagen stehen und sie betrauern.

Die enttäuschende Reaktion auf eine gute Arbeit, unser Unvermögen, das Medium oder die Rolle zu wechseln, nur weil andere uns auf das Alte festlegen, das sind künstlerische Niederlagen, die betrauert werden müssen. Es hat keinen Zweck zu sagen: »Ach, so was passiert doch jedem.« Die Enttäuschung, die wir nicht betrauert haben, verwandelt sich in eine Barriere, die sich zwischen uns und unseren zukünftigen Träumen aufrichtet. Nicht in der wie für uns geschaffenen Rolle auftreten zu dürfen, aus der Schauspieltruppe ausgeschlossen werden, die Show abgesagt oder das Stück nicht rezensiert zu bekommen – all das fühlt sich zu Recht wie ein schwerer Schicksalsschlag an.

Die wahrscheinlich schlimmste künstlerische Niederlage hat mit Kritik zu tun. Verletzungen werden dem inneren Künstler – genau wie dem inneren Kind – nur selten durch die Mitteilung der Wahrheit zugefügt. Ich möchte hier noch einmal betonen, dass die an den Künstler gerichtete aufrichtige Kritik ihn sogar befreien kann. Wir sind wie Kinder, aber wir sind nicht kindisch. »Ja, das kann ich sehen! Das stimmt! Das kann ich ändern!«, so rufen wir innerlich aus, wenn ein gutplazierter, kritischer Pfeil mitten ins Ziel trifft.

Kritik – sei sie nun gut gemeint oder nicht – schadet einem Künstler dann, wenn ihr kein tieferer Kern von Wahrheit, sondern eine gewisse verdammende Schlüssigkeit oder ein unangreifbares Pauschalurteil innewohnt, die oder das mit dem Verstand nicht widerlegt werden kann.

Lehrer, Lektoren und Mentoren werden von jungen Künstlern oft als Autorität oder Elternfigur angesehen. In der Beziehung zwischen Lehrer und Schüler gibt es ein ganz natürliches heiliges Vertrauen. Wird dieses Vertrauen verletzt, dann sind die Folgen ähnlich schlimm wie bei einer Grenzüberschreitung durch einen Elternteil. Wir sprechen hier von emotionalem Inzest.

Ein Schüler erfährt von seinem Lehrer, dass dieser seine eigentlich gute Arbeit für schlecht und nicht besonders vielversprechend hält. Vielleicht teilt der Guru-Lehrer dem Schüler mit, dass er nur über begrenztes Talent verfügt oder dass er, anders als zuvor angenommen, doch nicht genug Talent besitzt oder dass es Gründe gibt, an seinem Talent zu zweifeln ... In ihrem Wesen persönlich verletzend, hat diese Kritik dieselbe Wirkung wie eine verschleierte sexuelle Belästigung – sie ist eine beschmutzende, äußerst verwirrende Erfahrung. Der Schüler wird beschämt und fühlt sich wie ein schlechter Künstler oder, noch schlimmer, wie ein unverbesserlicher Narr.

Die Macht im Elfenbeinturm

In den letzten zehn Jahren hatte ich das gefährliche Privileg, bei Gastvorträgen die Heiligtümer der akademischen Welt in Frage stellen zu dürfen. Als außenstehender Gast habe ich die Erfahrung gemacht, dass viele Akademiker zwar selbst Künstler, aber sehr frustriert sind, weil sie selbst nicht kreativ arbeiten. Zwar sind sie im intellektuellen Diskurs erfahren, distanzieren sich durch diese Fähigkeit jedoch von ihrem Wunsch nach kreativer Arbeit und empfinden die Kreativität, die mit ihrem Tätigkeitsbereich verbunden ist, dann oft als äußerst beunruhigend.

Da die meisten Akademiker Kunst aus der wissenschaftlichen Perspektive betreiben, fühlen sie sich von dem wilden Tier Kreativität, wenn sie es zum ersten Mal sehen, abgeschreckt. Daher wird zum Beispiel Kursen für kreatives Schreiben mit großem Misstrauen begegnet, denn diese Leute – Kursleiter und -teilnehmer – studieren diese Kunst nicht, sondern praktizieren sie! Wer weiß, wohin das noch führen könnte?

Ich denke da besonders an einen Mann aus meinem Bekanntenkreis, Leiter einer Abteilung für Film und außerdem ein begabter Regisseur. Viele Jahre lang konnte oder wollte er sich nicht den Härten und Enttäuschungen der kreativen Arbeit stellen. Er richtete seine ungezähmte kreative Energie auf das Leben seiner Studenten und übte entweder zu viel Kontrolle über sie aus oder ließ ihren Bemühungen keinen Entfaltungsraum, so sehr war er damit beschäftigt, seine eigene Rolle auszufüllen und sie vor sich zu rechtfertigen.

Wie viel Abneigung ich diesem Mann gegenüber auch empfinden wollte – und gegen seine Verhaltensweisen empfand ich große Abneigung –, so konnte ich ihn dennoch nicht ohne

Mitgefühl betrachten. Seine eigene, nicht gelebte Kreativität, die aus seinen frühen Filmen so deutlich hervorleuchtete, hatte sich verdunkelt und überschattete zunächst sein eigenes Leben und dann auch das seiner Studenten. Er war im wahrsten Sinne des Wortes ein kreatives Monster geworden.

Es bedurfte jedoch noch einiger Jahre und größerer Lehrerfahrung, bis ich begriff, dass die akademische Welt einen noch subtileren und tödlicheren Feind für den kreativen Geist beherbergt. Offener Feindseligkeit kann man entgegentreten. Weitaus gefährlicher, weitaus tödlicher für die Seele ist eine subtile Geringschätzung, die die Kreativität von Studenten in der akademischen Welt erstarren lassen kann.

Ich denke dabei an meine Zeit an einer renommierten Forschungsuniversität, an der meine Kollegen eine Flut von qualifizierten Beiträgen zu äußerst esoterischen und exotischen Filmthemen veröffentlichten. Hochangesehen von Gleichgestellten in ihrem Bereich und in ihre eigene akademische Karriere vertieft, waren diese Kollegen für die kreativen Studenten, für die sie verantwortlich waren, kaum wirkliche Ansprechpartner und zeigten wenig Bereitschaft, sich einer Auseinandersetzung zu stellen. Sie vernachlässigten es, ihre Studenten mit dem fundamentalsten Nährstoff – nämlich ermutigenden Worten – zu versorgen.

Kreativität kann in intellektuellen Kategorien nicht angemessen quantifiziert werden. In einer Universität, in der das intellektuelle Leben auf der Kunst des Kritisierens fußt, also darauf, eine kreative Arbeit auseinanderzunehmen, erhält die Kunst des eigentlichen Schaffens, die Kunst des Aufbauens und Zusammenfügens, nur wenig Unterstützung, Verständnis oder Billigung. Um es platt zu sagen, die meisten Akademiker wissen, wie man etwas auseinandernimmt, aber nicht, wie man es zusammenfügt.

Wenn die Arbeiten von Studenten untersucht wurden, erhielten sie nur selten die ihnen gebührende *Würdigung*. Ganz im Gegenteil. Egal, welche wirklichen Vorzüge eine Arbeit besaß, sie wurde immer nur an ihren Fehlern gemessen. Immer wieder habe ich erlebt, wie Dozenten ein vielversprechendes Werk mit kritischen Bemerkungen herabwürdigten, wie sie den Schöpfer mit Kommentaren überschütteten, was er alles hätte tun können oder sollen, statt sich mit dem Werk, so wie es war, auseinanderzusetzen.

Ich möchte hier nicht den Standpunkt vertreten, dass man die akademische Welt in ein exaltiertes Künstlerstudio verwandeln sollte. Ich möchte jedoch darauf hinweisen, dass Künstler, die versuchen, in dieser Umgebung zu existieren, zu wachsen und sogar aufzublühen, zu der Erkenntnis gelangen müssen, dass die Wucht des Intellektualismus den kreativen Impuls zu ersticken droht. Ein kopflastiger Künstler ist ein Krüppel. Das soll nicht heißen, dass Künstler keine Disziplin haben, sondern lediglich, dass künstlerische Disziplin auf etwas anderem aufbaut als dem in der intellektuellen Welt normalerweise Zulässigen.

Künstler und Intellektuelle sind nicht aus demselben Holz geschnitzt. Als junge Künstlerin war das für mich sehr verwirrend. Ich selbst verfüge über eine beträchtliche Fähigkeit zur Kritik und habe sogar nationale Preise dafür bekommen, dass ich sie zum Einsatz gebracht habe. Zu meinem eigenen Bedauern musste ich entdecken, dass diese Fähigkeit falsch angewendet wird, wenn sie sich auf künstlerische Bemühungen richtet, die sich noch im Anfangsstadium befinden – egal, ob es meine eigenen oder die von anderen sind. Jüngere Künstler sind wie junge Pflanzen. Ihre frühen Arbeiten ähneln Dickicht und Unterholz, ja sogar Unkraut; die Säle der akademischen Welt tragen mit ihrer Vorliebe für erhabene Lehrsätze wenig dazu bei, junges Leben auf dem Waldboden zu unterstützen. Als Lehrerin habe ich die traurige Erfahrung gemacht, dass viele talentierte Kreative früh und auf unfaire Art und Weise entmutigt wurden, weil sie sich den ihnen fremden Normen nicht unterwerfen konnten. Ich hoffe daher, dass die Akademiker, die dieses Buch lesen und anwenden, das mit einer veränderten Einstellung gegenüber der Authentizität des Wachstums tun werden und Wachstum um des Wachstums willen wertschätzen. Mit anderen Worten: Als größere Bäume wollen und dürfen wir unseren dunkleren kritischen Kräften kein ungehindertes Spiel mit den aufkeimenden Künstlern in unserer Mitte erlauben.

Ohne die richtigen Werkzeuge und ohne genügend Ich-Stärke siechen viele begabte Künstler infolge solcher Schläge jahrelang dahin. Die jungen Künstler empfinden Scham wegen ihres angeblichen Talentmangels und wegen ihrer »hochtrabenden« Träume. Und deshalb lassen sie ihre Gaben in kommerzielle Bestrebungen fließen und vergessen dann ihren Traum, sich in unbekanntere (und riskantere) Gebiete vorzuwagen. Sie arbeiten vielleicht als Verleger anstatt als Schriftsteller, als Cutter beim Film anstatt als Filmregisseure, als kommerzielle Designer statt als »schöngeistige« Künstler und bleiben in erreichbarer Nähe ihrer Träume stecken. Oft verhilft Kühnheit und nicht echtes Talent einem Künstler zu Ruhm. Fehlende Kühnheit, abgewürgt durch vernichtende Kritik oder unterernährt durch Vernachlässigung, verkrüppelt viele Künstler unter Umständen weitaus stärker, als wir öffentlich anerkennen. Um unser Gefühl der Hoffnung und unseren Schöpfermut zurückzugewinnen, müssen wir uns die Narben, die uns blockieren, eingestehen und sie betrauern. Dieser Prozess sieht wahrscheinlich mühsam und belanglos aus, ist aber ein notwendiger Übergangsritus. Genauso, wie wir als Teenager von einem fordernden Elternteil unabhängig werden müssen, muss sich ein Künstler von böswilligen Mentoren lösen.

Als Ted seinen ersten Roman fertig hatte, schickte er ihn guten Mutes an einen Literaturagenten. Er legte darüber hinaus einen Scheck über hundert Dollar bei, um den Agenten dafür zu bezahlen, dass er sich die Mühe machte, sein Manuskript zu lesen. Was zurückkam, war eine einzige Seite mit unbrauchbaren, unverantwortlichen und vagen Kommentaren: »Dieser Roman ist halb gut und halb schlecht. Das sind die schlimmsten. Ich kann Ihnen nicht sagen, wie Sie ihn verbessern können. Ich schlage vor, dass Sie ihn wegwerfen.«

Als ich Ted kennenlernte, steckte er schon sieben Jahre lang fest. Wie viele Anfänger wusste er nicht einmal, wie er eine andere Meinung hätte einholen können. Es fiel ihm sehr schwer, mir seinen Roman zu lesen zu geben. Da ich mit Ted befreundet war, brach es mir fast das Herz zu sehen, wie grob sein Roman behandelt worden war. Als professionelle Schriftstellerin war ich beeindruckt – so sehr, dass Ted mein erster Kursteilnehmer wurde, dem ich helfen konnte, seine Blockade zu lösen.

»Bitte versuche, wieder zu schreiben. Du kannst es. Ich weiß, dass du es kannst«, begann ich, und Ted konfrontierte sich mit seiner Schreibhemmung. Seit Ted seine Arbeit mit den Morgenseiten begann, sind zwölf Jahre vergangen. Inzwischen hat er drei Romane und zwei Filmdrehbücher geschrieben. Er hat einen beeindruckenden Literaturagenten, und sein Ansehen wächst.

Um dorthin zu gelangen, wo Ted jetzt ist, musste er die Verletzung, die er als junger Schriftsteller erlitten hatte, noch einmal untersuchen und sie betrauern. Er musste mit den verlorenen Jahren, die ihn diese Verletzung gekostet hatte, Frieden schließen. Seite um Seite, Tag für Tag musste er seine Stärke langsam neu entwickeln.

Wie die Laufbahn eines jeden Sportlers, so birgt auch das

Leben des Künstlers seine spezifischen Verletzungen. Sie sind Teil des Spiels. Der Trick besteht darin, sie zu überleben und herauszufinden, wie Heilung funktioniert. Genau wie der Spieler, der einen verletzten Muskel ignoriert, ihn unter Umständen noch weiter schädigt, wird ein Künstler, der seinen Schmerz über erlittene Niederlagen verdrängt, sich letztlich selbst so weit verkrüppeln, bis er verstummt. Nehmen Sie für sich die Würde in Anspruch, sich Ihre künstlerischen Wunden einzugestehen. Das ist der erste Schritt zur Heilung.

Eine Bestandsaufnahme unserer künstlerischen Verletzungen wäre nicht vollständig ohne das Eingeständnis, dass wir uns diese Verletzungen selbst zugefügt haben. Als Künstler werden uns oft gute Gelegenheiten geboten, und wir weisen sie zurück, weil wir Angst haben oder ein zu geringes Selbstwertgefühl oder weil andere Verpflichtungen wichtiger sind.

Grace wird ein Kunststipendium in einer anderen Stadt angeboten, aber sie möchte Jerry, ihren Freund, nicht verlassen. Sie nimmt das Stipendium nicht an.

Jack wird in seinem Fachgebiet ein Traumjob in einer weit entfernten Stadt angeboten, aber er nimmt ihn nicht an, weil er all seine Freunde und seine Familie an dem Ort hat, an dem er gerade lebt.

Angela bekommt schreckliche Kritiken für ein abscheuliches Stück, und dann wird ihr eine Hauptrolle in einem Stück angeboten, das eine echte Herausforderung darstellt. Sie lehnt sie ab.

Solche verpassten Gelegenheiten bereuen wir in späteren Jahren oft bitterlich. Wir werden uns später ausführlicher mit unseren künstlerischen Rückschritten befassen, aber im Moment genügt es, sie als Verluste anzunehmen, um den Prozess der Heilung einzuleiten.

Als Verlust getarnter Gewinn

Jedes Ende ist ein Anfang. Wir wissen das. Aber wenn wir trauern, dann vergessen wir es gerne. Wenn wir von einem Verlust getroffen werden oder einen Misserfolg verkraften müssen, dann sind wir verständlicherweise ganz bei dem verlorenen Traum von unserem Erfolg und seiner überschwenglichen Aufnahme. Doch wir müssen uns auf das konzentrieren, was vor uns liegt. Und das kann ziemlich schwierig sein. Vielleicht wissen wir nicht einmal, was vor uns liegt. Und wenn schon die Gegenwart so schmerzlich ist, dann verlagert sich dieser Schmerz auch in die Zukunft hinein.

Die Vorstellung von einem als Verlust getarnten Gewinn ist ein mächtiges Werkzeug für den Künstler. Damit Sie es sich aneignen können, fragen Sie sich: »Wie kann dieser Verlust mir dienen? Welche Bedeutung hat er für meine Arbeit?« Die Antworten werden Sie überraschen und befreien. Der Trick besteht darin, Schmerz in Energie umzuwandeln. Der Schlüssel für diese Vorgehensweise ist, im Wissen und im Vertrauen darauf zu handeln, dass ein Silberstreifen am Horizont existiert, wenn Sie nur bereit sind, Ihre Arbeit aus einer anderen Perspektive zu betrachten oder durch eine andere Tür zu gehen, und zwar durch eine, die Sie zuvor bei einer anderen Gelegenheit zugeschlagen haben.

»Um den Ball zu fangen, müssen Sie den Ball fangen *wollen*«, sagte der Filmregisseur John Cassavetes einmal zu einem jungen Regisseur. Als ich das hörte, habe ich es interpretiert als: »Hör auf, dich über die schlechten Würfe der anderen zu beklagen, und strecke dich, greife nach dem, was du *wirklich* willst.« Ich habe versucht, diesem Ratschlag zu folgen.

Ich habe jahrelang Studioroulette gespielt. Wiederholt wurden meine Drehbücher eingekauft und nicht produziert. Mit der Zeit vergammelten meine guten Arbeiten in Studioregalen, weil sie der Willkür im Studio zum Opfer gefallen waren. Gute Filme starben über Nacht – außer in meinem Filmemacherherzen, das langsam vor Gram zerbrach.

»So ist das nun einmal«, bekam ich gelegentlich zu hören. »Wenn Sie möchten, dass Ihre Filme produziert werden, dann müssen Sie sich zunächst einmal als Schriftstellerin verkaufen, und *falls* dieser Film ein Hit wird und *falls* sich das Klima etwas verbessert, dann bekommen Sie *vielleicht* die Chance, auch einmal Regie zu führen ...«

Ich habe mir die üblichen Ratschläge lange Zeit angehört, eine Niederlage nach der andern weggesteckt und ein Drehbuch nach dem anderen geschrieben. Schließlich begann ich nach der Niederlage, die das Fass zum Überlaufen brachte, die andere Tür zu suchen, das heißt diejenige, durch die ich vorher nicht hatte hindurchgehen wollen. Ich entschied mich dafür, den Ball zu fangen: Ich wurde unabhängige Regisseurin.

Ich verließ Hollywood und ging nach Chicago. Dort kaufte ich eine gebrauchte Kamera, nutzte mein Honorar für das Drehbuch von *Miami Vice* und drehte meinen ersten eigenen Film: eine abendfüllende romantische Komödie im Stil der vierziger Jahre. Er hatte 31 000 Dollar gekostet und gefiel mir gut. Dann wurden unglaublicherweise meine Tonbandaufnahmen gestohlen. Ich stellte den Film trotzdem fertig und synchronisierte ihn vollständig neu. (Ja, das ist verrückt, aber nicht schlimmer als mein Vorbild John Cassavetes.) Im Ausland fand mein Film gute Verbreitung und erhielt gute Kritiken. Ich hatte eine Menge dazugelernt.

Weil ich dem »Wie?« nachging, statt mich mit einem »Warum gerade ich?« zufriedenzugeben, kann ich jetzt einen ersten bescheidenen Film auf meinem Konto verbuchen. Es könnte sein, dass es genauso gekommen wäre, wenn ich die Angelegenheit nicht selbst in die Hand genommen hätte, aber auch das Gegenteil ist denkbar. Seit 1974 habe ich energisch und bis zur Erschöpfung als Drehbuchautorin gearbeitet. Ich habe Filme fürs Hauptprogramm, Kurzfilme, Dokumentarfilme, Fernsehspiele, Filme der Woche und Mischformen wie Miniserien geschrieben – und verkauft. Ich habe bei einem Feature und einem halben Dutzend Kurzfilmen Regie geführt. Hinter den Kulissen habe ich gegen Anerkennung oder auch nicht, aus Liebe und im Auftrag als »Scriptdoctor« gearbeitet.

Obendrein habe ich in meiner Funktion als Schriftstellerin mehr als hundert Filmessays, Filminterviews, ernsthafte Stücke, Trendstücke, Ästhetikfilme und andere Beiträge für so unterschiedliche Publikationen wie *Rolling Stone*, die *New York Times*, die *Village Voice*, *New York*, *New West*, die *Los Angeles Times*, die *Chicago Tribune* und vor allen Dingen für *American Film* geschrieben, deren freie Mitarbeiterin ich viele Jahre lang war. Kurz gesagt, man könnte sagen, dass ich meiner bevorzugten Kunstform gegenüber meine Pflicht getan habe.

Warum diese ganze unterschiedliche, weitverzweigte Produktivität? Weil ich Filme liebe – ich liebe es, sie zu machen, und ich wollte nicht zulassen, dass meine Misserfolge mich niederdrückten. Wenn ich von einem Misserfolg getroffen wurde, lernte ich, lieber zu fragen: »Was kommt als Nächstes?« Statt: »Warum gerade ich?«

Immer wenn ich bereitwillig fragte: »Was steht als Nächstes an?«, habe ich mich nach vorne bewegt. Immer wenn ich ein Nein als endgültige Antwort akzeptiert habe, stagnierte ich in meiner Kreativität und wurde folglich starr. Ich habe gelernt, dass der Schlüssel zu Spannkraft in der Karriere darin liegt, Macht und Wahlmöglichkeiten zuzulassen.

Wenn Sie sich lange, erfolgreiche kreative Karrieren anschauen, dann begegnen Sie diesem Prinzip in Reinform. Die renommierte Videoproduzentin Shirley Clarke begann ihre kreative Karriere als Tänzerin. Filmemacherin wurde sie deshalb, weil sie gelungene Tanzfilme drehen wollte. Ihr nächster Schritt war ihre Arbeit als erstklassige Filmregisseurin; wenn sie nicht in amerikanischen Studios Regie führte, dann arbeitete sie als angesehene Regisseurin in Europa. Shirley Clarke war die erste amerikanische Regisseurin, die einen Film in Harlem drehte; die erste amerikanische Regisseurin, die die Reichweite einer handgeführten Kamera erprobte. Sie ist die amerikanische Regisseurin, die John Cassavetes, Martin Scorsese und Paul Shrader als maßgeblich für ihre eigene künstlerische Entwicklung ansehen und verehren. Leider war sie eine Frau und lebte in schwierigen Zeiten. Als ihre Rücklagen für das Filmemachen aufgebraucht waren, wurde sie eine der ersten Videokünstlerinnen und arbeitete mit Sam Shepard, Joseph Papp und Ornette Coleman zusammen. Denn Shirley Clarke hatte sich die Maxime zu Herzen genommen, dass ein bewegliches Ziel schwerer zu treffen ist. Immer wenn ein Zugang zu ihrer Kreativität blockiert schien, fand sie einen anderen.

In den Annalen der Filmgeschichte finden sich viele solche Lebensgeschichten. Elia Kazan schrieb Romane, nachdem er als Regisseur in Ungnade gefallen war. Der Regisseur John Cassavetes, der außerdem ein guter Schauspieler war, nutzte seine Schauspielkunst, um seine Regiebestrebungen zu finanzieren, denn sie waren zu ausgefallen, um von Studios gefördert zu werden. »Wenn sie es nicht als Feature machen, dann mache ich es«, sagte Cassavetes, und das tat er. Statt sich Blockaden zu gestatten, suchte er andere Türen.

Wenn die Schauspielerin und Produzentin Shelley Duvall zu

Hause geblieben wäre und sich in Zeiten der Dürre bei den Dreharbeiten beschwert hätte, anstatt ihre Kreativität auf etwas anderes zu richten, wären wir nicht in den Genuss ihrer wundervollen Märchenfilme gekommen. *Non illegitimi te carborundum,* sollen die Graffiti in Kriegsgefangenenlagern verkündet haben. Eine grobe Übersetzung dieser für Künstler so wichtigen Aussage lautet: »Lass nicht zu, dass die Schweine dich fertigmachen.«

Künstler, die sich diesen Rat zu Herzen nehmen, überleben und behaupten sich in der Regel. Der Schlüssel liegt im Handeln. Schmerz, der nicht gewinnbringend genutzt wird, verfestigt sich zur Blockade, und heraus kommt ein bleiernes, blockiertes Herz, das *jegliches* Handeln erschwert. Wenn Sie sich mit einem Misserfolg konfrontiert sehen, dann setzen Sie sich sofort in Bewegung, und tun Sie etwas, um Ihren inneren Künstler zu unterstützen. Selbst wenn Sie lediglich einen Strauß Tulpen und einen Zeichenblock kaufen, Ihr Handeln sagt: »Ich erkenne dich und deinen Schmerz an. Ich verspreche dir eine lohnenswerte Zukunft.« Ihr innerer Künstler muss bemuttert werden wie ein kleines Kind: »Autsch, das hat weh getan. Hier ist eine kleine Belohnung, ein Wiegenlied, ein Versprechen, ein Trost …«

Ein befreundeter Regisseur hat mir erzählt, wie es ihm in den Nächten kurz vor einer neuen Filmpräsentation geht. Er erwartet eine Niederlage in seiner Karriere und ist sich sicher, dass er nie wieder wird arbeiten können. Allein in der Dunkelheit, hypnotisiert er sich in den Schlaf: »Wenn ich keine 35-mm-Filme mehr drehen kann, könnte ich immer noch 16-mm-Filme drehen. Wenn ich keine 16-mm-Filme drehen kann, könnte ich immer noch Videos drehen. Wenn ich keine Videos drehen kann, dann kann ich Super-8-Filme drehen.«

Alter und Zeit: Produkt und Prozess

FRAGE: Weißt du, wie alt ich sein werde, wenn ich endlich gelernt haben werde, Klavier zu spielen?

ANTWORT: Genauso alt, wie du sein wirst, wenn du es nicht gelernt hast.

Der Satz: »Ich bin zu alt dafür« befindet sich auf der gleichen Ebene wie die Aussage: »Dafür habe ich kein Geld.« – Beide Sätze sind eine Lüge, die wir benutzen, um uns vor der Auseinandersetzung mit etwas zu drücken. Indem wir uns sagen: »Ich bin zu alt«, wollen wir uns vor dem Ego-Verlust schützen. Wir weigern uns, den emotionalen Preis zu bezahlen, den alle Anfänger in Kauf nehmen müssen.

»Ich bin zu alt, um noch auf die Filmhochschule zu gehen«, habe ich mir mit fünfunddreißig gesagt. Und als ich dann dort war, stellte ich fest, dass ich tatsächlich fünfzehn Jahre älter war als meine Klassenkameraden. Außerdem fand ich heraus, dass ich größeren kreativen Hunger hatte, mehr Lebenserfahrung und eine viel steiler ansteigende Lernkurve. Seit ich selbst an einer Filmhochschule unterrichte, ist mir bewusst geworden, dass meine besten Studenten oft diejenigen sind, die erst spät zur künstlerischen Arbeit finden.

»Ich bin zu alt, um Schauspieler zu werden.« Diesen Satz habe ich von vielen Studenten gehört. Sie sind nicht immer erfreut, wenn ich ihnen erkläre, dass das nicht wahr ist. Der hervorragende Schauspieler John Mahoney hat erst mit fast vierzig zu seiner Berufung gefunden. Seit zehn Jahren macht er Karriere, ist oft drei Filme im Voraus ausgebucht und arbeitet mit einigen der weltweit besten Regisseure zusammen.

»Ich bin zu alt, um ein echter Schriftsteller zu werden«, bekomme ich ebenfalls oft zu hören – eine weitere unsinnige Bemerkung und nur der Versuch, das Ego zu retten. Raymond Chandler hat erst mit weit über vierzig angefangen zu publizieren. Der ausgezeichnete Roman *Jules und Jim* wurde als Erstlingswerk von einem Mann in den Siebzigern geschrieben.

»Ich bin zu alt« ist eine Vermeidungstaktik. Auf sie wird *immer* dann zurückgegriffen, wenn der Betreffende sich seiner Angst nicht stellen will.

Nun zu einer weiteren Variante der Ego-Rettung: »Ich werde einen Versuch wagen, sobald ich in Rente gehe.« In unserer Kultur verherrlichen wir die Jugend und geben ihr die Freiheit zu experimentieren. Zugleich setzen wir unsere älteren Mitmenschen herab, gestehen ihnen aber immerhin zu, ein wenig verrückt zu sein.

Verhinderte Kreative jeden Alters verweigern sich die Verwirklichung ihrer Träume wegen ihres Alters. Sie meinen, es dann versuchen zu können, wenn sie alt und ohnehin ein bisschen übergeschnappt sind. Doch wenn sie jung und dumm sind, geht es auch, denn ein bisschen Verrücktheit, egal in welchem Alter, ist eine gute Voraussetzung für die Reise zur Kreativität. Aber wir wollen nicht wie Verrückte wirken. Und so etwas (was auch immer es ist) in unserem Alter (welches auch immer) zu versuchen, würde einfach verrückt aussehen.

Ja, vielleicht.

Kreativität geschieht aus dem Augenblick heraus, und wenn wir im Augenblick sind, dann existiert Zeit für uns nicht. Wir entdecken das, sobald wir uns auf die Reise zur Kreativität begeben. »Ich habe mich wie ein Kind gefühlt«, sagen wir vielleicht nach einem gut verlaufenen Künstlertreff. Kinder sind nicht befangen, und in dem Augenblick, in dem wir tatsächlich in den Fluss unserer Kreativität eintauchen, sind wir es auch nicht.

»Wie lange würde es dauern, das zu lernen?«, fragen wir viel-

leicht, wenn wir an eine lang ersehnte kreative Tätigkeit denken.
»Vielleicht ein Jahr, um ziemlich gut zu werden«, kommt als Antwort zurück. »Das hängt davon ab.«
Als gehemmte Kreative bilden wir uns gerne ein, dass ein Jahr oder gar mehrere Jahre eine lange, lange Zeit sind. Unser Ego spielt uns diesen kleinen Streich, um uns davon abzuhalten, auch nur anzufangen. Statt uns die Reise zur Kreativität zu gestatten, konzentrieren wir uns auf die Dauer der Reise. »Es ist so ein langer Weg«, sagen wir uns. Kann schon sein, aber jeder Tag ist einfach nur ein weiterer Tag mit etwas Bewegung, und diese auf ein Ziel ausgerichtete Bewegung fühlt sich sehr angenehm an.
Im Zentrum der kreativen Magersucht steht die Leugnung des Prozesses. Wir richten unsere ganze Aufmerksamkeit auf die erworbene Fertigkeit oder auf das erschaffene Kunstwerk. Diese Ausrichtung auf das Endprodukt ignoriert die Tatsache, dass Kreativität dem Prozess und nicht seinem Abschluss innewohnt.
»Ich schreibe gerade ein Drehbuch« ist ungleich interessanter für die Seele als »Ich habe ein Drehbuch geschrieben« – damit schmeicheln wir nur dem Ego. »Ich nehme an einem Schauspielkurs teil« ist ungleich interessanter als »Ich habe vor einigen Jahren einen Schauspielkurs gemacht«.
In gewissem Sinne ist ein kreativer Akt nie vollendet. Sie können die Schauspielkunst nicht abschließend erlernen, weil es immer noch mehr zu lernen gibt. Genau genommen kann man wohl nicht einmal die Regiearbeit bei einem Film abschließen, weil man, auch Jahre später, immer etwas finden wird, was man hätte besser machen können. Sie werden erst dann feststellen, was Sie hätten tun können und was Sie als Nächstes tun werden, wenn Sie weiterhin künstlerisch arbeiten. Das be-

deutet nicht, dass die vollendete Arbeit wertlos ist. Ganz im Gegenteil. Es bedeutet nur, dass der Arbeitsprozess und sein fertiges Produkt den Weg zu neuer und besserer Arbeit weisen, die noch zu tun ist.

Wenn wir uns auf den Prozess einlassen, dann bewahrt sich unser kreatives Leben den Geschmack des Abenteuerlichen. Konzentrieren wir uns hingegen auf das Produkt, dann kann dasselbe kreative Leben stumpf oder langweilig wirken. Von unserer konsumorientierten Gesellschaft übernehmen wir die Sucht nach Produkten und die Vorstellung, dass Kunst Produkte hervorbringt. Dieser Fokus ist in vielen Fällen für die Blockierungen von Kreativität verantwortlich. Als freischaffende Künstler möchten wir vielleicht ein neues künstlerisches Gebiet erforschen, aber wir sehen noch nicht, wohin uns das führt. Wir fragen uns, ob das für unsere Karriere gut sein wird. Indem wir uns auf das Bedürfnis fixieren, unseren Aufwand durch Ergebnisse zu rechtfertigen, leugnen wir unsere Neugier und verkrampfen.

Das Alter als Blockade der kreativen Arbeit zu benutzen entspricht unserem giftigen, auf Endprodukte ausgerichteten Denken. Wir verbinden bestimmte Aktivitäten mit einem bestimmten Alter: den Schulabschluss, das Medizinstudium, das Schreiben des ersten Buches. Diese künstliche Anforderung unseres Egos verlangt von uns den Abschluss von Prozessen und Ergebnisse, während wir uns in Wirklichkeit danach sehnen, mit irgendetwas anzufangen.

»Wenn ich nicht das Gefühl hätte, dass ich neben den jungen Leuten wie ein Blödmann aussehe, dann würde ich mich zu einem Improvisationskurs anmelden.«

»Wenn mein Körper nur annähernd so aussehen würde wie vor zwanzig Jahren, dann würde ich in einem Gymnastikstudio Jazztanz machen.«

»Wenn ich nicht befürchten müsste, dass mich meine Familie als dummen alten Spinner verachtet, würde ich wieder mit dem Klavierspielen anfangen. Ich erinnere mich immer noch gerne an einige meiner damaligen Unterrichtsstunden.«

Wenn Ihnen diese Ausreden jetzt schon dürftig vorkommen, dann ist das nur gut so! Fragen Sie sich, ob Sie nicht selbst bereits einige von ihnen verwendet haben. Dann überprüfen Sie, ob Sie Demut genug besitzen, um auch dann mit etwas anzufangen, wenn Ihr Ego Vorbehalte anmeldet.

Der Dank für die Gnade, ein Anfänger zu sein, ist immer das beste Gebet für einen Künstler. Die Bescheidenheit und Offenheit des Anfängers ermöglichen die Erforschung. Dieser wiederum folgt die Ausführung. Alles beginnt am Anfang, mit dem ersten, ängstlichen Schritt.

Die Form ausfüllen

Was meine ich mit *die Form ausfüllen*? Ich meine, den nächsten kleinen Schritt zu machen, statt mit einem großen Satz nach vorn zu springen hinein in einen Bereich, für den Sie vielleicht noch gar nicht bereit sind. Mit einem Wort: Wer ein Drehbuch verkaufen will, muss zunächst mal eines schreiben. Um eines zu schreiben, müssen Sie erst eine gute Idee haben und sie dann zu Papier bringen – eine Seite nach der anderen, so lange, bis Sie ungefähr 120 Seiten beisammenhaben. *Die Form ausfüllen* bedeutet, dass Sie täglich Ihre Seiten schreiben. Es bedeutet, dass Sie, wenn Sie plötzlich zwanghaft von der minderen Qualität Ihrer Arbeit überzeugt sind, dass Sie dann diese Frage auf einen späteren Zeitpunkt verschieben und sich um nichts anderes als den nächsten kleinen Schritt kümmern. Und das bedeutet, dass Sie Ihre Seiten für den Tag schreiben.

Wenn man ein Drehbuch in Tagesportionen unterteilt, dann kann dieses kleine bisschen Schreiben schnell und prompt erledigt werden – noch bevor man sich um die schmutzige Wäsche kümmert. Diese Vorgehensweise wird Sie von Ihren Schuldgefühlen befreien und Sie befähigen, den Tag mit weniger Angst zu absolvieren.

Der nächste Schritt ist dann meistens ein kleinerer: Ihre Pinsel auswaschen, im Laden für Künstlerbedarf vorbeischauen und Ton kaufen, die Lokalzeitung nach Angeboten von Schauspielkursen durchsehen ... Als Faustregel gilt das Eingeständnis, dass es *immer* eine Handlung gibt, die Sie tun können, um Ihre Reise zur Kreativität fortzusetzen. Wenn Sie sich zu einer solchen täglichen Handlung verpflichten, füllen Sie die Form aus.

Menschen, die sich ein kreativeres Leben wünschen, haben oft unausgesprochene und uneingestandene Erwartungen oder Ängste und fürchten, ihr gewohntes Leben hinter sich lassen zu müssen.

»Ich kann nicht Schriftsteller sein und in dieser Ehe ausharren.«

»Ich kann mich nicht meiner Malerei widmen und zugleich diesen langweiligen Job beibehalten.«

»Ich kann mich nicht für meine Arbeit als Schauspielerin engagieren und in Chicago ... oder Seattle oder Atlanta bleiben.«

Blockierte Kreative stellen sich gerne vor, dass sie ihr ganzes Leben auf einen Schlag radikal ändern müssen. Mit diesem Hochmut bewirken sie oft ihren eigenen Untergang. Indem der genesende Künstler sich zu hohe Ziele steckt, aktiviert er seinen Misserfolg. Welcher Mann kann sich auf seinen ersten Zeichenkurs konzentrieren, wenn er die Obsession hat, dass er sich von seiner Frau scheiden lassen und die Stadt verlassen muss? Welche Frau kann im modernen Jazztanz komplizierte neue Schrittfolgen lernen, wenn sie damit beschäftigt ist, Anzeigen für eine neue Wohnung zu lesen, da sie sich von ihrem Liebhaber wird trennen müssen, um sich auf ihre Kunst zu konzentrieren?

Kreative Menschen lieben alles Dramatische, und sie setzen ihre Ängste vor durchgreifenden und umwälzenden Veränderungen auf höchst dramatische Weise ein, um sich vor ihrer eigenen Kreativität zu drücken. Indem wir uns der Fantasie hingeben, dass wir uns ganztägig unserer Kunst widmen, verpassen wir leicht die Gelegenheit, sie auch nur halbtags – oder überhaupt – auszuüben.

Anstatt jeden Tag drei Seiten von unserem Drehbuch zu schreiben, machen wir uns lieber Sorgen über unseren Umzug nach Hollywood, der ja stattfinden muss, wenn unser Skript gekauft wird. Aber es kann nicht gekauft werden, weil wir uns zu viele Sorgen darüber machen, wie wir es verkaufen sollen, und deshalb keine Zeit mehr haben, es zu schreiben.

Statt an einem Aktzeichenkurs im Kulturzentrum um die Ecke teilzunehmen, kaufen wir eine gängige Kunstzeitschrift und rufen uns ins Bewusstsein, dass unser Kram ohnehin nicht dem Geschmack der Zeit entspricht. Wie könnte er das, da er noch nicht existiert!

Wir beklagen uns lieber, dass uns ein Studio fehlt, statt den kleinen Raum hinter der Küche auszuräumen, damit wir einen Platz zum Töpfern haben. Doch wozu sollten wir ein Studio brauchen, wenn wir gar keine Arbeit und keine Ideen vorzuweisen haben, die wir dort fertigstellen könnten?

Wir geben uns der fanatischen Fantasie darüber hin, wie unser

Leben aussehen würde, wenn wir *wirkliche* Künstler wären, und übersehen so die vielen kleinen kreativen Veränderungen, die wir schon jetzt vornehmen könnten. Diese Art des Denkens leugnet die Tatsache, dass ein kreatives Leben aus vielen, vielen kleinen Schritten besteht und nur aus sehr, sehr wenigen großen Sprüngen.

Statt lieber unsere ängstlichen kleinen Babyschritte zu unseren Träumen hin zu machen, rennen wir zum äußersten Rand der Klippen, stehen dann zitternd dort und rufen: »Ich kann nicht springen. Ich kann nicht. Ich kann nicht ...«

Niemand verlangt von Ihnen, dass Sie springen. Das ist alles nur Drama; doch im Rahmen unserer Reise zur Kreativität gehört das Drama aufs Papier oder auf die Leinwand oder in den Ton oder in die Schauspielklasse oder in jeden Akt der Kreativität, egal wie klein er ist.

Kreativität erfordert Aktivität, und das empfinden die meisten von uns als schlechte Neuigkeiten. Sie überträgt uns Verantwortung, und wir verabscheuen es, für irgendetwas verantwortlich zu sein. Sie wollen mir also sagen, dass ich etwas *tun* muss, damit es mir bessergeht?

Genau. Doch die meisten von uns wollen lieber nichts *tun*, wenn wir stattdessen unsere Zwangsvorstellungen pflegen können. Statt unsere Kunst aktiv voranzutreiben, malen wir uns lieber unsere Chancen aus.

Wenn man kreativ tätig ist, dann ist das Nachdenken über die eigenen Chancen ein emotionaler Giftcocktail. Es beraubt uns der Möglichkeit, Kunst als Prozess zu erleben, und liefert uns auf Gedeih und Verderben den eingebildeten Mächten *da draußen* aus. Wenn wir diesen Giftbecher leeren, dann wird daraus rasch ein gefährliches und hochgiftiges emotionales Besäufnis. Und schon fragen wir uns wieder: »Was soll das alles?« Statt: »Was kommt als Nächstes?«

Wir verschieben, was als Nächstes zu tun ist, und befassen uns endlos mit den Dingen, auf die wir keinen Einfluss haben – so zeigt sich unsere Sucht nach Angst auf Kosten von Aktivität. Sobald Sie sich diese Zusammenhänge erst einmal bewusst machen, ist das Spiel aus. Beobachten Sie sich eine Woche lang, und achten Sie darauf, wie Sie einen angsteinflößenden Gedanken aufgreifen und wie er dann Ihre nächste kreative Handlung torpediert – oder zumindest verzögert.

Sie haben sich einen Morgen reserviert, um zu schreiben oder zu malen, und stellen plötzlich fest, dass der Wäschekorb bis oben hin voll ist. »Ich werde darüber nachdenken, was ich malen möchte, und dabei die Wäsche sortieren«, nehmen Sie sich vor. Was Sie wirklich meinen, ist: »Statt etwas zu malen, werde ich mir noch einige Zeit lang Sorgen darüber machen.« Irgendwie nimmt dann Ihr Wäschesortieren den ganzen Morgen in Anspruch.

Die meisten verhinderten Kreativen leiden unter einer gewaltigen Sucht nach Angst. Wir ziehen den geringeren Schmerz und die gelegentlichen Panikattacken mit Herzstillstand dem Einerlei der kleinen und einfachen tagtäglichen Schritte in die richtige Richtung vor.

Die Form ausfüllen bedeutet, dass wir mit dem arbeiten, was wir haben, statt uns in Klagen über das zu ergehen, was uns nicht zur Verfügung steht. Als Regisseurin habe ich bemerkt, dass die Schauspieler, die Arbeit bekommen, jene sind, die auch wirklich *arbeiten* – egal, ob sie nun gerade Arbeit haben oder nicht. Ich denke da insbesondere an Marge Kottlisky, eine gute Bühnendarstellerin und Filmschauspielerin, die immer arbeitswillig war. Anstatt sich auf ihren kreativen Lorbeeren auszuruhen, ist sie auf eine sehr gesunde Art von kreativer Ruhelosigkeit durchdrungen. Wenn sie nicht gerade mit einer Show beschäftigt ist, hält sie Kurse ab und steht auch immer für das Prüfen von neuen Stücken zur Verfügung. Wie alle Schauspieler leidet sie unter der Angst, dass ihr gegenwärtiger Auftritt ihr letzter sein könnte. Aber im Gegensatz zu weniger engagierten Schauspielern erlaubt sie es sich nie, ihre Arbeit zu etwas zu machen, das sie nur für andere und nur gegen Bezahlung tut. Selbstverständlich möchte sie bezahlt werden, und ich möchte hier nicht dafür plädieren, dass Schauspieler umsonst arbeiten sollten, aber eine Arbeit zieht immer die nächste nach sich, auch bezahlte. Kleine Handlungen setzen die größeren Dinge in unserem kreativen Leben in Bewegung.

Viele Schauspieler gestatten sich den zweifelhaften Luxus, ihre Karriere in die Hände von Agenten zu legen, statt ihre Kunst in der Obhut ihrer Seele zu belassen. Wenn ein Agent für Ihr kreatives Leben verantwortlich ist, dann können Sie sich leicht der Verzweiflung darüber hingeben, dass »mein Agent nicht genug für mich tut«. Sie müssen sich dann nicht fragen, was Sie selbst tun könnten, um Ihre Kunst zu vervollkommnen. Füllen Sie die Form aus. Was können Sie jetzt im Moment in Ihrem Leben tun, so wie es gegenwärtig ausgerichtet ist? Dann tun Sie das!

Führen Sie jeden Tag eine kleine Handlung durch, anstatt sich in den großen Fragen zu verlieren. Wenn wir es uns erlauben, in den großen Fragen herumzuwühlen, dann übersehen wir die kleinen Antworten. Bei unserer Methode der Veränderung geht es um Respekt – Respekt vor dem, was wir erreicht haben, und vor dem, was wir noch erreichen möchten. Wir warten hier nicht auf die großen, schicksalhaften Veränderungen – obwohl diese vielleicht auch für uns vorgesehen sind. Uns geht es um den Akt der kreativen Fürsorge für all das, was in der Gegenwart existiert: unseren Job, unser Haus, unsere Beziehung.

Genesende Kreative durchlaufen gewöhnlich Phasen heftiger

Wut und Trauer über ihre verlorenen Jahre. Wenn diese kreativen Kriyas in Erscheinung treten, dann möchten wir in unserer Verzweiflung über die Stränge schlagen und aus dem jetzigen Leben das absolut Beste herausholen. Nehmen Sie stattdessen da, wo Sie gerade stehen, kleine Veränderungen vor. Füllen Sie die Form mit kreativer Sorgfalt aus, bis sie organisch in eine neue, größere Form überfließt.
Der Dichter Theodore Roethke hat gesagt: »Wir lernen, wohin wir gehen müssen, indem wir gehen.« Wir wissen jetzt, dass wir, um die Form auszufüllen, keine großen Veränderungen vorzunehmen brauchen. Große Veränderungen passieren in winzigen Wachstumsbewegungen. Vielleicht hilft es Ihnen, sich das wie einen Flug ins All vorzustellen: Die Flugbahn nur geringfügig zu verändern nimmt, je mehr Zeit vergeht, großen Einfluss darauf, wo Sie ankommen.

Übung

FRÜHE MUSTER

Obwohl wir diesen Zusammenhang nur selten sehen, beruhen viele unserer heutigen Misserfolge auf unseren früheren Konditionierungen. Vielleicht hat man uns als Kind gesagt, dass wir nichts können, oder, was gleichermaßen destruktiv ist, man hat von uns verlangt, dass uns alles gleichermaßen leichtfallen müsse. Beide Botschaften wirken blockierend. Die folgenden Fragen sollen Ihnen helfen, sich Ihre Konditionierungen bewusst zu machen und sie zu entschlüsseln. Einige der Aussagen treffen vielleicht nicht auf Sie zu. Schreiben Sie auf, was immer sie in Ihnen auslösen.

1. Als ich ein Kind war, dachte mein Vater, dass meine Kunst ... sei. Das gab mir das Gefühl, dass ...
2. Ich erinnere mich an eine Zeit, als er ...
3. Ich fühlte mich deswegen sehr ... und .... Ich habe das nie vergessen.
4. Als ich ein Kind war, brachte mir meine Mutter bei, dass meine Tagträumereien ... seien.
5. Ich weiß noch, dass sie gesagt hat, ich solle das lassen, und dann erinnerte sie mich daran, dass ...
6. Ich weiß noch, der Mensch, der an mich geglaubt hat, war ....
7. Ich erinnere mich an eine Zeit, als ...
8. Ich habe ... und ... in Bezug darauf gefühlt. Ich habe das nie vergessen.
9. Meine Aussichten auf eine Künstlerlaufbahn hat ... zerstört.
10. Daraus habe ich gelernt, dass ich nicht ... und zugleich Künstler sein kann. Eine negative Lektion, die unlogisch ist, an die ich aber trotzdem glaube.
11. Als ich klein war, habe ich gelernt, dass ... und ... große Sünden seien, vor denen ich mich besonders hüten sollte.
12. Ich wuchs in dem Glauben auf, dass Künstler ... Menschen seien.
13. Der Lehrer, der mein Selbstvertrauen zerstörte, war ...
14. Mir wurde gesagt, ...
15. Ich glaubte diesem Lehrer, weil ...
16. Der Mentor, der für mich ein großes Vorbild war, war ...
17. Wenn Menschen sagen, dass ich Talent habe, dann denke ich, sie wollten ...
18. Es ist so, dass ich befürchte, dass ...
19. Ich kann einfach nicht glauben, dass ...

20. Wenn ich glauben könnte, dass ich wirklich talentiert bin, dann wäre ich total verrückt auf ... und ... und ... und ... und ....

Affirmationen

Die folgenden Affirmationen bestärken Sie in Ihrem Recht, Ihre Kreativität zu leben. Wählen Sie fünf Affirmationen aus, und arbeiten Sie diese Woche mit ihnen.

- *Ich bin ein talentierter Mensch.*
- *Ich habe ein Recht darauf, Künstler zu sein.*
- *Ich bin ein guter Mensch und ein guter Künstler.*
- *Kreativität ist ein Segen, den ich annehme.*
- *Meine Kreativität ist ein Segen für andere.*
- *Meine Kreativität wird gewürdigt.*
- *Ich behandele mich und meine Kreativität jetzt freundlicher.*
- *Ich behandele mich und meine Kreativität jetzt großzügiger.*
- *Ich lebe meine Kreativität jetzt offener.*
- *Ich akzeptiere jetzt Hoffnungen.*
- *Ich handele jetzt positiv.*
- *Ich akzeptiere jetzt die Aktivierung meiner Kreativität.*
- *Ich gestatte mir den Eintritt in den Heilungsprozess.*
- *Ich akzeptiere jetzt, dass Gott mir hilft, mein Leben zur Entfaltung zu bringen.*
- *Ich glaube jetzt daran, dass Gott Künstler liebt.*

Aufgaben

1. ***Zielsuche:*** Die folgende Übung werden Sie vielleicht schwierig finden. Machen Sie sie trotzdem. Wenn Ihnen mehrere Träume kommen, führen Sie die Übung für jeden einzelnen aus. Der einfache Akt, sich einen Traum mit konkreten Details vorzustellen, hilft uns, ihn Wirklichkeit werden zu lassen. Stellen Sie sich Ihre Zielsuche als vorläufigen Entwurf für das Leben vor, das Sie gerne führen würden. Die Schritte:
   - *Benennen* Sie Ihren Traum. So ist es richtig. Schreiben Sie nieder: »In einer vollkommenen Welt würde ich insgeheim gerne ein/e ... sein.«
   - Nennen Sie ein *konkretes Ziel,* das für Sie die Erfüllung dieses Traums bedeutet. Auf Ihrem emotionalen Kompass stellt dieses Ziel den magnetischen Nordpol dar.

   (Ein Beispiel: Vielleicht wollen zwei Frauen gern Schauspielerinnen sein. Beide hegen diesen Traum. Für die eine stellt ein Artikel in der Zeitschrift *Gala* das konkrete Ziel dar. Für sie bildet der Glamour das emotionale Zentrum ihres Traums, er ist ihr magnetischer Nordpol. Das konkrete Ziel der anderen Schauspielerin ist eine gute Kritik über ihren Auftritt in einem Theaterstück. Für sie bildet der Respekt, den man ihr als kreativer Künstlerin entgegenbringt, das emotionale Zentrum ihres Traums, sind Achtung und Respekt ihr magnetischer Nordpol. Die erste Schauspielerin könnte als Star von Seifenopern glücklich werden. Die zweite würde zur Erfüllung ihres Traums die Arbeit auf der Bühne brauchen. Oberflächlich betrachtet scheinen aber beide den gleichen Wunsch zu hegen.)

- Wo würden Sie in einer *vollkommenen Welt* im Hinblick auf Ihren Traum und magnetischen Nordpol in fünf Jahren gerne sein?
- Welche *Schritte* können Sie in der Welt, in der wir jetzt leben, schon in diesem Jahr unternehmen, um Ihrem Ziel näher zu kommen?
- Welche *Schritte* können Sie in diesem Monat unternehmen? In dieser Woche? Heute, an diesem Tag? Sofort?
- Schreiben Sie Ihren *Traum* auf (zum Beispiel ein berühmter Filmregisseur zu sein). Benennen Sie seinen magnetischen Nordpol (Respekt und höheres Bewusstsein, Massenkommunikation). Wählen Sie ein Vorbild (Walt Disney, Ron Howard, Michael Powell). Stellen Sie einen Handlungsplan auf. Fünf Jahre. Drei Jahre. Ein Jahr. Einen Monat. Eine Woche. Jetzt. Wählen Sie eine Handlung aus. *Dieses Buch zu lesen ist eine Handlung.*

2. ***Neue Kindheit:*** Was hätten Sie sein können, wenn Sie vollkommene Fürsorge und Unterstützung erfahren hätten? Schreiben Sie eine Seite über diese Fantasiekindheit. Was hätten Sie bekommen? Können Sie sich in solcher Art und Weise jetzt selbst behandeln?
3. ***Farbbetrachtungen:*** Wählen Sie eine Farbe aus, und schreiben Sie rasch ein paar Sätze, mit denen Sie sich selbst in der ersten Person beschreiben. (»Ich bin silbern, hochtechnologisch ausgestattet und ätherisch, die Farbe der Träume und Vollendung, die Farbe des Zwielichts und der Zwischenräume. Ich fühle mich heiter und gelassen.« Oder: »Ich bin rot. Ich bin Leidenschaft, Sonnenuntergang, Blut, Wein und Rosen, Armeen, Mord, Wollust und Äpfel.«) Was ist Ihre Lieblingsfarbe? Welche Dinge besitzen Sie in dieser Farbe? Wie wäre es mit einem ganzen Zimmer? Das ist Ihr Leben und Ihr Haus/Ihre Wohnung.

4. Zählen Sie ***fünf Dinge*** auf, die Sie *nicht* tun dürfen: Zum Beispiel Ihren Chef umbringen, in der Kirche laut schreien, auf der Straße nackt herumlaufen, eine Szene machen, Ihren Job kündigen. Machen Sie das alles jetzt auf dem Papier. Schreiben Sie es auf, malen Sie es, agieren Sie es aus, machen Sie eine Collage daraus. Drehen Sie jetzt eine Musik dazu auf, und tanzen Sie es.
5. ***Stilsuche:*** Zählen Sie zwanzig Dinge auf, die Sie gerne tun. (Vielleicht die gleichen zwanzig, die Sie schon vorher aufgelistet haben, vielleicht auch nicht.) Beantworten Sie für ein jedes Ding die folgenden Fragen.
   - Kostet es Geld oder ist es kostenlos?
   - Ist es teuer oder billig?
   - Unternehmen Sie es allein oder mit anderen?
   - Hat es mit dem Beruf zu tun?
   - Stellt es ein körperliches Risiko dar?
   - Ist es etwas Schnelles oder Langsames?
   - Geht es um Geist, Körper oder Spiritualität?
6. Ein ***idealer Tag:*** Planen Sie einen perfekten Tag in Ihrem Leben, so wie es sich im Moment darstellt, und bedienen Sie sich dabei der Informationen, die Sie aus den vorhergehenden Übungen gewonnen haben.
7. Ein ***noch idealerer Tag:*** Planen Sie einen noch perfekteren Tag in Ihrem Leben, so wie Sie sich wünschen, dass es wäre. Es gibt keine Einschränkungen. Erlauben Sie sich zu sein und zu haben, was immer Ihr Herz begehrt. Ihre ideale Umgebung, Arbeit, Zuhause, Freundeskreis, intime Beziehung, Ansehen im von Ihnen gewählten Kunstbereich – Ihre wildesten Träume.
8. Wählen Sie aus Ihrem idealen Tag einen Aspekt mit ***festlichem*** Charakter aus. Erlauben Sie sich, ihn zu leben. Vielleicht sind Sie noch nicht in der Lage, nach Rom um-

zusiedeln, aber immerhin können Sie in Ihrer derzeit unansehnlichen Wohnung eine Tasse Cappuccino und ein Croissant genießen.

Check-in

1. An wie vielen Tagen in dieser Woche haben Sie Ihre ***Morgenseiten*** geschrieben? (Waren Sie versucht, sie aufzugeben?) Wie war diese Erfahrung für Sie?
2. Haben Sie in dieser Woche Ihren ***Künstlertreff*** abgehalten? (Haben Sie zugelassen, dass diese Übung durch Arbeitssucht oder andere Verpflichtungen sabotiert wurde?) Was haben Sie unternommen? Wie haben Sie sich dabei gefühlt?
3. Haben Sie in dieser Woche irgendwelche ***Synchronizitäten*** erlebt? Worin bestanden sie?
4. Gab es in dieser Woche andere ***Themen oder Ereignisse,*** die Sie als bedeutsam für Ihre kreative Reise angesehen haben? Beschreiben Sie sie.

WOCHE NEUN

In dieser Woche beschäftigen wir uns mit den inneren Kreativitätsblockaden. Sie könnten an diesem Punkt versucht sein, von Bord zu gehen. Tun Sie es nicht! Wir werden die emotionalen Schwierigkeiten, die uns bisher bei unseren kreativen Bemühungen begegnet sind, erforschen und akzeptieren. Wir werden uns von unserer Scham über die früheren Misserfolge heilen. Wir werden mehr Mitgefühl entwickeln, wenn wir unser verängstigtes Künstlerkind, das sich nach kreativer Erfüllung sehnt, wieder umsorgen und aufbauen. Wir werden Techniken erlernen, um emotionale Blockaden abzubauen und neue Risiken zu wagen.

Das Mitgefühl wiedergewinnen

Angst

Bei der Reise zur Kreativität gehört es zu unseren wichtigsten Lernaufgaben, die Dinge – und uns selbst – bei ihrem richtigen Namen zu nennen. Die meisten von uns haben Jahre damit zugebracht, falsche Bezeichnungen für ihre Verhaltensweisen zu verwenden. Wir wollten etwas schaffen, scheiterten und haben dieses Scheitern dann als *Faulheit* bezeichnet. Das ist nicht nur ungenau, sondern grausam. Mit Genauigkeit und Mitgefühl ist uns weit besser gedient.

Gehemmte Künstler sind nicht faul. Sie stecken fest.
Gehemmt sein und faul sein sind zwei ganz verschiedene Dinge. Der verhinderte Künstler wendet normalerweise viel Energie auf – nur kommt leider nichts Sichtbares dabei heraus. Seine Energie fließt in Selbsthass, Bedauern, Trauer und Neid – mit einem Wort: in Selbstzweifel.
Der verhinderte Künstler weiß nicht, wie man etwas in kleinen Schritten angeht. Stattdessen denkt er daran, wie er große – beängstigend große –, ja unmögliche Aufgaben bewältigen

kann: einen Roman schreiben, ein Feature drehen, eine Ein-Mann-Satire-Show konzipieren, eine Oper komponieren. Wenn er diese großen Aufgaben nicht vollenden, ja nicht einmal beginnen kann, dann nennt der verhinderte Künstler es Faulheit.

Bezeichnen Sie die Unfähigkeit anzufangen nicht als Faulheit. Nennen Sie sie Angst.

Angst ist der wahre Name für das, woran der gehemmte Künstler leidet. Sowohl das Versagen als auch der Erfolg können ihm gleichermaßen Angst einflößen. Am häufigsten jedoch handelt es sich um die Angst vor dem Verlassenwerden. Diese Angst hat ihre Wurzeln in der frühen Kindheit. Die meisten verhinderten Künstler haben versucht, trotz gutgemeinten Abratens oder gegen das wohlgemeinte Urteil ihrer Eltern, Künstler zu werden. Für einen Heranwachsenden ist das ein ziemlich großer Konflikt. Wenn man sich so vehement gegen die Werte seiner Eltern auflehnt, dann muss man sich schon sehr, sehr sicher im Hinblick auf das sein, was man tun will. Es wäre besser, wenn man nicht einfach nur Künstler würde. Wenn man schon seine Eltern so sehr verletzen muss, dann wäre man besser ein ganz großer Künstler ...

Eltern reagieren verletzt, wenn ihre Kinder rebellieren; und sich zum Künstler zu erklären wird von Eltern normalerweise als Akt der Rebellion verstanden. Leider bleiben Künstler nur allzu oft in der Rebellion der Jugendjahre stecken, so dass jede künstlerische Handlung für sie das Risiko der Trennung und den Verlust geliebter Menschen beinhaltet. Weil Künstler jedoch nicht aufhören, sich nach ihren kreativen Zielen zu sehnen, entwickeln sie Schuldgefühle.

Diese Schuldgefühle haben zur Folge, dass sie sich sofort das Ziel stecken, ein großer Künstler zu werden, da ihnen ihre Rebellion nur dann gerechtfertigt erscheint.

Die Notwendigkeit, ein großer Künstler zu sein, macht es dem Künstler schwer, Künstler zu sein.
Die Notwendigkeit, ein großes Kunstwerk zu schaffen, macht es dem Künstler schwer, überhaupt Kunst zu schaffen.
Wenn Sie es schwer finden, mit einem Projekt zu beginnen, dann bedeutet das nicht, dass Sie nicht in der Lage sein werden, es zu vollenden. Es bedeutet, dass Sie Hilfe benötigen – Hilfe von Ihrer höheren Macht, von Freunden, die Sie unterstützen, und von Ihnen selbst. Zuallererst müssen Sie es sich jedoch gestatten, klein anzufangen und winzige Schritte zu machen. Diese Schritte müssen belohnt werden. Sich unmögliche Ziele zu setzen erzeugt ungeheure Furcht, die dann dazu führt, dass Sie die Arbeit vor sich herschieben – und das ist nicht Faulheit.

Nennen Sie Ihre Verzögerungstaktiken nicht Faulheit. Nennen Sie sie Angst.
Angst blockiert den Künstler. Angst, nicht gut genug zu sein, nicht fertig zu werden, vor dem Versagen, vor dem Erfolg und Angst, überhaupt anzufangen. Es gibt nur ein wirksames Mittel gegen die Angst: Liebe.

Geben Sie Ihrem inneren Künstler Liebe, um seine Angst zu heilen.
Hören Sie auf, sich selbst anzuschreien. Seien Sie nett zu sich. Nennen Sie Ihre Angst bei ihrem richtigen Namen.

Begeisterung

»Ich stelle mir vor, dass künstlerische Arbeit sehr viel Disziplin erfordert«, hören wir oft wohlmeinende Menschen sagen, die keine Künstler sind, aber wünschten, sie wären es. Was für eine Versuchung! Welche Verführung! Sie laden uns dazu ein, uns vor einem Publikum, dessen Bewunderung uns sicher ist, zur Schau zu stellen, ein Image zu verkörpern, das gleichzeitig so heroisch und spartanisch – und falsch – ist.

Für uns Künstler ist es gefährlich, unser Selbstbild auf eiserner Disziplin aufzubauen. Disziplin mag eine Zeitlang nützlich sein, aber eben nur eine Zeitlang. Denn im Grunde genommen stützt sich Disziplin auf die Bewunderung der eigenen Person. (Stellen Sie sich Disziplin als eine Batterie vor, die nützlich, aber kurzlebig ist.) Wir bewundern uns dafür, dass wir so wundervoll diszipliniert sind. Am Ende geht es uns dann nur noch um die Disziplin selbst und nicht mehr um den kreativen Impuls.

Der Teil in uns, der am kreativsten ist, ist kein gehetzter, disziplinierter Automat, der durch Willenskraft gesteuert wird und Stolz als Verstärker einsetzt. So verhält es sich, wenn man aus Eigenwillen handelt. Sie kennen das Bild: Sich im ersten Morgengrauen mit militärischer Präzision erheben, vor den Schreibtisch, die Staffelei, das Zeichenbrett treten, salutieren …

Über einen längeren Zeitraum hinweg erfordert Künstlerschaft eher Begeisterung als Disziplin. Begeisterung ist kein emotionaler Zustand. Sie ist eine spirituelle Verpflichtung, Liebe und Hingabe an unseren kreativen Prozess, ein liebevolles Anerkennen der gesamten Kreativität um uns herum.

Enthusiasmus (das aus dem Griechischen stammende Fremdwort für Begeisterung bedeutet »mit Gott angefüllt« sein) ist eine dauerhafte Energiequelle, die dem Lebensfluss selbst entspringt. Er gründet sich auf Spiel, nicht auf Arbeit. Weit davon entfernt, ein gehirntoter Soldat zu sein, ist unser Künstler in Wirklichkeit unser inneres Kind, unser innerer Spielkamerad. Wie bei allen Spielkameraden ist es Freude und nicht Pflicht, die eine dauerhafte Bindung schafft.

Es ist wahr, vielleicht steht unser Künstler bei Morgengrauen auf, um die Schreibmaschine oder die Staffelei in der Stille des Morgens zu begrüßen. Aber dieses Ereignis hat eher mit der Vorliebe eines Kindes für heimliche Abenteuer zu tun als mit eiserner Disziplin. Was andere Menschen vielleicht für Disziplin halten, ist in Wirklichkeit eine Verabredung zum Spielen, die wir mit unserem Künstlerkind getroffen haben: »Ich werde mich um sechs Uhr morgens mit dir treffen, und wir werden mit diesem Drehbuch, diesem Gemälde, dieser Skulptur herumspielen ...«

Unser Künstlerkind kann sich am ehesten für Arbeit begeistern, wenn es spielerisch mit ihr umgeht. Farbe ist eine tolle klebrige Masse. Sechzig angespitzte Stifte machen Spaß. Viele Schriftsteller wehren sich dagegen, sich einen Computer anzuschaffen, weil ihnen das angenehme, vertraute Geklapper einer Schreibmaschine, die wie ein Pony dahintrottet, lieber ist. Viele Künstler sind der Meinung, dass ihr Arbeitsplatz wie ein Spielplatz aussehen sollte, damit sie gut arbeiten können.

Dinosaurier an der Wand, Spielzeuge aus dem Automaten, ein beleuchteter Miniweihnachtsbaum, Monster aus Pappmaché, an den Fenstern angebrachte Prismen, ein Blütenzweig, ein Aquarium ...

So attraktiv die Idee einer reinen Mönchszelle für unsere romantisch angehauchte Vorstellung eines authentischen Künstlers sein mag, die praktikable Wahrheit könnte etwas unordentlicher aussehen. Die meisten Kleinkinder würde ein nackter, kahler Raum zu Tode langweilen. Unser Künstlerkind bildet da keine Ausnahme.

Denken Sie daran: Kunst zu schaffen ist ein Prozess. Und der Prozess soll Spaß machen. Für unsere Zwecke kann der Leitsatz »Der Weg ist das Ziel« so interpretiert werden, dass unsere kreative Arbeit tatsächlich unsere Kreativität ist, die im Feld der Zeit am Werke ist. Im Herzen des Spiels entsteht das Mysterium der Freude.

Rückschritte

Die Heilung einer Künstlerblockade setzt den Willen zur Genesung voraus – bei schweren Krankheiten oder Verletzungen ist es nicht anders. An einem bestimmten Punkt müssen wir uns bewusst dafür entscheiden, in Zukunft auf die Freuden und Privilegien zu verzichten, die einem emotionalen Krüppel zugebilligt werden. Ein produktiver Künstler ist sehr oft ein glücklicher Mensch. Diese Vorstellung kann für diejenigen, die sich ihre Bedürfnisse durch ihr Unglücklichsein erfüllen lassen, sehr bedrohlich sein.

»Ich würde ja gerne, aber sehen Sie ... es gibt da diese Angst, die mich lähmt ...« – damit kann man sehr viel Aufmerksamkeit erlangen. Ein funktionierender Künstler erhält nicht so viel Beachtung. Künstler, denen die Sympathie ihrer Mitmenschen wichtiger ist als das Ausleben ihrer Kreativität, könnten sich umso bedrohter fühlen, je besser ihnen die Arbeit von der Hand geht. Kreative Rückschritte sind da manchmal unausweichlich.

Normalerweise begehen wir entweder am Abend oder am Vorabend unseres ersten kreativen Sieges Harakiri. Der Glanz des Erfolgs (ein Gedicht, ein Schauspielengagement, ein Lied, eine Kurzgeschichte, ein Film oder eine andere kreative Leistung) kann den genesenden Künstler veranlassen, wieder in die Höhle der Selbstaufgabe zurückzukehren. Wir fühlen uns in unserer Opferrolle wohler und vermeiden lieber das Risiko, auf Dauer produktiv und gesund zu sein.

Ein Rückschritt auf unserem Weg zur Kreativität kann durch einen plötzlichen Anfall von Langeweile ausgelöst werden. Wir begrüßen unser neugeschaffenes Produkt oder unseren wunderbaren Prozess mit »Ach, was soll's! Ich bin ja doch nichts als ein mickriger Anfänger. Alle anderen sind so viel besser ...«

Ja, genau, und so wird es bleiben, wenn wir jetzt aufgeben. Tatsächlich sind wir auf unserer Reise zur Kreativität schon kilometerweit vorangekommen. Wir sind auf dem Weg, und das macht uns Angst. Inzwischen lassen wir uns von dem ablenken, was am Wegesrand passiert, oder von den Unebenheiten der Straße.

- Ein Drehbuchautor findet einen Agenten, der sein Drehbuch annehmen würde, wenn er bereit wäre, einige Änderungen vorzunehmen. Er nimmt die Änderungen nicht vor.
- Einem Performance-Künstler wird ein Raum angeboten, den er verwenden kann, um an seiner neuen Darstellung zu feilen. Er nutzt ihn einmal, aber der nicht eben begeisterte Empfang, der ihm zeigt, dass er noch mehr daran arbeiten müsste, veranlasst ihn, das Projekt aufzugeben.
- Ein Schauspieler bekommt den Auftrag, seine besten Szenen zusammenzustellen und sie bei einem angesehenen Agenten einzureichen. Er tut beides nicht.

- Einer Schauspielerin und Produzentin, die ein solides Drehbuch eingereicht hat, wird ein Studiovertrag angeboten, damit sie ihr Projekt weiterentwickeln kann. Sie ist mit dem Vertrag unzufrieden und lässt das Projekt fallen.
- Ein Maler wird eingeladen, im Rahmen einer größeren Ausstellung erstmalig seine Bilder zu zeigen, doch er gerät mit dem Galeriebesitzer in Streit.
- Ein Dichter hält eine Lesung in seinem Stadtviertel ab und kommt dort sehr gut an. Anstatt in diesem Stil weiterzumachen, um Sicherheit zu gewinnen, nimmt er an einen Dichterwettstreit teil; er wird in die Pfanne gehauen und verzichtet danach auf weitere öffentliche Lesungen.
- Ein Lyriker lernt einen Komponisten kennen, und gemeinsam produzieren sie äußerst ansprechende Musik. Sie führen drei Songs zusammen auf, die vom Publikum begeistert aufgenommen werden, und stellen danach die Zusammenarbeit ein.
- Eine junge Fotografin fühlt sich durch das Interesse, das ihre Lehrerin an ihrer Arbeit zeigt, sehr ermutigt. Sie versäumt es, einen ihrer Filme zu entwickeln, und geht dann nicht mehr zum Unterricht mit der Begründung, er sei ohnehin langweilig gewesen.

Um mit unseren Rückschritten umgehen zu lernen, müssen wir uns selbst mit Mitgefühl begegnen. Kreativität ist beängstigend, und in *jeder* Karriere gibt es Rückschritte. Manchmal ist es am besten, solche Rückschritte als Recyclingphasen zu betrachten. Wir setzen zu einem kreativen Sprung an, scheuen wie ein unerfahrenes Pferd vor ihm zurück und umkreisen dann einige Male das Hindernis, bevor wir uns wieder daran versuchen.

Wenn wir einen Rückschritt machen, dann fühlen wir uns normalerweise doppelt beschämt: erstens durch unsere Angst und zweitens durch unsere Reaktion auf unsere Angst. Denken Sie daran: In *jeder* Karriere gibt es Rückschritte. Das wird Ihnen helfen.

Als ich Mitte dreißig war, schrieb ich zwei Jahre lang Leitartikel im Feuilleton des *Chicago Tribune*. In dieser Eigenschaft sprach ich mit Akira Kurosawa, Kevin Klein, Julie Andrews, Jane Fonda, Blake Edwards, Sydney Pollack, Sissy Spacek, Sigourney Weaver, Martin Ritt, Gregory Hines und mit mindestens fünfzig weiteren berühmten Menschen. Mit den meisten von ihnen sprach ich über Entmutigung, das heißt, wir sprachen über Rückschritte. Ihre Karrieren zeichneten sich nicht nur durch Talent, sondern durch die Fähigkeit aus, Rückschritte entweder zu vermeiden oder sich durch sie nicht entmutigen zu lassen.

Eine erfolgreiche kreative Karriere baut immer auf erfolgreichen kreativen Misserfolgen auf. Der Trick besteht darin, sie zu überstehen. Es ist hilfreich, sich daran zu erinnern, dass selbst die berühmtesten Künstler in ihrem Leben Rückschritte gemacht haben.

Blake Edwards hat bei einigen der lustigsten und erfolgreichsten Komödien der letzten dreißig Jahre Regie geführt. Dennoch verbrachte er sieben Jahre lang im selbstgewählten Exil in der Schweiz, weil ihm das seiner Ansicht nach beste Drehbuch wegen Differenzen mit dem Studio bei der Vorproduktion weggenommen wurde.

Edwards wurde aus seinem eigenen Projekt verdrängt und musste mit ansehen, wie *sein* Film von anderen gedreht und ruiniert wurde. Wie ein verwundeter Panther zog er sich in die Alpen zurück, um seine Wunden zu lecken. Er führte erst sieben Jahre später wieder Regie, als er zu der Einsicht gelangte, dass Kreativität und nicht die Zeit seine Wunden am besten heilen würde. Edwards hielt sich an diese Erkenntnis und war seither ohne Unterbrechung produktiv. Als er mit mir über diesen Lebensabschnitt sprach, tat es ihm leid um die verlorene Zeit.

Haben Sie Mitgefühl. Rückschritte entstehen immer aus Angst – aus Angst vor dem Erfolg oder vor dem Versagen. Welches die Ursache ist, ist letztlich egal. Das Ergebnis bleibt das gleiche.

Um sich von einem Rückschritt oder einem Verhaltensmuster, das viele Rückschritte beinhaltet, zu erholen, müssen Sie zunächst zugeben, dass sie existieren. Ja, ich habe negativ auf Angst und Schmerz reagiert. Ja, ich brauche Hilfe.

Stellen Sie sich Ihr Talent wie ein junges, unerfahrenes Pferd vor. Ihr Pferd ist sehr talentiert, aber es ist eben auch jung, nervös und unerfahren. Es wird Fehler machen und vor Hindernissen, die es noch nie zuvor gesehen hat, scheuen. Vielleicht geht es sogar durch und wirft Sie ab, oder es täuscht vor zu lahmen. Ihre Aufgabe als kreativer Jockey ist es, Ihr Pferd zu fördern und ihm gut zuzureden, damit es das Rennen beendet.

Schauen Sie sich zunächst an, welche Sprünge Ihr Pferd so nervös machen. Vielleicht finden Sie heraus, dass bestimmte Hindernisse weitaus angsterregender sind als andere. Ein Agenten-Sprung macht Ihnen vielleicht mehr Angst als ein Workshop-Sprung. Ein Rezensions-Sprung könnte in Ordnung sein, während ein Umschreibe-Sprung Ihr Talent zu Tode erschreckt. Erinnern Sie sich daran, dass bei einem Springturnier auch noch andere Pferde am Wettkampf teilnehmen. Ein kluger Jockey lässt sein junges Pferd im Windschatten eines älteren und erfahreneren Pferdes laufen. Sie können das ebenfalls tun.

- Wer von meinen Freunden oder Bekannten hat einen Agenten? Dann fragen Sie nach, wie diese Person ihn gefunden hat.
- Wer von meinen Freunden oder Bekannten hat seinen Text erfolgreich umgeschrieben? Fragen Sie diese Person, wie man das macht.
- Kenne ich jemanden, der eine vernichtende Kritik überstanden hat? Fragen Sie diese Person, wie ihr das gelungen ist.

Sobald wir uns eingestehen, dass wir Hilfe brauchen, ist die Hilfe schon auf dem Weg. Das Ego möchte immer glauben, dass es niemanden braucht. Ihm gefällt die Rolle des Einzelgängers besser, als um Hilfe zu bitten. Tun Sie es trotzdem.

Bob war ein vielversprechender junger Regisseur, als er seinen ersten Dokumentarfilm drehte. Es war ein kurzer, sehr eindrucksvoller Film über seinen Vater, einen Fabrikarbeiter. Als er die erste Fassung fertig hatte, zeigte Bob den Film einem Lehrer – einem ehemals begabten, aber jetzt in seiner Verkrampfung erstarrten Filmemacher. Der Lehrer verriss den Film. Bob drehte den Film nicht zu Ende. Er verpackte ihn in Kisten und vergaß das Ganze, bis eines Tages sein Keller unter Wasser stand. »Na ja, egal«, sagte er sich in der Annahme, dass sein Film nun endgültig erledigt war.

Ich lernte Bob fünf Jahre später kennen. Einige Zeit nachdem wir uns angefreundet hatten, erzählte er mir die Geschichte seines Films. Ich äußerte die Vermutung, dass er erhalten geblieben sein könnte. »Nein, der ist ruiniert«, behauptete er. »Selbst die vom Labor haben die Filmrolle verloren, die ich ihnen gegeben hatte.« Als er über den Film sprach, brach Bob zusammen – und hatte einen Durchbruch. Er betrauerte seinen zerbrochenen Traum.

Eine Woche später erhielt Bob einen Anruf aus dem Labor. »Es ist unglaublich. Sie haben die Filmrolle gefunden«, berichtete er. Ich war nicht allzu überrascht. Ich glaube, dass der Schöpfer uns Künstler im Auge behält und diesen Film beschützt hat. Mit Hilfe des ermutigenden Beistands seiner Lebensgefährtin, einer Drehbuchautorin, beendete Bob den Film. Sie haben danach zusammen einen zweiten, innovativen Dokumentarfilm gedreht.

Wenn Sie sich mit einem Rückschritt konfrontiert sehen, dann fragen Sie sich: »Wen kann ich bei diesem Rückschritt um Hilfe bitten?« Und dann machen Sie sich auf den Weg.

Blockaden durchbrechen

Damit ein Künstler frei an einem Projekt arbeiten kann, muss er frei von Ressentiments (Wut) und Widerstand (Angst) sein. Was meine ich damit? Ich meine, dass jede tief verschüttete Barriere verbalisiert werden muss, bevor die Arbeit weitergehen kann. Dasselbe gilt auch für jeden Vorteil, den einem der Verzicht auf die kreative Arbeit einbringt. Blockaden haben nichts Geheimnisvolles. Sie sind leicht als künstlerische Verteidigungsmechanismen gegen etwas erkennbar, das (zu Recht oder zu Unrecht) als feindliche Umgebung wahrgenommen wird.

Denken Sie daran, Ihr innerer Künstler ist ein kreatives Kind. Er schmollt und grollt, er bekommt Wutanfälle, er hat irrationale Ängste. Wie die meisten Kinder hat er Angst vor der Dunkelheit, vor dem »schwarzen Mann« und vor jedem gruseligen Abenteuer. Als Eltern und Beschützer Ihres kindlichen

Künstlers, als sein großer Bruder, Krieger und Gefährte ist es Ihre Aufgabe, ihn davon zu überzeugen, dass er sicher ist und zum Spielen herauskommen kann.

Wenn Sie gerade mit einem neuen Projekt beginnen, dann sollten Sie Ihrem inneren Künstler ein paar einfache Fragen stellen. Sie werden helfen, die Schreckgespenster, die zwischen ihm und Ihrer Arbeit stehen, zu verscheuchen. Stecken Sie mitten in einem Projekt und ist Ihre Arbeit schwierig geworden oder Sie haben sich verzettelt, dann helfen dieselben Fragen gewöhnlich, den gehemmten Fluss wieder in Gang zu bringen.

1. Zählen Sie alle Ressentiments (Wut) auf, die Sie im Zusammenhang mit diesem Projekt haben. Es spielt keine Rolle, wie kleinlich, pingelig oder irrational diese Ressentiments Ihrem Erwachsenen-Selbst erscheinen mögen. Für Ihr Künstlerkind ist Groll eine sehr wichtige Angelegenheit.

   Einige Beispiele: Ich hasse es, der zweitbeste und nicht der beste Künstler zu sein ... Ich hasse diese Lektorin, die ist so pingelig und sagt nie etwas Nettes ... Ich hasse es, für diesen Depp zu arbeiten; er bezahlt mich nie pünktlich.
2. Bitten Sie Ihren inneren Künstler, wirklich alle Ängste im Hinblick auf das zukünftige Projekt zu nennen. Noch einmal: Diese Ängste können so albern sein wie die eines zweijährigen Kindes. Es spielt keine Rolle, dass sie für Ihr erwachsenes Auge unbegründet sind. Für Ihr Künstlerkind sind sie große, beängstigende Monster.

   Einige Beispiele: Ich habe Angst, dass die Arbeit nichts taugt, es mir aber keiner sagt ... Ich habe Angst, dass die Arbeit gut ist, es mir aber keiner sagt ... Ich habe Angst, dass all meine Ideen abgegriffen und unmodern sind ... Ich habe Angst, dass meine Ideen ihrer Zeit voraus sind ... Ich habe Angst, dass ich in der Gosse lande ... Ich habe Angst, dass ich nie fertig werde ... Ich habe Angst, dass ich nie anfangen werde ... Ich habe Angst, dass es mir peinlich sein wird. (Es ist mir schon peinlich.) ... Die Liste lässt sich endlos fortführen.

3. Fragen Sie sich, ob das alles ist. Haben Sie irgendeine winzige Angst vergessen? Haben Sie irgendeine »dumme« Wut unterdrückt? Bringen Sie sie zu Papier.
4. Fragen Sie sich, was Sie davon haben, wenn Sie sich vor dem Projekt drücken.
   Einige Beispiele: Wenn ich das Stück nicht schreibe, dann kann es niemand hassen ... Wenn ich den Text nicht schreibe, dann wird sich mein blöder Lektor ärgern ... Wenn ich nicht male, vor der Kamera stehe, singe, tanze, dann kann ich andere in dem Bewusstsein kritisieren, dass ich es besser machen könnte.
5. Treffen Sie Ihre Abmachung. Die Abmachung lautet: »Okay, kreative Kraft, du kümmerst dich um die Qualität, ich werde mich um die Quantität kümmern.« Unterschreiben Sie Ihre Abmachung, und bringen Sie sie auf den Weg.

Eine Warnung: Diese Übung ist sehr kraftvoll; sie kann der Blockade Ihrer Kreativität ernsthaft zu Leibe rücken.

Aufgaben

1. Lesen Sie Ihre ***Morgenseiten!*** Dazu nehmen Sie am besten zwei Farbmarker, einen, um die Einsichten hervorzuheben, den anderen, um die nötigen Aktionen zu markieren. Geben

Sie kein Urteil über sich selbst oder die Seiten ab. Das ist sehr wichtig. Ja, sie werden langweilig sein. Ja, sie tun vielleicht weh. Sehen Sie sie als Landkarte an. Nehmen Sie sie als Information, nicht als »Anklage«.

Machen Sie *Bestandsaufnahme:* Über wen haben Sie sich ständig beklagt? Was haben Sie aufgeschoben? Was haben Sie sich glücklicherweise zu ändern oder zu akzeptieren erlaubt?

Fassen Sie *Mut:* Viele von uns nehmen bei sich eine alarmierende Tendenz zum Schwarzweißdenken wahr: »Er ist schrecklich. Er ist wundervoll. Ich liebe ihn. Ich hasse ihn. Es ist ein toller Job. Es ist ein schrecklicher Job«, und so weiter. Lassen Sie sich davon nicht entmutigen.

Anerkennung: Die Morgenseiten haben Ihnen erlaubt, sich Luft zu machen, ohne selbstzerstörerisch zu sein, ohne Einmischung Pläne zu schmieden, sich ohne Zuhörerschaft zu beschweren und zu beklagen, ohne Einschränkungen zu träumen, Ihren eigenen Geist kennenzulernen. Zollen Sie sich Anerkennung dafür, dass Sie sie schreiben. Rechnen Sie ihnen die Veränderungen und Weiterentwicklung hoch an, die sie gefördert haben.

2. ***Visualisieren:*** Sie haben bereits daran gearbeitet, Ihr Ziel zu benennen und Ihren magnetischen Nordpol auszumachen. Mit der folgenden Übung werden Sie aufgefordert, sich in allen Einzelheiten vorzustellen, dass Sie Ihr Ziel bereits erreicht haben. Nehmen Sie sich bitte genügend Zeit, sich all die interessanten Details auszumalen, die diese Erfahrung für Sie wirklich unvergesslich machen würden.

   Benennen Sie Ihr Ziel: Ich bin ...

   Beschreiben Sie in der Gegenwartsform, wie Sie Ihre Zielvorstellung auf der Höhe Ihrer Schaffenskraft leben! Das ist Ihr Idealbild.

Lesen Sie sich diese Szene jetzt laut vor.
Bringen Sie den Zettel über Ihrem Arbeitsplatz an.
Lesen Sie ihn sich jeden Tag einmal laut vor!
Sammeln Sie in der kommenden Woche Bilder oder Fotos von sich, und kombinieren Sie sie mit Bildern aus Zeitschriften, um Ihr oben beschriebenes Idealbild in Form einer Collage darzustellen. Denken Sie daran, sehen heißt glauben, und diese zusätzliche visuelle Darstellung Ihres wahren Selbst in Ihrem Idealbild kann dies sehr viel realer werden lassen.

3. ***Prioritäten:*** Schreiben Sie für sich selbst Ihre kreativen Ziele für dieses Jahr auf. Schreiben Sie Ihre kreativen Ziele für diesen Monat auf. Schreiben Sie Ihre kreativen Ziele für diese Woche auf.
4. ***Rückschritte:*** Wir alle haben schon Rückschritte in unserer Kreativität erlebt. Benennen Sie einen der Ihren. Benennen Sie drei weitere. Benennen Sie den, der Sie zur Verzweiflung treibt.

   Vergeben Sie sich. Verzeihen Sie sich all die Male, in denen Ihnen die Nerven versagt haben, die Zeitplanung falsch war oder es Ihnen an Initiative gemangelt hat. Entwerfen Sie eine auf Sie persönlich zugeschnittene Liste von Affirmationen, die Ihnen helfen wird, es in Zukunft besser zu machen.

   Gehen Sie sachte, *ganz sachte* an die Überlegung heran, ob irgendeines Ihrer verdrängten, verlassenen, brutal behandelten oder sabotierten Geisteskinder gerettet werden könnte. Denken Sie daran, Sie stehen nicht allein damit da. Wir alle haben schon Rückschritte in unserer Kreativität gemacht.

   Wählen Sie unter Ihren Rückschritten einen aus. Machen Sie ihn wieder gut. Reparieren Sie ihn.

   Machen Sie jetzt keinen Rückschritt. Achten Sie vielmehr

auf Ihre Widerstände. Die Morgenseiten scheinen Schwierigkeiten zu bereiten? Sinnlos? Zu trivial? Schreiben Sie sie trotzdem.

Welche Kreativitätsträume steuern auf eine mögliche Verwirklichung zu? Geben Sie zu, dass es Ihnen Angst macht.

Suchen Sie ein Künstlertotem für sich aus. Das kann eine Puppe sein, ein Stofftier, eine geschnitzte Figur oder ein Spielzeug zum Aufziehen. Es geht hier darum, dass Sie etwas auswählen, zu dem Sie auf Anhieb eine schützende Zuneigung empfinden. Geben Sie Ihrem Totem einen Ehrenplatz, und ehren Sie es dann, indem Sie nicht auf Ihrem Künstlerkind herumtrampeln.

Check-in

1. An wie vielen Tagen in dieser Woche haben Sie Ihre ***Morgenseiten*** geschrieben? Haben Sie sich zumindest auf dem Papier erlaubt, im Zusammenhang mit Ihren Rückschritten mehr Mitgefühl zu entwickeln?
2. Haben Sie in dieser Woche Ihren ***Künstlertreff*** abgehalten? Haben Sie nach wie vor besonderen Wert auf den Aspekt von Spaß und Vergnügen gelegt? Was haben Sie unternommen? Wie haben Sie sich dabei gefühlt?
3. Haben Sie in dieser Woche irgendwelche ***Synchronizitäten*** erlebt? Worin bestanden sie?
4. Gab es in dieser Woche andere ***Themen oder Ereignisse,*** die Sie als bedeutsam für Ihre kreative Reise ansehen? Beschreiben Sie sie.

WOCHE ZEHN

In dieser Woche erforschen wir die Gefahren,
die auf dem Weg der Kreativität auf uns lauern können.
Da Kreativität eine spirituelle Angelegenheit ist,
sind viele Gefahren spiritueller Natur.
Bei den Aufgaben dieser Woche spüren wir
die schädlichen Muster auf, an denen wir festhalten
und die unseren kreativen Fluss blockieren.

Das Gefühl für Selbstschutz wiedergewinnen

Gefahren auf dem Weg

Kreativität ist göttliche Energie, die durch uns hindurchfließt und von uns gestaltet wird wie Licht, das sich in einem Prisma bricht. Wenn wir uns darüber im Klaren sind, wer wir sind und was wir tun, dann fließt die Energie frei, und wir erleben keinerlei Anstrengung. Wenn wir uns jedoch dem widersetzen, was unsere Energie uns vielleicht zeigen will oder wohin sie uns führen möchte, dann fühlen wir uns unsicher und meinen, die Kontrolle zu verlieren. Wir versuchen den Fluss zu verhindern und die Kontrolle zurückzugewinnen. Wir treten mit voller Kraft auf die psychische Bremse.

Jeder kreative Mensch hat unzählige Möglichkeiten, den Fluss seiner Kreativität zu blockieren. Jeder von uns bevorzugt eine oder zwei dieser Möglichkeiten, die besonders schädlich sind, weil wir uns selbst damit so wirkungsvoll ausbremsen.

Manche Menschen blockieren sich mit ihrer Ernährung. Der Verzehr von Zucker, Fetten oder bestimmten Kohlenhydraten macht sie träge, unkonzentriert, verkatert. Mit ihrer Ernährung blockieren sie ihre Energie und jegliche Veränderung. Wenn sie dieses Gefühl überkommt, dass alles zu schnell geht und sie nicht mehr wissen, wohin der Weg sie führt, wenn sie meinen auseinanderzufallen, dann greifen diese Menschen nach Essen. Eine große Schüssel Eiscreme, ein Junkfood-Abendessen, und schon sind sie blockiert. Was hatte ich gleich noch vor? Was ...? Ach, egal ...

Für andere ist Alkohol das bevorzugte Mittel der Selbstblockade. Wieder andere konsumieren Drogen. Für viele ist es ihre Arbeit. Immer, immer beschäftigt, reißen sie sich um Aufgaben, mit denen sie sich selbst betäuben können. Eine halbe Stunde spazieren gehen ist bei ihnen nicht drin. »Was für eine Zeitverschwendung!« Sie ziehen Verpflichtungen und zahlreiche Projekte an. Sie brummen vor Geschäftigkeit und überhören den einen inspirierenden Gedanken, mit dem sie den Durchbruch geschafft hätten.

Dann gibt es jene, die sich durch eine schmerzliche Liebe betäuben und sich ihre kreativen Möglichkeiten aus der Hand nehmen lassen. Indem sie sich von peinigenden Gedanken okkupieren lassen, werden sie zu Opfern, die nie ihre eigene beträchtliche Macht spüren. »Wenn er oder sie mich doch nur lieben würde ...«

Derartige zwanghafte Gedanken übertönen die feine Stimme, die rät, das Wohnzimmer umzuräumen, an einem Töpferkurs teilzunehmen, einen neuen Anfang für die Geschichte zu schreiben, in der man steckengeblieben ist. Sobald ein kreativer Gedanke den Kopf hebt, wird er von der Obsession, die vor Angst schützt und gegen Risiko vorbeugt, abgehackt. Tanzen gehen? Das ganze Stück umschreiben auf ein Großstadtszenario? Wenn er oder sie mich doch nur lieben würde ... Aus der neuen *West Side Story* wird wohl nichts.

Für viele ist Sex der ganz große Blockierer. Ein magnetisches, angenehm erregendes, hypnotisches Interesse schiebt neue erotische Möglichkeiten vor den angefangenen Roman. Das neue Sexobjekt zieht jegliche Kreativität für geniale Annäherungsversuche ab.

Beachten Sie jedoch, dass Nahrung, Arbeit und Sex für sich genommen gut sind. Lediglich ihr *Missbrauch* lässt sie zu einem Hindernis für die Kreativität werden. Sich selbst als Künstler zu kennen bedeutet anzuerkennen, welches dieser Dinge Sie missbrauchen, wenn Sie sich in die Blockade flüchten wollen. Kreativität ist das gewaltige Blasen des universellen Atems durch einen Strohhalm. Indem wir uns verkrampfen, verschließen wir diesen Strohhalm. Wir versperren unserem Energiefluss den Weg. Und wir tun es mit Absicht.

Sobald wir ein Gefühl für unser wirkliches Potenzial und unsere weitreichenden Möglichkeiten entwickeln, entsteht Angst. Also greifen wir nach allen möglichen Mitteln, um unser Wachstum zu bremsen. Wenn wir ehrlich sind, dann wissen wir genau, mit welcher Blockade wir uns am meisten schaden. Ein Hinweis: Es sind jene, auf die wir meinen, ein Anrecht zu haben, und die wir verteidigen.

Welcher Blockaden bedienen Sie sich? Bei welcher werden Sie wütend, wenn Sie sich auch nur vorstellen, auf sie zu verzichten? Diese ist es, die Sie am weitesten von Ihrem Weg abgebracht hat. Untersuchen Sie sie. Wenn wir aufgefordert werden, unser Gift zu benennen, dann fällt das den meisten von uns leicht. Hat meine Ernährung mich sabotiert? Hat Arbeitssucht mir den Zugang zu meiner Kreativität verstellt? Hat Sex oder eine zwanghafte Liebe meine Quelle versiegen lassen?

Blockaden lassen sich gut mischen und aufeinander abstimmen. Jeder hat da ein anderes Lieblingsrezept. Man nehme die eine, füge eine weitere hinzu, schütteln, eine Prise von einer dritten, ein Quentchen von einer vierten: So kriegt man sich am besten kaputt. Und das alles nur, um unsere Ängste zu reduzieren. Wir bringen immer dann unsere Kreativität tötende Drogen ins Spiel, wenn wir voller Angst unsere innere Leere spüren. Es ist die Angst – oft im Tarnkleid aber *immer* vorhanden –, die uns dazu bringt, unser Heil in einer Blockade zu suchen.

Zufälle spielen uns die Gelegenheit zur Blockade zu. Gerade jetzt rief sie an … Ich hatte Hunger, und im Gefrierfach war noch Eis … Ein Kumpel kommt mit diesem Killerdope vorbei … Die Droge, mit der wir uns betäuben, wirkt immer nur kurzfristig und versagt langfristig.

Die Entscheidung, die Hemmschuhe anzuziehen, ist ein Rückschritt auf unserem Weg zur Kreativität. Wir fügen uns selbst Schaden zu. Wie Wasser, zum Stillstand gezwungen, stagnieren wir. Wenn wir mit uns aufrichtig sind, dann wissen wir immer, wann wir gegen das entscheiden, was uns guttut. Unsere Aufrichtigkeit macht ein kleines Häkchen in unserem spirituellen Notizbuch: »Hab's wieder getan.«

Es erfordert Würde und Mut, unsere Blockadetaktiken zuzugeben und aufzugeben. Wer will das schon? Jedenfalls nicht, solange sie noch funktionieren! Auch nachdem sie bereits nicht mehr funktionieren, hoffen wir noch lange, dass es dieses eine Mal noch klappt.

Bei der Selbstblockade handelt es sich im Wesentlichen um ein Problem des Vertrauens. Statt Intuition, Talent, Fähigkeiten und Wünschen zu vertrauen, fürchten wir uns davor, wohin uns unser Schöpfer mit dieser ganzen Kreativität noch bringen könnte. Statt zu malen, zu schreiben, zu tanzen, vorzusprechen und dann zu sehen, wohin uns das führt, flüchten wir uns in eine Blockade. In diesem Zustand wissen wir, wer und was wir sind: unglückliche Menschen. Ohne Blockade ist unser Zustand bedrohlicher: Womöglich sind wir glücklich? Die meisten Menschen empfinden glücklich zu sein als erschreckend, ungewohnt, zu riskant und als Hinweis auf einen Kontrollverlust. Ist es also ein Wunder, dass wir Rückschritte in Kauf nehmen?

Wenn wir uns unserer Blockiermechanismen bewusst werden – Essen, Geschäftigkeit, Alkohol, Sex, andere Drogen –, dann können wir unsere Rückschritte in dem Moment fühlen, in dem wir sie machen. Die Blockaden hören auf zu funktionieren. Im Laufe der Zeit werden wir versuchen – vielleicht anfangs langsam und sporadisch –, durch die Angst hindurchzugehen und herauszufinden, wo wir auftauchen. Angst ist Brennstoff. Wir können sie benutzen, um mit ihr zu schreiben, zu malen, zu arbeiten.

Spüre: die Angst!
Probiere: die Angst zu benutzen!
Fühle: Es hat geklappt! Ich habe mich nicht blockiert!
Ich habe die Angst benutzt und bin vorangekommen!
Oh, mein Gott, ist das aufregend!

Arbeitssucht

Arbeitssucht ist eine Sucht wie alle anderen, und wie diese hemmt sie die kreative Energie. Tatsächlich könnte man sagen, dass der Wunsch, den glühenden Fluss der kreativen Energie zu blockieren, der Sucht zugrunde liegt. Wenn Menschen zu beschäftigt sind, um Morgenseiten zu schreiben oder einen Künstlertreff abzuhalten, dann sind sie wahrscheinlich auch zu beschäftigt, um die Stimme ihrer authentischen kreativen Bedürfnisse zu hören.

Arbeitssucht wurde erst vor kurzem als eine Sucht erkannt, die in unserer Gesellschaft viel Unterstützung erhält. Der Satz: »Ich arbeite«, verbreitet eine unangreifbare Atmosphäre von Gutsein und Pflichtgefühl. In Wirklichkeit arbeiten wir jedoch oft nur deshalb, weil wir uns selbst, unseren Ehepartnern oder unseren wirklichen Gefühlen aus dem Weg gehen wollen.

Meine Kursteilnehmer zum Schreiben der Morgenseiten anzuhalten ist leichter, als sie zum Einhalten des Künstlertreffs zu motivieren. Warum? Das eine ist Arbeit, das andere ist Spiel. Und Spiel kann einen Arbeitssüchtigen sehr nervös machen, denn Spaß macht Angst. »Wenn ich mehr Zeit hätte, dann hätte ich mehr Spaß«, sagen wir uns, aber das ist nicht die Wahrheit. Wenn Sie die Gültigkeit dieser Behauptung überprüfen wollen, dann fragen Sie sich, wie viel Zeit Sie jede Woche für Spaß reservieren: für reinen, unverfälschten, unproduktiven Spaß.

Die meisten verhinderten Kreativen vermeiden Spaß genauso eifrig, wie sie ihrer Kreativität aus dem Weg gehen. Warum? Spaß führt zu Kreativität ... zur Rebellion. Er führt dazu, dass man ein Gefühl für die eigene Macht bekommt, und das macht Angst. »Na ja, vielleicht habe ich ja ein kleines Problem mit dem Arbeiten und arbeite zu viel«, sagen wir uns, »aber arbeitssüchtig bin ich nicht!«

Beantworten Sie die folgenden Fragen, und finden Sie es heraus:

1. Ich arbeite außerhalb der Bürostunden: selten, oft, nie?
2. Ich sage die Verabredungen mit geliebten Menschen ab, damit ich mehr arbeiten kann: selten, oft, nie?
3. Ich verschiebe Ausflüge, bis die Anmeldefrist abgelaufen ist: selten, oft, nie?
4. Ich nehme mir Arbeit für das Wochenende mit: selten, oft, nie?
5. Ich nehme mir Arbeit in den Urlaub mit: selten, oft, nie?
6. Ich nehme Urlaub: selten, oft, nie?
7. Meine engsten Freunde beklagen sich, dass ich immer arbeite: selten, oft, nie?
8. Ich versuche, zwei Dinge auf einmal zu tun: selten, oft, nie?
9. Ich lasse mir zwischen zwei Projekten freie Zeit: selten, oft, nie?
10. Ich erlaube es mir, eine Aufgabe als abgeschlossen zu betrachten: selten, oft, nie?
11. Ich schiebe die letzten Feinarbeiten auf: selten, oft, nie?
12. Ich beginne mit einer Aufgabe und fange gleichzeitig drei weitere an: selten, oft, nie?
13. Ich arbeite am Abend, wenn eigentlich Zeit für die Familie wäre: selten, oft, nie?
14. Ich lasse es zu, dass Telefonanrufe meinen Arbeitstag unterbrechen und verlängern: selten, oft, nie?
15. Ich lege die Prioritäten für den Tag so fest, dass eine Stunde kreativen Spiels darin enthalten ist: selten, oft, nie?
16. Ich stelle meine kreativen Träume über meine Arbeit: selten, oft, nie?

17. Ich schließe mich den Aktivitäten anderer an und fülle meine Freizeit mit ihrem Programm aus: selten, oft, nie?
18. Ich gebe mir Zeit zum Nichtstun: selten, oft, nie?
19. Ich verwende den Begriff *Abgabetermin*, um die vor mir liegende Arbeit zu beschreiben und zu rationalisieren: selten, oft, nie?
20. Meinen Terminkalender und die Telefonnummer von meiner Arbeitsstelle habe ich in der Freizeit oder sogar bei einer Verabredung zum Abendessen dabei: selten, oft, nie?

Um unsere Kreativität zurückzugewinnen, müssen wir lernen, Arbeitssucht als Verhinderung statt als Fundament zu sehen. Missbrauch von Arbeit führt bei unserem Künstler zu einem Aschenputtel-Komplex. Wir träumen vom Ball und erfahren nie etwas anderes als die Fußfessel.

Zwischen genussvoller, zielgerichteter Arbeit und Arbeitssucht besteht ein großer Unterschied. Der liegt weniger in der Zahl der Stunden als in der emotionalen Qualität der verbrachten Zeit. Arbeitssucht ist eine Tretmühle. Wir sind von unserer Sucht abhängig und hassen sie. Für einen Arbeitssüchtigen ist Arbeit Sinn und Selbstwert. Folglich zögern wir, irgendetwas davon über Bord zu werfen.

Wenn wir den Weg für unseren kreativen Energiefluss freiräumen wollen, dann müssen wir unsere Arbeitsgewohnheiten unter die Lupe nehmen. Vielleicht finden wir gar nicht, dass wir zu viel arbeiten, bis wir uns vorrechnen, wie viel Zeit wir wirklich in eine Sache investiert haben. Wahrscheinlich halten wir unsere Arbeitszeiten so lange für ganz normal, bis wir sie mit einer geregelten Vierzigstundenwoche vergleichen.

Wir können uns Klarheit über die von uns investierte Zeit verschaffen, wenn wir in einer Checkliste jeden Tag festhalten, wie wir unsere Zeit verbringen. Selbst eine einzige Stunde kreativen Spiels kann helfen, das Gefühl von arbeitssüchtiger Verzweiflung, mit der wir unsere Träume in Schach halten, zu verbannen.

Weil Arbeitssucht eine Prozesssucht ist, fällt es uns schwer zu sagen, wann wir ihr erliegen. Ein Alkoholiker wird nüchtern, wenn er keinen Alkohol mehr trinkt. Ein Arbeitssüchtiger wird nüchtern, wenn er aufhört, *zu viel* zu arbeiten. Die Schwierigkeit besteht darin, das Zuviel zu definieren – und hier machen wir uns oft selbst etwas vor, feilschen mit uns, um das missbräuchliche, aber nützliche Verhalten beizubehalten.

Um uns vor Rationalisierungen zu schützen, ist es sinnvoll, eine untere Grenze festzulegen. Diese untere Grenze ist bei jedem anders, sie sollte aber die verbotenen Verhaltensweisen genau spezifizieren. Das Unterlassen dieser spezifischen Verhaltensweisen führt eher zu einer sofortigen Wiedererlangung der Kreativität als ein vager allgemeiner Vorsatz, sich zu bessern.

Wenn Sie wirklich keine Zeit haben, dann müssen Sie sich etwas Raum verschaffen. Wahrscheinlicher ist es jedoch, dass Sie Zeit haben und sie falsch nutzen. Ein Tagebuch, in dem Sie aufschreiben, wie Sie Ihre Zeit verbringen, wird Ihnen dabei helfen, diejenigen Bereiche ausfindig zu machen, in denen Sie Grenzen ziehen müssen.

Wie bei den Rückschritten, so könnte es auch bei der Heilung von Arbeitssucht sein, dass wir die Hilfe von Freunden benötigen. Bitten Sie sie, Sie vorsichtig darauf aufmerksam zu machen, wenn Sie von Ihrem Kurs der Selbstfürsorge abgewichen sind. (Das kann ins Auge gehen, wenn Ihre Freunde selbst arbeitssüchtig oder so dominant sind, dass sie Sie zu sehr kontrollieren.) Denken Sie jedoch dran, dass die Arbeitssucht *Ihr* Problem ist. Niemand kann Sie zwingen, gesund zu werden.

Eine sehr einfache, aber effektive Möglichkeit, um Ihren eigenen Genesungsprozess zu überprüfen, besteht darin, einen Zettel an Ihrem Arbeitsplatz aufzuhängen. Bringen Sie außerdem Zettel überall dort an, wo sie Ihnen ins Auge springen: am Badezimmerspiegel, an der Kühlschranktür, am Nachttisch, im Auto … Auf dem Zettel steht: Arbeitssucht ist Verhinderung, kein Fundament.

Dürre

In jedem kreativen Leben gibt es Trockenzeiten. Diese Dürreperioden tauchen aus dem Nichts auf und erstrecken sich über den gesamten Horizont. Das Leben verliert seine Süße; unsere Arbeit fühlt sich mechanisch, leer und zwanghaft an. Wir spüren, dass wir nichts zu sagen haben, und sind versucht, nichts zu sagen. In solchen Zeiten sind die Morgenseiten am schwierigsten und am wertvollsten.

In Zeiten der Dürre erscheint einem das Schreiben der Morgenseiten genauso sinnlos wie der Marsch durch eine leere Wüste. Zweifel schlägt einem wie heißer Gegenwind ins Gesicht. »Was soll das Ganze?«, raunt es oder: »Was erwartest du eigentlich?« Dürreperioden erscheinen uns von ewiger Dauer – wir dagegen sind sterblich. Wir haben eine quälende Vorahnung unseres eigenen Todes, lange bevor wir bereit für ihn sind, lange bevor wir etwas von Wert geschaffen haben. Die Todesahnung taucht vor uns auf wie eine gespenstische Fata Morgana.

Was tun wir? Wir stolpern weiter. Wie tun wir das? Wir bleiben bei den Morgenseiten. Das ist eine Regel, die nicht nur für Schriftsteller gilt. Die Morgenseiten stellen für alle kreativen

Menschen ihre Lebensader dar – den Pfad, den wir erforschen, und den Pfad, dem wir nach Hause folgen.
Während einer Dürreperiode empfinden wir die Morgenseiten als schmerzhaft und als albern. Sie kommen uns vor wie leere Gesten – etwa so, als ob wir für einen Geliebten Frühstück machen, der uns ohnehin bald verlässt. Trotz unserer Hoffnungslosigkeit hoffen wir darauf, eines Tages wieder kreativ zu sein, und durchqueren das Gewitter unserer Gefühle. Unser Bewusstsein ist ausgedörrt. Wir können nicht einmal das Tröpfeln der Gnade fühlen.
Während einer Dürreperiode kämpfen wir mit Gott. Wir haben den Glauben verloren – an den Großen Schöpfer und an unser kreatives Selbst. Wir sind in der Wüste des Herzens. Auf der Suche nach einem Zeichen der Hoffnung sehen wir nur die von der Sonne gebleichten Überreste der Träume, die wir auf dem Weg begraben mussten.
Und trotzdem schreiben wir unsere Morgenseiten, weil wir es tun müssen.
Während einer Dürreperiode sind die Gefühle eingetrocknet. Wie Wasser existieren sie vielleicht noch irgendwo im Untergrund, aber wir haben keinen Zugang zu ihnen. Eine Dürreperiode ist eine Zeit der Trauer ohne Tränen. Wir befinden uns zwischen den Träumen. Wir sind sogar zu teilnahmslos, um unsere Verluste zu erkennen, und reihen mehr aus Gewohnheit denn aus Hoffnung eine Seite an die andere.
Und trotzdem schreiben wir unsere Morgenseiten, weil wir es tun müssen.
Dürreperioden sind schrecklich, verletzend, sind lange Jahreszeiten des Zweifels, in denen kein Lüftchen uns erfrischt. Doch sie helfen uns, zu wachsen und Mitgefühl zu entwickeln, und wir blühen so plötzlich und unerwartet auf wie die Wüste. Denn:

Auch Dürreperioden gehen zu Ende.
Sie enden, weil wir nicht aufgehört haben, unsere Morgenseiten zu schreiben. Sie enden, weil wir in unserer Verzweiflung nicht zusammengebrochen sind und uns nicht der Erstarrung hingegeben haben. Wir haben gezweifelt, und wir waren verzweifelt, aber wir sind weitergegangen.
In einem kreativen Leben sind Dürreperioden eine Notwendigkeit. Die Zeit in der Wüste bringt uns Klarheit und Barmherzigkeit. Früher oder später – immer später, als es uns lieb ist – bringen die Morgenseiten alles wieder in Ordnung. Ein Weg erscheint vor uns. Eine Einsicht verwandelt sich in einen Meilenstein, der uns den Weg aus der Wildnis weist. Für Tänzer, Bildhauer, Schauspieler, Maler, Bühnenschriftsteller, Dichter, Performancekünstler, Töpfer, ja, für alle Künstler gilt: Die Morgenseiten sind zugleich unsere Wildnis und unser Weg.

Ruhm

Ruhm ermutigt uns zu glauben, dass es, wenn es jetzt noch nicht geschehen ist, nie geschehen wird. Ruhm ist nicht dasselbe wie Erfolg, und im Grunde unseres Herzens wissen wir das auch. Wir kennen den Erfolg und haben ihn am Ende eines guten Arbeitstages bereits gespürt. Aber Ruhm? Er ist suchterzeugend, und unser Hunger nach ihm ist nie gestillt.
Ruhm ist eine spirituelle Droge. Er ist in vielen Fällen ein Nebenprodukt unserer künstlerischen Arbeit, aber wie nuklearer Abfall kann er sehr gefährlich sein. Ruhm und der Wunsch, ihn zu erlangen und festzuhalten, kann das »Was habe ich erreicht?«-Syndrom erzeugen. Die Frage lautet dann nicht

»Komme ich mit meiner Arbeit gut voran?«, sondern »Wie beurteilen mich die anderen?«

Der Sinn der Arbeit liegt *in* der Arbeit. Ruhm wirkt sich auf diese Wahrnehmung störend aus. Statt das eigene Sein über die Schauspielerei auszudrücken, geht es jetzt darum, ein berühmter Schauspieler zu werden. Statt das eigene Sein über das Geschriebene auszudrücken, geht es jetzt darum, anerkannt und nicht bloß veröffentlicht zu werden.

Wir alle nehmen gerne die Anerkennung an, die wir verdienen. Als Künstler erhalten wir sie nicht immer. Wenn wir uns jedoch auf den Ruhm konzentrieren und darauf, ob wir genug davon bekommen, dann haben wir ständig ein Gefühl des Mangels. Wir bekommen nie genug von der Ruhmdroge. Immer wollen wir mehr und lassen uns unsere eigenen Errungenschaften schmälern und die Freude an der Leistung anderer untergraben.

(Lesen Sie, um diese Aussagen zu überprüfen, in einer der vielen Klatschzeitschriften wie *Gala*, und stellen Sie fest, ob sich Ihr Leben danach irgendwie armseliger oder wertloser anfühlt. Hier ist die Ruhmdroge am Werk.)

Denken Sie daran, es macht Sie stark, wenn Sie sich selbst wie etwas Wertvolles behandeln. Falls Sie durch die Ruhmdroge vergiftet sind, dann müssen Sie sich entgiften, indem Sie sich verwöhnen. Hier ist sehr viel Sanftheit und liebevolle Selbstannahme vonnöten. Postkarten zu verschicken zum Beispiel ist eine großartige Idee. Schicken Sie sich selbst eine, auf der steht: »Du machst das großartig ...« Es ist sehr schön, Fanpost von sich selbst zu bekommen.

Tatsächlich sehnen wir uns nach Fanpost von uns selbst und von unserem kreativen Selbst. Ruhm ist in Wirklichkeit eine Abkürzung für Selbstbestätigung. Versuchen Sie, sich selbst so anzunehmen, wie Sie sind – und verwöhnen Sie sich nach Strich und Faden mit allem, was einem kleinen Kind Spaß macht. Wir fürchten, dass wir nicht geliebt werden, wenn wir es nicht zu Ruhm und Ehre bringen – weder als Künstler noch als Menschen. Die Auflösung dieser Angst geschieht durch konkrete kleine, aber liebevolle Handlungen. Wir müssen aktiv, bewusst, konsequent und in kreativer Weise unser Künstler-Selbst fördern.

Wenn die Ruhmdroge Sie in den Griff bekommt, dann gehen Sie zu Ihrer Staffelei, Ihrer Schreibmaschine, Ihrer Kamera oder Ihrem Ton. Nehmen Sie die Werkzeuge für Ihre Arbeit in die Hand, und beginnen Sie einfach, kreativ damit herumzuspielen.

Schon sehr bald wird die Ruhmdroge ihren Zugriff lockern. Das einzige Heilmittel gegen die Ruhmdroge ist kreatives Bemühen. Nur wenn wir mit Freude kreativ sind, können wir uns von dem Zwang befreien, uns nach anderen und nach dem, was sie tun, zu richten.

Konkurrenz

Sie nehmen eine Zeitschrift in die Hand und sehen, irgendjemand, *jemand, den Sie kennen,* verwirklicht *Ihren* Traum schneller und konsequenter als Sie. Statt sich zu sagen: »Das beweist, dass es möglich ist«, schreit Ihre Angst: »Der schnappt mir *meinen* Erfolg weg!«

Konkurrenzdenken ist ebenfalls eine spirituelle Droge. Wenn wir uns auf die Konkurrenz konzentrieren, dann vergiften wir unsere Quelle und behindern unseren eigenen Fortschritt. Wenn wir nach den Leistungen der anderen schielen, dann wenden wir unsere Augen von unserem eigenen Ziel ab. Wir stellen die falschen Fragen, und diese falschen Fragen geben uns die falschen Antworten.

»Warum habe ich nur so ein Pech? Warum konnte er seinen Film/seinen Artikel/sein Stück vor mir herausbringen? Vielleicht deshalb, weil ich eine Frau bin?« – »Was soll das Ganze? Was habe ich schon zu bieten?« Solche Fragen stellen wir gerne, wenn wir uns unser kreatives Schaffen ausreden wollen. Fragen wie diese ermöglichen es uns, nützlichere Fragen zu ignorieren: »Habe ich heute an meinem Stück gearbeitet? Habe ich mich an den Einsendetermin gehalten? Habe ich mich um meines Stückes willen um gute Kontakte bemüht?«

Das sind wertvolle Fragen, und es kann uns schwerfallen, uns auf sie zu konzentrieren. Kein Wunder, dass wir in Versuchung geraten, stattdessen den erstbesten emotionalen Drink hinunterzukippen. Kein Wunder, dass so viele von uns *Gala* (oder ähnliche Blätter) lesen und sie benutzen, um sich in einem Bad voll ungesunden Neids zu suhlen.

Wir suchen Ausreden für unsere Vermeidungstaktiken – vor allem bei anderen. »Der und der hat gesagt, getan, gedacht ... und besser als ich ... Außerdem hatte die ja Verbindungen, einen reichen Vater ... Der gehört ja zu einer eigens geförderten Minderheit ... Die hat sich nach oben geschlafen ...«

Konkurrenzdenken ist die Ursache vieler kreativer Blockaden. Als Künstler müssen wir nach innen gehen. Wir müssen uns dem widmen, worauf uns unsere innere Führung stößt. Wir können es uns nicht leisten, uns darüber Sorgen zu machen, ob etwas gerade »in« oder »out« ist. Wenn es zu früh oder zu spät für ein Kunstwerk ist, seine Zeit wird trotzdem noch kommen.

Als Künstler können wir es uns nicht leisten, darüber nachzudenken, wer uns überholt und warum sie es nicht verdienen. Der Wunsch, besser zu sein, kann den Wunsch, einfach zu *sein,* ersticken. Diese Denkweise kann sich ein Künstler nicht leisten. Sie führt uns von unserer inneren Stimme und unseren Wahlmöglichkeiten weg und in ein defensives Spiel hinein, dessen Zentrum außerhalb von uns liegt. Es veranlasst uns, unsere eigene Kreativität durch andere definieren zu lassen.

Dieses Vergleichen und Denken in Gegensätzen hat vielleicht bei Kritikern seinen Platz, nicht jedoch bei Künstlern im Verlauf der Schaffensphase. Überlassen Sie es den Rezensenten, sich mit dem zu befassen, was »angesagt« ist und was nicht. Wir jedenfalls sollten uns zuallererst mit dem befassen, was sich in uns ankündigt und geboren werden will.

Wenn wir mit anderen konkurrieren und uns in unseren kreativen Bemühungen am Markt orientieren, dann begeben wir uns mit anderen Künstlern in ein kreatives Wettrennen und entwickeln dabei lediglich unsere Sprintermentalität. Indem wir den kurzfristigen Sieg anstreben und den langfristigen Gewinn ignorieren, berauben wir uns der Möglichkeit, ein kreatives Leben in unserem eigenen Licht, und nicht im Scheinwerferlicht der Modewelt zu führen.

Immer dann, wenn Sie wütend darüber sind, dass Ihnen jemand anderes um eine Länge voraus ist, dann denken Sie daran: Wettkampf-Mentalität bringt *immer* die Forderung des Egos zum Ausdruck, nicht nur gut, sondern der/die Erste und Beste zu sein. Unser Ego will, dass unsere Arbeit absolut *originär* sein muss – als ob so etwas möglich wäre. Jede Arbeit wird durch andere Arbeiten beeinflusst. Jeder Mensch wird durch andere Menschen beeinflusst. Kein Mensch ist eine Insel, und kein Kunstwerk ist ein eigener Kontinent.

Wenn wir auf Kunst reagieren, dann reagieren wir auf der Basis unserer eigenen Erfahrungen. Nur selten sehen wir etwas auf eine neue Art und Weise und wie zum allerersten Mal. Viel eher sehen wir etwas Altes in einem neuen Licht.

Wenn die Forderung nach Originalität Sie jetzt immer noch plagt, dann denken Sie an Folgendes: Jeder Künstler ist ein eigenes Land, ein besuchenswerter Ort. Die genaue Kartierung unserer kreativen Interessen rechtfertigt den Begriff »originär«, denn wir sind der *Ursprung* unserer Kunst und seine Heimat. Wenn wir den Begriff »Originalität« auf diese Weise verstehen, dann bedeutet er: uns selbst treu bleiben.

Der Geist der Konkurrenz – im Gegensatz zum Geist der Schöpfung – drängt uns häufig, möglichst schnell das hinauszuwerfen, was uns nicht wie eine Idee erscheint, mit der wir einen Preis gewinnen könnten. Das kann sehr gefährlich sein. Es kann uns in unserer Fähigkeit behindern, ein Projekt zu Ende zu führen.

Konkurrenzdenken begünstigt voreilige Schlüsse: Daumen hoch oder Daumen runter. Verdient es dieses Projekt zu leben? (Nein, wird unser Ego sagen, wenn es das bombensichere Projekt sucht, das mit einem Blick und für alle Ewigkeit an der Spitze steht.) Viele Hits sind nur rückblickend sichere Hits. Bis wir uns eines Besseren haben belehren lassen, bezeichnen wir sehr viele kreative Schwäne als hässliche Entlein. Das ist eine Kränkung für die geistigen Produkte, die in unserem Bewusstsein entstehen möchten. Wir beurteilen bzw. nehmen sie auseinander wie die Teilnehmerinnen eines Schönheitswettbewerbs. Mit einem Blick können wir sie vernichten. Wir vergessen, dass nicht alle Babys als Schönheiten geboren werden und dass wir das Leben unbeholfener oder unschicklicher Projekte vernichten, die sich als unsere schönsten Arbeiten erweisen könnten, die besten hässlichen Entlein unserer Kreativität. Kunst braucht Zeit, um zu reifen. Wer sie zu früh beurteilt, beurteilt sie unter Umständen falsch.

Beurteilen Sie deshalb ein im Entstehen begriffenes Werk niemals vorschnell. Seien Sie bereit, schlecht zu malen oder zu schreiben, während Ihr Ego sich im Widerstand aufbäumt. Ihre schlechten schriftstellerischen Versuche könnten der notwendige syntaktische Zusammenbruch auf dem Weg zu einer Veränderung Ihres Stils sein. Ihre schreckliche Malerei könnte Sie in eine neue Richtung weisen. Kunst braucht Zeit. Sie muss ausgebrütet werden, sich ein wenig herumlümmeln, muss vielleicht plump und unförmig sein, damit sie schließlich in ihrer eigenen Form aufersteht. Das Ego hasst diese Tatsache. Das Ego möchte sofortige Befriedigung und den suchterzeugenden Effekt eines anerkannten Sieges. Der Wunsch zu siegen – sofort! – ist die Notwendigkeit, die Anerkennung anderer zu bekommen. Um dem entgegenzuwirken, müssen wir lernen, uns selbst anzuerkennen. Zur Arbeit erscheinen, das ist der Sieg, auf den es ankommt.

Aufgaben

1. Die ***Tödlichen:*** Nehmen Sie ein Blatt Papier, und schneiden Sie sieben schmale Streifen davon ab. Schreiben Sie auf jeden Streifen eines der folgenden Worte: *Alkohol, Drogen, Sex, Arbeit, Geld, Ernährung, Familie/Freunde*. Falten Sie die Streifen zusammen, und stecken Sie sie in einen Umschlag. Ich nenne diese zusammengefalteten Papierstreifen »die Tödlichen«. Warum, werden Sie gleich verstehen. Ziehen Sie nun einen der Tödlichen aus dem Umschlag, und schreiben Sie fünf negative Auswirkungen auf, die dieser Tödliche auf Ihr Leben hatte. (Wenn Ihnen der gezogene schwierig vorkommt oder nicht auf Sie zuzutreffen scheint, betrachten Sie das als Abwehrreaktion.) Diese

Prozedur führen Sie insgesamt siebenmal durch, wobei Sie den vorhergehenden Streifen immer wieder in den Umschlag zurückstecken, so dass Sie stets einen von sieben möglichen ziehen. Ja, es kann sein, dass Sie wiederholte Male denselben Tödlichen ziehen. Ja, das hat eine Bedeutung. Sehr oft ist es der letzte Anstoß nach einer langen Reihe verärgerter »O nein, nicht schon wieder«, der den Widerstand zu durchbrechen hilft und Klarheit schafft.

2. ***Glücksbringer:*** Erstellen Sie, ohne viel zu überlegen, eine Liste der Dinge, die Sie lieben, die sozusagen »Glücksbringer« für Sie sind. Zum Beispiel glattpolierte Flusskiesel, Weidenzweige, Kornblumen, original italienisches Brot, hausgemachte Gemüsesuppe, die Musik der Bo Deans, schwarze Bohnen mit Reis, der Geruch von frisch gemähtem Gras, blauer Samt (der Stoff und *Blue Velvet*, der Song), Tante Minnies Streuselkuchen ...
   Vielleicht möchten Sie diese Liste auch auf ein leeres Blatt Papier schreiben und irgendwo aufhängen, wo sie Ihnen tröstlich sein kann und Sie immer an Ihre ganz persönlichen Glücksbringer erinnert. Vielleicht möchten Sie auch eine Zeichnung von einem der Dinge auf Ihrer Liste machen – oder eines erwerben. Wenn Sie blauen Samt mögen, dann kaufen Sie ein Reststück, und verwenden Sie es als Deckchen auf einem Regal oder einer Kommode, oder hängen Sie es an die Wand, und bringen Sie Bilder darauf an. Spielen Sie ein bisschen damit herum.
3. Die ***schreckliche Wahrheit:*** Beantworten Sie folgende Fragen.
   - Sagen Sie die Wahrheit. Welche Ihrer Gewohnheiten steht Ihrer Kreativität im Wege?
   - Sagen Sie die Wahrheit. Was könnte Ihrer Meinung nach ein Problem sein? Es ist eines.

- Was gedenken Sie hinsichtlich dieser Gewohnheit oder des Problems zu unternehmen?
- Was haben Sie davon, dass Sie an dieser Blockade festhalten?
- Wenn Ihnen nichts dazu einfällt, dann fragen Sie einen Freund, dem Sie vertrauen.
- Sagen Sie die Wahrheit. Welche Ihrer Freunde bringen Sie dazu, an sich selbst zu zweifeln? (Die Selbstzweifel stecken bereits in Ihnen, aber die anderen lösen sie aus.)
- Sagen Sie die Wahrheit. Welche Ihrer Freunde glauben an Sie und Ihr Talent? (Das Talent haben Sie, aber Ihre Freunde rufen es Ihnen ins Bewusstsein.)
- Was haben Sie davon, an Ihren destruktiven Freunden festzuhalten? Wenn Ihre Antwort lautet: »Ich mag sie«, dann lautet die nächste Frage: »Warum?«
- Welche destruktiven Gewohnheiten haben Ihre destruktiven Freunde mit Ihrem destruktiven Ich gemeinsam?
- Welche konstruktiven Gewohnheiten haben Ihre konstruktiven Freunde mit Ihrem konstruktiven Ich gemeinsam?

4. Setzen Sie eine ***Untergrenze*** fest: Arbeiten Sie mit den Antworten auf die vorher gestellten Fragen, und versuchen Sie, eine Untergrenze für sich selbst festzusetzen. Beginnen Sie mit fünf Verhaltensweisen, die Ihnen am unangenehmsten sind. Sie können später noch weitere hinzufügen.
   - Wenn Sie feststellen, dass Ihre Abende im Normalfall von zusätzlichen Aufgaben aufgefressen werden, die Ihnen Ihr Chef aufgehalst hat, dann muss hier eine Regel aufgestellt werden: Keine Arbeit nach 18 Uhr.
   - Wenn Sie um sechs Uhr morgens aufwachen und eigent-

lich eine Stunde schreiben könnten, wenn Sie nicht ständig unterbrochen würden, um nach Socken zu suchen, Frühstück zu machen und zu bügeln, dann könnte die Regel lauten: Ich werde vor sieben Uhr morgens nicht gestört.

- Wenn Sie zu viele Arbeiten übernehmen und zu viele Stunden arbeiten, müssen Sie sich vielleicht einmal Ihre Rechnungen anschauen. Lassen Sie sich angemessen bezahlen? Informieren Sie sich. Was bekommen andere in Ihrer Branche? Erhöhen Sie Ihre Preise, und verringern Sie Ihre Arbeitsbelastung.
- Untergrenze
  - ~ Ich werde nicht mehr am Wochenende arbeiten.
  - ~ Ich werde in Zukunft keine Arbeit mehr zu geselligen Anlässen mitnehmen.
  - ~ Ich werde meine Arbeit nicht mehr über meine kreativen Verpflichtungen stellen. (Ich werde keine Klavierstunden oder Zeichenstunden mehr absagen, bloß weil mein arbeitssüchtiger Chef mir plötzlich schon wieder einen neuen Abgabetermin hingeknallt hat.)
  - ~ Ich werde meine Vergnügungen mit meinem/meiner Liebsten im Bett nicht länger verschieben, nur um bis spätnachts noch etwas für meine Arbeit zu lesen.
  - ~ Ich werde nach 18 Uhr zu Hause keine geschäftlichen Anrufe mehr entgegennehmen.

5. ***Wertschätzung:***
   - Zählen Sie fünf kleine Siege auf.
   - Zählen Sie drei aufbauende Handlungen auf, die Sie für Ihren inneren Künstler unternommen haben.
   - Zählen Sie drei Handlungen auf, die Sie unternehmen könnten, um Ihren Künstler zu trösten.

- Geben Sie sich selbst drei nette Versprechen. Halten Sie sie.
- Tun Sie *jeden* Tag in dieser Woche etwas Schönes für sich selbst.

Check-in

1. An wie vielen Tagen in dieser Woche haben Sie Ihre ***Morgenseiten*** geschrieben? Hat das Lesen Ihrer Seiten Ihr Schreiben verändert? Lassen Sie es immer noch zu, sie ganz frei zu schreiben?
2. Haben Sie in dieser Woche Ihren ***Künstlertreff*** abgehalten? Gönnen Sie sich noch einen zusätzlichen Treff. Was haben Sie unternommen? Wie haben Sie sich dabei gefühlt?
3. Haben Sie in dieser Woche irgendwelche ***Synchronizitäten*** erlebt? Worin bestanden sie?
4. Gab es in dieser Woche irgendwelche anderen ***Themen oder Ereignisse,*** die Sie als bedeutsam für Ihre kreative Reise ansehen? Beschreiben Sie sie.

WOCHE ELF

In dieser Woche konzentrieren wir uns auf die künstlerische Autonomie. Wir prüfen die aktuellen Möglichkeiten, mit denen wir uns als Künstler aufbauen und annehmen. Wir untersuchen Verhaltensweisen, die unser spirituelles Fundament und damit auch unsere kreative Kraft stärken können. Und wir richten unser Augenmerk besonders darauf, wie wir mit Erfolg umgehen müssen, um unsere Freiheit nicht zu sabotieren.

Das Gefühl von Autonomie wiedergewinnen

Akzeptanz

Ich bin Künstler. Als Künstler brauche ich vielleicht eine andere Mischung aus Stabilität und Veränderung als andere Menschen. Vielleicht finde ich heraus, dass eine Ganztagsbeschäftigung von neun bis fünf mich stabilisiert und mir mehr Freiraum für kreatives Arbeiten gibt. Oder aber ich stelle fest, dass eine solche berufliche Einbindung mir meine Energie nimmt und ich dadurch zu keinen kreativen Leistungen mehr fähig bin. Ich muss experimentieren und herausfinden, was für mich am besten ist.

Es ist normal, dass die Einnahmen eines Künstlers sehr unregelmäßig fließen. Jedoch schreibt uns kein Gesetz vor, dass wir permanent pleite sein müssen, aber die Wahrscheinlichkeit ist groß, dass wir zumindest von Zeit zu Zeit kein Geld haben werden. Gute Arbeiten lassen sich manchmal nicht verkaufen. Oder es kauft sie jemand, bezahlt sie aber nicht sofort. Der Markt kann schlecht sein, auch wenn die Arbeit hervorragend ist. Über diese Faktoren habe ich keine Kontrolle. Die Aufrichtigkeit gegenüber dem inneren Künstler bringt oft Arbeiten hervor, die gekauft werden – jedoch nicht zwangsläufig. Ich muss mich davon befreien, meinen Wert und den Wert meiner Werke am Marktwert meiner Arbeit festzumachen.

Die Vorstellung, dass hohe Einnahmen meine Glaubwürdigkeit festigen, ist sehr schwer ins Wanken zu bringen. Wenn sich wirkliche Kunst an ihrem Geldwert messen ließe, dann wäre Gauguin ein Scharlatan gewesen. Als Künstler kann ich vielleicht nie ein Zuhause mein Eigen nennen, das in *Schöner Wohnen* abgebildet würde – oder vielleicht doch. Andererseits kann ich vielleicht einen Gedichtband, ein Lied, etwas aus dem Bereich der darstellenden Kunst oder einen Film mein Eigen nennen.

Ich muss lernen, dass für mich als Künstler meine Glaubwürdigkeit in mir, in Gott und in meiner Arbeit liegt. Mit anderen Worten: Wenn ich ein Gedicht zu schreiben habe, dann muss ich dieses Gedicht schreiben, unabhängig davon, ob es sich verkauft oder nicht.

Ich muss schaffen, was geschaffen werden will. Ich kann keine Karriere planen, die sich in irgendeine vorgegebene Richtung entwickeln soll oder von Einnahme- und Marktstrategien diktiert wird. Diese Dinge sind wichtig; wenn wir ihnen jedoch zu viel Aufmerksamkeit widmen, dann kann das innere Kind, das verängstigt und ärgerlich wird, wenn wir es dauernd vertrösten, daran ersticken. Kinder, wie wir alle wissen, kommen mit Sätzen wie »Später, nicht jetzt« nicht so gut zurecht.

Da mein Künstler ein Kind ist, das natürliche Kind in uns, muss ich einige Zugeständnisse an sein Zeitgefühl machen. Das bedeutet nicht gleich vollkommene Verantwortungslosigkeit. Es heißt, dem Künstler qualitativ hochwertige Zeit zu geben, in dem Wissen, dass das Kind, wenn ich es tun lasse, was es möchte, dass es mir bei den Dingen, die ich tun muss, zur Seite stehen wird.

Manchmal werde ich schlecht schreiben, schlecht malen, schlecht zeichnen, schlecht schauspielern. Ich habe ein Recht, das zu tun, um auf die andere Seite zu kommen. Kreativität belohnt mich mit sich selbst.

Als Künstler muss ich dafür sorgen, dass ich mich mit Menschen umgebe, die mein Künstlerkind nähren, wie eine Mutter ihr Baby stillt – und nicht mit Menschen, die versuchen, es für ihre eigenen Zwecke abzurichten. Einige Freundschaften geben meiner künstlerischen Fantasie neue Anstöße, andere töten sie ab.

Vielleicht bin ich ein guter Koch, eine schlechte Hausfrau und ein fähiger Künstler. Ich bin, außer was mein Schreiben betrifft, unordentlich und unorganisiert. Ich lege größten Wert auf kreative Details, bin jedoch andererseits nicht wirklich an Details wie geputzten Schuhen und Böden interessiert.

Mein Leben wird in einem hohen Maße durch meine Kunst diktiert, und wenn es langweilig ist, dann wird auch meine Arbeit langweilig. Als Künstler stecke ich meine Nase dorthinein, wo andere Leute nur eine Sackgasse sehen: eine Punkband, für die ich geheimnisvollerweise schwärme, einen Gospelsong, von dem mein inneres Ohr fasziniert ist, ein Stück rote Seide, das ich einfach mag und deshalb zu einem netten Outfit trage, wodurch dieses »ruiniert« wird.

Als Künstler trage ich vielleicht meine Haare kraus oder kleide mich merkwürdig. Ich gebe vielleicht zu viel Geld für Parfum in einer schönen blauen Flasche aus, auch wenn das Parfum stinkt; denn die Flasche inspiriert mich dazu, das Paris der Dreißiger zu beschreiben.

Als Künstler schreibe ich, egal, ob ich nun glaube, dass das, was ich schreibe, gut oder schlecht ist. Ich drehe Filme, die andere Menschen vielleicht nicht leiden können. Ich mache schlechte Zeichnungen, um auszudrücken: »Ich war in diesem

Raum. Ich war glücklich. Es war Mai, und ich habe jemanden kennengelernt, den ich kennenlernen wollte.«

Als Künstler beziehe ich meine Selbstachtung daraus, dass ich meine Arbeit tue, eine Aufführung inszeniere, ein Konzert arrangiere oder ein Bild male. Zweieinhalb Jahre, um einen neunzigminütigen Film zu drehen. Fünf Entwürfe für ein Theaterstück. Zwei Jahre Arbeit für ein Musical. Während der ganzen Zeit zeige ich mich täglich auf den Morgenseiten und schreibe über meine hässlichen Vorhänge, meinen schlechten Haarschnitt, meine Freude darüber, wie die Bäume bei meinem morgendlichen Joggen das Licht reflektieren.

Als Künstler muss ich nicht reich sein, aber ich muss reichlich unterstützt werden. Ich kann nicht zulassen, dass mein emotionales und intellektuelles Leben stagnieren, sonst zeigt sich das in meiner Arbeit, in meinem Leben, in meinen Stimmungen. Wenn ich nicht kreativ arbeite, dann werde ich mürrisch.

Als Künstler kann ich buchstäblich vor Langeweile sterben. Ich töte mich selbst, wenn ich mein Künstlerkind nicht fördere und nach der Vorstellung eines anderen handle. Je liebevoller ich mein Künstlerkind nähre, desto erwachsener kann ich auftreten. Wenn ich meinen Künstler verwöhne, dann wird er mich einen Geschäftsbrief schreiben lassen. Meinen Künstler zu ignorieren zieht eine zermürbende Depression nach sich.

Es gibt eine Verbindung zwischen der Sorge für mich selbst und meiner Selbstachtung. Wenn ich es zulasse, dass mich andere Menschen zu einem normaleren und netteren Auftreten drängen, wenn ich mich von ihnen tyrannisieren und einschüchtern lasse, dann verkaufe ich mich. Vielleicht können sie mich dann besser leiden und fühlen sich durch meine konventionellere Erscheinung und mein konventionelleres Verhalten sicherer, aber ich selbst werde mich dafür hassen.

Wenn ich mich selbst hasse, dann gehe ich auf mich und auf andere los.
Wenn ich meinen inneren Künstler sabotiere, dann kann ich mit großer Wahrscheinlichkeit davon ausgehen, dass ich mich überfressen, übermäßig viel Sex haben oder mich meinen Launen überlassen werde. Überprüfen Sie selbst, ob es da eine Verbindung gibt. Wenn wir nicht kreativ arbeiten, dann verhalten wir Künstler uns nicht immer normal oder besonders nett – weder uns selbst noch anderen gegenüber.
Kreativität ist Sauerstoff für unsere Seele. Das Abschneiden unserer Kreativität macht uns wild. Wir reagieren, als ob wir erwürgt würden. Es kommt wirkliche Wut in uns hoch, wenn man uns ans Leder will, unsere Wunden aufkratzen und uns auf etwas festlegen will. Wenn wohlmeinende Eltern und Freunde uns eine Heirat oder eine regelmäßige Arbeit von neun bis fünf oder sonst irgendetwas aufdrängen, was sich nicht so entwickelt, dass es uns erlauben würde, mit unserer Kunst fortzufahren, dann werden wir so reagieren, als ob wir um unser Leben kämpfen – und das tun wir tatsächlich.
Künstler zu sein heißt, das Besondere zu bemerken. Das Merkwürdige zu schätzen. Ein Gefühl für das Spielerische in Ihrer Einstellung gegenüber allgemein akzeptierten Normen zu behalten. Die Frage »Warum?« zu stellen. Künstler zu sein bedeutet, das Risiko einzugehen, dass viel von dem, was Geld, Besitz und Prestige ausmacht, Ihnen ein wenig albern vorkommt.
Ein Künstler zu sein heißt, das Erstaunliche anzuerkennen. Es bedeutet, ein unpassendes Möbelstück in einem Raum stehen zu lassen, wenn es uns gefällt. Es bedeutet, an einem komischen Mantel zu hängen, der uns glücklich macht. Es bedeutet, nicht ständig zu versuchen, etwas zu sein, das wir nicht sind. Wenn Sie beim Schreiben glücklicher sind, als wenn Sie nicht

schreiben, wenn Sie beim Malen glücklicher sind, als wenn Sie nicht malen, wenn Sie beim Singen glücklicher sind, als wenn Sie nicht singen, wenn Sie beim Schauspielern glücklicher sind, als wenn Sie nicht schauspielern, dann erlauben Sie sich um Gottes willen (und das meine ich wörtlich), genau das zu tun.

Ihre Träume abzutöten, weil sie unverantwortlich sind, bedeutet, sich selbst gegenüber unverantwortlich zu handeln. Ihre Glaubwürdigkeit liegt bei Ihnen und bei Gott – und nicht in dem Urteil Ihrer Freunde und Bekannten.

Der Schöpfer hat uns als kreative Menschen erschaffen. Unsere Kreativität ist unser Geschenk von Gott. Der Gebrauch unserer Kreativität ist unser Geschenk an Gott. Das Akzeptieren dieses Austauschs ist der Beginn einer echten Selbstannahme.

Erfolg

Kreativität ist eine spirituelle Praxis. Sie ist nichts, das perfektioniert, abgeschlossen und dann beiseitegestellt werden kann. Ich habe die Erfahrung gemacht, dass wir ein Plateau unserer kreativen Fertigkeiten erreichen, nur um dann eine gewisse Ruhelosigkeit in uns zu spüren. Ja, wir sind erfolgreich. Ja, wir haben es geschafft, aber ...

Mit anderen Worten: Gerade wenn wir das Ziel erreichen, entzieht es sich. Wir sind unzufrieden mit unseren Errungenschaften, wie großartig sie auch sind, und neuerlich mit unserem kreativen Selbst und seinen Hungergefühlen konfrontiert. Die Fragen, die wir gerade zur Seite gelegt haben, heben jetzt noch einmal ihren Kopf: Was sollen wir tun ... *jetzt?*

Der unaufhörliche Hunger nach weiterer Erforschung ist unser Prüfstein. Er zwingt uns, weiter zu expandieren, damit wir uns nicht zusammenziehen. Wenn wir uns davor drücken – und wir alle versuchen es –, dann geraten wir geradewegs zu Stagnation, Unzufriedenheit und spirituellem Unbehagen. »Kann ich mich nicht ein bisschen ausruhen?«, fragen wir uns. Die Antwort lautet: nein.

Als Künstler sind wir spirituelle Haie. Wenn wir uns nicht weiterbewegen, dann sinken wir zu Boden und sterben. Die Wahl ist einfach: Wir können darauf bestehen, uns auf unseren Lorbeeren auszuruhen, oder wir fangen von vorne an. Ein gesundes kreatives Leben verlangt unerbittlich die demütige Bereitschaft zu fortwährenden Neuanfängen.

Bereitwillig immer wieder Anfänger zu sein macht eine kreative Karriere aus. Einer meiner Freunde, ein Meister seines Fachs, ist bereits Jahre im Voraus ausgebucht. Er steht auf geschäftlicher Ebene beneidenswert gut da, aber er hat festgestellt, dass er so seine künstlerische Gesundheit gefährdet. Wenn sich das Rad dreht und er das bereits vor drei Jahren zugesagte Projekt durchführen muss, gelingt ihm das dann noch mit genug Fantasie und seiner anfänglichen Begeisterung? Weil er die Frage ehrlich verneinen muss, hat er unter großen finanziellen Verlusten damit begonnen, seine in der Zukunft liegenden Engagements zu reduzieren und in den riskanteren, jedoch lohnenderen Zuwachs an künstlerischer Integrität zu investieren.

Nicht jeder kann angesichts finanzieller Versuchungen so viel kreativen Mut aufbringen, aber wir könnten es versuchen. Als Künstler sind wir Reisende. Wenn wir zu sehr durch weltliche Bürden belastet und zu sehr auf soziale Stellung und Position festgelegt sind, dann können wir unserer spirituellen Führung nicht mehr folgen. Wir beharren gerne auf einem geraden, schmalen Weg, doch der Weg des Künstlers ist spiralförmig. Wenn wir uns von dem äußeren Glanz einer Karriere blenden lassen, dann stellen wir vielleicht auch das, was wir dafür investieren, über unsere innere Führung. Wer den Zahlen die Herrschaft überlässt, der lässt sich selbst und seine Ziele außer Acht. Kreativität ist kein Geschäft, auch wenn sie viele Geschäfte mit sich bringen kann. Ein Künstler kann frühere Erfolge nicht unbegrenzt wiederholen. Denjenigen, die versucht sind, zu lange nach ein und demselben Rezept zu arbeiten, und sei es ihr eigenes, geht schließlich ihre kreative Wahrheit verloren. Da wir in das Geschäftsmilieu unserer Kunst eingebettet sind, liegt eine Versuchung darin, das zu garantieren, was wir nicht liefern können: gute Arbeit von der gleichen Qualität früherer Arbeiten.

Erfolgreiche Filme erzeugen eine geschäftliche Nachfrage nach Fortsetzungen. Erfolgreiche Bücher erzeugen eine Nachfrage nach weiteren ähnlichen Büchern. Maler durchlaufen populäre Phasen in ihrer Arbeit und fühlen sich gedrängt, dort zu verharren. Töpfer, Komponisten und Choreographen haben dasselbe Problem. Als Künstler werden wir aufgefordert, uns zu wiederholen und auf dem Markt, den wir aufgebaut haben, zu expandieren. Manchmal gelingt das, manchmal nicht.

Für einen erfolgreichen Künstler besteht der Trick darin, seine Zukunft nicht zu sehr mit Hypotheken zu belasten. Wenn das Haus im Nobelviertel zwei Jahre kreatives Elend bedeutet und die Arbeit an einem Projekt nur des Geldes wegen geschieht, dann ist das Haus ein teurer Spaß.

Das soll nicht heißen, dass Lektoren ihre Halbjahre nicht mehr planen oder dass sich Studios nicht mehr auf Fertigstellungstermine verlassen dürfen. Es bedeutet, dass sich ein kreativer Mensch nicht nur für finanziell einträgliche Auftragsarbeiten engagieren soll, sondern auch für die riskanteren Projekte, die seine kreative Seele nähren. Man muss eine erfolgreiche Karriere nicht aufgeben, um Erfüllung in der Kreativität zu finden. Es ist jedoch notwendig, den Tagesfahrplan ein wenig umzustellen, um jene kleinen Korrekturen der täglichen Flugbahn zuzulassen, die auf lange Sicht den Kurs ändern und uns in unserer Karriere kreative Befriedigung sichern.

Das bedeutet, dass Sie Ihre Morgenseiten schreiben und Ihren Künstlertreff abhalten sollen. »Aber ich leite jetzt ein Studio«, wenden Sie ein. »Es gibt Menschen, die von mir abhängig sind.« Umso mehr ein Grund, sich auf sich selbst verlassen zu können und die eigene Kreativität zu schützen, entgegne ich.

Wenn wir die Verpflichtung an unseren inneren Künstler ignorieren, dann wird der Preis, den wir dafür bezahlen, sehr schnell in unserer Arbeit sichtbar. Routine und mechanisches Arbeiten machen sich breit. Das spielerische Element unserer Kreativität zieht sich zurück. Wir müssen das vor langer Zeit zugesagte Projekt abarbeiten, fühlen uns aber nur von abgrundtiefer künstlerischer Müdigkeit erfüllt. Wie mit dem Gewehr in der Hand müssen wir unsere Begeisterung herbeikommandieren.

Künstler sind dazu in der Lage, die Anforderungen ihrer Geschäftspartner in verantwortlicher Weise zu erfüllen, und sie tun das auch. Schwieriger und wichtiger für uns ist es jedoch, weiterhin der inneren Forderung nach unserem eigenen künstlerischen Wachstum nachzukommen. Kurz gesagt: Wenn sich bei uns der Erfolg einstellt, dann müssen wir wachsam sein. Jeder Erfolg, der auf einem unveränderlichen künstlerischen Plateau errichtet wird, schadet uns und führt unweigerlich zu Misserfolgen.

Zen des Sports

Die meisten blockierten Künstler sind Kopfmenschen. Wir denken an all die Dinge, die wir tun möchten, aber nicht tun können. Zu Beginn unserer Reise zur Kreativität denken wir zunächst an all die Dinge, die wir tun möchten, aber nicht tun. Um unsere persönliche Entwicklung voranzubringen, müssen wir aus dem Kopf herauskommen und uns mit unserem Körper in unsere Arbeit hineinstürzen. Um das zu tun, müssen wir zuallererst *in den Körper* zurückkehren.

Kreativität erfordert Aktivität, und ein Teil dieser Aktivität muss körperlich sein. Europäer und Amerikaner eignen sich gerne östliche Meditationstechniken an, entschweben in Glückseligkeit und Hochgefühle, verlieren dabei jedoch den Bodenkontakt und somit die Fähigkeit, in der Welt zu handeln. Auf der Suche nach einem höheren Bewusstsein geraten wir in eine neue Bewusstseinslosigkeit. Sport bekämpft diese spirituell verursachte Funktionsstörung.

Wir brauchen ausreichend Energie, um uns in kreativer Weise mitteilen zu können. Und hier kommt das Gehen ins Spiel, denn wir brauchen eine Bewegungsmeditation. Der Akt der Bewegung trägt uns ins Hier und Jetzt und hilft uns, die Hirngespinste zu reduzieren. Zwanzig Minuten am Tag sind ausreichend. Ihr Ziel ist es, mit dem Körper Ihren Geist zu dehnen.

Es geht also nicht im eigentlichen Sinne um den Fitnessaspekt, obwohl mit dem Gehen oder Walken körperliche Fitness erreicht werden kann.

Ihr Ziel ist es, sich mit der Welt außerhalb von Ihnen zu verbinden, um die obsessive Selbsterforschung zu beschränken und auf Wahrnehmung zu schalten. Sie werden bald feststel-

len, dass das Selbst, wenn der Geist auf das *Andere* konzentriert ist, besser fokussiert.
Frühmorgens um 6.30 Uhr macht sich der große blaue Reiher von seinem Rastplatz in den Wiesen auf und erhebt sich mit großen rhythmischen Flügelschlägen über den Fluss. Der Vogel sieht Jenny unter sich. Jenny sieht den Vogel dort oben. Die Bewegung ihrer Beine trägt sie in einem leichten schwebenden Schritt. Ihr Geist schwingt sich zu dem Reiher empor und zirpt: »Hallo, guten Morgen, ist das nicht schön?« Zu diesem Zeitpunkt und an diesem Ort sind sie verwandte Seelen. Beide sind wild und frei und glücklich mit ihrer Bewegung, der Bewegung des Windes, der Wolken, der Bäume.
Um 4.30 Uhr nachmittags tritt Jennys Chef in die Tür ihres Büros. Die neue Kundin ist pingelig und hat noch weitere Änderungswünsche für ihren Text. Kriegt sie das hin? »Selbstverständlich«, antwortet Jenny. Sie kriegt es hin, weil sie noch immer auf den Schwingen der freudigen Energie ihres Morgenspaziergangs schwebt. Dieser Reiher; das Stahlblau und das blitzende Silber, als er sich beim Fliegen in die Kurve legte ...
Jenny würde sich selbst nicht als Sportlerin bezeichnen. Sie läuft keine Marathons. Sie joggt nicht in fröhlichen Single-Gruppen. Obwohl ihre Strecke langsam gewachsen ist und ihre Schenkel langsam abgenommen haben, walkt sie nicht, um fit zu werden. Jenny läuft für ihre Seele, nicht für ihren Körper. Die Fitness ihres Geistes bestimmt die Stimmung ihres Tages und verwandelt ihre Verfassung von gestresst in mühelos.
»Ich walke, um neue Perspektiven zu entdecken«, sagt Jenny. Wenn die Kundin an ihrem Text herummäkelt, dann distanziert sich Jenny und erhebt sich wie der große blaue Reiher über ihre Frustration. Das bedeutet nicht, dass sie gleichgültig

wird. Es bedeutet vielmehr, dass sie eine neue Perspektive findet – eine Vogelperspektive.
Eve Babitz ist Romanschriftstellerin – und Schwimmerin. Groß, schlank und mit ähnlich eleganten Kurven ausgestattet wie die Schnellstraßen in ihrer Geburtsstadt Los Angeles. Eve Babitz schwimmt, um den Verkehrsfluss ihres eigenen überfüllten Geistes in die richtigen Bahnen zu lenken. »Schwimmen«, so sagt sie, »ist ein wunderbarer Sport für eine Schriftstellerin.« Jeden Tag, wenn sie das aquamarinblaue Rechteck des Schwimmbads in ihrer Nachbarschaft abschwimmt, taucht ihr Geist tief in sich selbst ein, vorbei an dem Unkraut und dem Durcheinander der alltäglichen Sorgen – dem Lektor, der den Scheck zu spät schickt, der Schreibkraft, die so viele Fehler macht – und hinunter in ein ruhiges blaues Becken der Inspiration. Diese rhythmischen, sich wiederholenden Bewegungen verlagern den Ort der Gehirnaktivität aus der logischen in die künstlerische Hemisphäre. Dort sprudelt die Inspiration ungehindert von den Zwängen der Logik hervor.
Martha ist Schreinerin und Radfahrerin, die sich auf lange Strecken spezialisiert hat. Die Arbeit in der Werkstatt fordert ihr täglich innovative Lösungen für den Möbelbau ab – den Entwurf eines komplizierten Intarsiendesigns, die Suche nach einer einfachen Lösung für eine komplizierte Konstruktion. »Wie kann ich eine Arbeitsfläche schaffen, ohne zu viel Platz zu verbrauchen?« Oder: »Wie muss der Schrank aussehen, der in diese Ecke und an diese Wand und zu meinem sonstigen Mobiliar passt?« Wenn Martha von ihrer Wohnung am Stadtrand zur Arbeit in die Innenstadt radelt, dann überlegt sie sich die Antworten auf solche Fragen. So wie eine Amsel plötzlich durch Marthas Blickfeld flattert, so blitzt der Begriff »Rolltüren« als Lösung für ihr Designproblem auf, und Martha tritt vergnügt in die Pedale. Indem sie die Pedale ihres Fahrrads

rhythmisch in Bewegung hält, füllt sie den Energiepool ihrer Kreativität. »Auf dem Fahrrad lasse ich meine Fantasie schweifen und finde Lösungen für Probleme«, sagt Martha. »Die Lösungen fliegen mir zu. Irgendwie bin ich befreit und kann frei assoziieren. Die Dinge rutschen wie von allein an ihren Platz.«

Die Dinge, die sich dann regeln, haben nicht nur mit Marthas Arbeit zu tun. Wenn sie Rad fährt, dann spürt sie nicht nur ihre eigene Bewegung, sondern auch die Gottes im Universum. Sie erinnert sich daran, wie sie alleine auf der Route 22 im Norden des Bundesstaates New York geradelt ist. Der Himmel war eine azurblaue Schüssel. Die Getreidefelder glänzten grün und golden. Das schwarze Asphaltband, das Martha entlangfuhr, schien sie direkt in das Herz Gottes zu führen. »Stille, blauer Himmel, ein schwarzer Highwaystreifen, Gott und der Wind. Wenn ich Rad fahre, dann spüre ich Gott besonders in der Abenddämmerung und frühmorgens. Es fällt mir leichter zu meditieren, wenn ich in Bewegung bin, als wenn ich still dasitze. Allein zu sein, die Freiheit zu haben, dorthin zu fahren, wo immer ich hinmöchte, zu spüren, wie der Wind weht, alleine in diesem Wind zu fahren, all das hilft mir, mich zu sammeln. Ich fühle mich Gott dann so nah, dass mein Geist singt.«

Sport vermittelt ein Gefühl für die Belohnung, die der Prozess bereithält. Er schafft Befriedigung über die gut bewältigten kleine Aufgaben. Jenny öffnet sich beim Gehen und lernt, eine unverhoffte innere Quelle anzuzapfen. Martha würde diese Kraft Gott nennen, aber worauf auch immer sie reagiert, Sport scheint diese Kraft genau dann hervorzubringen, wenn wir unserer persönlichen Stärke misstrauen. Statt ein kreatives Projekt beiseitezuschieben, das uns frustriert, lernen wir, die Schwierigkeiten zu überwinden.

»Das Leben ist eine Abfolge von Hürden«, sagt Libby, eine Malerin, die in ihrer Freizeit reitet. »Früher habe ich es als eine Serie von Hindernissen oder Straßensperren gesehen. Jetzt sind es Hürden und Herausforderungen. Wie gut nehme ich sie?« In täglichen Schulungen bringt Libby ihrer Stute bei, »erst zu denken, bevor sie springt, und die richtige Schrittfolge zu finden«. Libby hat dabei die gleichen Fertigkeiten für ihr eigenes Leben erlernt.

Ein Teil dieser erlernten kreativen Geduld entsteht durch die Verbindung mit der universellen Kreativität. »Wenn ich reite, dann schaltet sich mein rationaler Verstand ab«, erklärt Libby. »Ich bin auf das Fühlen reduziert, darauf, Teilnehmer zu sein. Wenn du durch eine Wiese reitest und die Lerche flatternd und wild zwitschernd über dir im Himmel steht, dann erfasst dich ein Gefühl, das dein Herz zum Singen bringt. Diese Momente intensiven Fühlens haben mich gelehrt, auch andere Momente im Leben bewusster wahrzunehmen. Wenn ich das Singen meines Herzens mit einem Mann spüre, so wie ich es auch in diesen besonderen Augenblicken auf dem Pferderücken gespürt habe, dann weiß ich, dass dieses Gefühl mein eigenes ist und wenig mit diesem Mann zu tun hat.«

Es ist nicht nur die Nähe zur Natur, die das Herz singen lässt. Es ist bekannt, dass die Endorphinausschüttung beim Sport ähnliche Gefühle bewirkt. Ein Läufer kann das gleiche glückliche Wohlbefinden spüren, wenn er eine schmutzige Stadtstraße unter die Füße nimmt, wie es Libby hat, wenn sie in ihrem eigenen Rhythmus einen Feldweg entlangreitet.

»Gott ist in seinem Himmel anwesend; alles ist in Ordnung mit der Welt«, so charakterisiert Robert Browning dieses Gefühl in seinem langen epischen Gedicht *Pippa Passes*, und es ist kein Zufall, dass Pippa dieses Gefühl beim Gehen hat. Nicht jeder kann es sich leisten, ein Pferd zu reiten oder ein Fahrrad mit zehn Gängen zu besitzen. Viele von uns müssen sich auf ihre Füße als Mittel des Vorankommens und der Entspannung verlassen. So wie Jenny können wir mit dem Laufen beginnen. Oder wir machen Wandern zu unserem Sport. Uns Künstlern bietet das Wandern den zusätzlichen Vorteil, dass es die Sinne befriedigt. Die Dinge sausen nicht einfach vorbei. Wir sehen sie wirklich. In gewissem Sinne folgt der Sicht die Einsicht. Wir füllen die Quelle und können sie dann später leichter anzapfen.

Gerry lebt gerne in der Stadt. Wenn er Spaziergänge auf dem Land macht, dann beschränkt er sich darauf, Blumenkästen und Gärten in Augenschein zu nehmen. Gerry hat für sich herausgefunden, dass »in den Städten die Menschen die Landschaft sind«. Er hat auch gelernt, nach oben zu schauen und nicht immer nur hinunter. Er bewundert die Details und Friese, mit denen Gebäude oft geschmückt sind und die, vom Gehweg aus betrachtet, nun ja, ziemlich prosaisch aussehen. Bei seinen Streifzügen durch die Canyons der Stadt findet er eine ganze Reihe landschaftlicher Attraktionen. Da ist die Katze, die die Farbe von Orangenmarmelade hat und die in einem Fenster über dem Blumenkasten mit rosa und roten Geranien sitzt. Da ist das kupferne Kirchendach in milchigem Grün, das bei Regenstürmen silbern glänzt. Ein reichornamentiertes Foyer mit Marmorintarsien kann man durch die offene Tür eines mitten in der Stadt gelegenen Bürogebäudes erblicken. In einem anderen Straßenzug hat jemand ein Hufeisen als Glücksbringer in den Zement des Bürgersteigs eingelassen. Eine Miniaturausgabe der Freiheitsstatue ragt unerwartet über einer würdevollen Backsteinfassade auf. Gerry fühlt sich frei, wenn er auf nicht müde werdenden Füßen durch die Straßen der Stadt streift. Dieser Hof, jener gepflasterte Weg – Gerry sammelt urbane visuelle Freuden auf die gleiche Weise, wie seine Urahnen diese Nuss und jene Beere aufgehoben haben. Sie haben Nahrung gesucht. Er sammelt Nahrung für seine Seele auf. Sport, der unter gewissen Intellektuellen als hirnlose Beschäftigung in Verruf geraten ist, entpuppt sich als Anstoß zum Denken. Wir lernen, indem wir dorthin gehen, wohin wir gehen müssen. Sport ist oft das Gehen, das uns von der Stagnation zur Inspiration, vom Problem zur Lösung und vom Selbstmitleid zur Selbstachtung bringt. Wir lernen tatsächlich durch das Gehen.

Wir lernen, dass wir stärker sind, als wir denken. Wir lernen, Dinge aus einer neuen Perspektive zu betrachten. Wir lernen, unsere Probleme zu lösen, indem wir unsere eigenen inneren Quellen anzapfen und auf Inspiration lauschen, die nicht nur von anderen, sondern auch aus uns selbst stammen. Scheinbar ohne jede Mühe kommen uns Antworten, wenn wir schwimmen oder gehen oder reiten oder laufen.

Stellen Sie Ihren Künstleraltar auf

Die Morgenseiten sind Meditation, eine Übung, die Sie zu Ihrer Kreativität und zu Ihrem Schöpfergott bringt. Um mit Leichtigkeit und auf glückliche Weise kreativ zu bleiben, müssen wir spirituell zentriert sein. Das ist leichter, wenn wir es uns erlauben, zentrierende Rituale durchzuführen. Es ist wichtig, dass wir uns dazu Elemente zunutze machen, die sich heilig und glücklich für uns anfühlen.

Viele blockierte Kreative sind in Elternhäusern aufgewachsen, in denen mit den Mitteln der Religion gestraft wurde. Damit wir auf glückliche und leichte Art kreativ bleiben können, müssen wir uns davon heilen, und durch eigene kreative Rituale spirituell zentrieren. Ein spiritueller Raum oder auch eine spirituelle Ecke stellt eine hervorragende Möglichkeit dar, um das zu tun.

Ein solcher Rückzugsort kann die Ecke eines Zimmers sein, ein Winkel unter der Treppe oder auch ein Fensterbrett. Er dient der Erinnerung und der Anerkennung der Tatsache, dass unser Schöpfer unsere Kreativität entfaltet. Füllen Sie ihn mit Dingen, die Sie glücklich machen. Erinnern Sie sich daran, dass Ihr Künstler durch Bilder genährt wird. Wir müssen die alte Vorstellung ablegen, dass Spiritualität und Sinnlichkeit sich nicht vertragen. Der Altar eines Künstlers sollte ein sinnliches Erlebnis sein.

Wir sollen die guten Dinge auf dieser Erde feiern. Schöne Blätter, Steine, Kerzen, Schätze aus dem Meer – all diese Dinge erinnern uns an unseren Schöpfer.

Kleine selbstentworfene Rituale sind gut für die Seele. Räucherstäbchen zu verbrennen, während man Affirmationen liest oder sie selbst schreibt, eine Kerze anzünden, zu Trommelmusik tanzen, mit einem Handschmeichler spielen und gregorianischen Gesängen lauschen – all diese greifbaren, physischen Techniken stärken das spirituelle Wachstum.

Erinnern Sie sich daran, dass das Künstlerkind die Sprache der Seele spricht: Musik, Tanz, Gerüche, Muscheln ... Ihr Künstleraltar für den Schöpfer sollte lustig, ja sogar albern anzusehen sein. Denken Sie daran, wie sehr kleine Kinder buntes Zeug mögen. Ihr Künstler ist ein kleines Kind, also ...

Aufgaben

1. Sprechen Sie »Die Grundprinzipien« auf Band. (Vergleichen Sie dazu Seite 25). Wählen Sie, wenn Sie möchten, auch einen ***Lieblingstext*** aus diesem Buch aus, und nehmen Sie ihn ebenfalls auf. Nutzen Sie die Kassette zur Meditation.
2. Schreiben Sie Ihr ***Künstlergebet*** aus Woche vier handschriftlich und ohne Abkürzungen zu verwenden auf. Stecken Sie es in Ihr Portemonnaie.
3. Kaufen Sie sich ein besonderes ***Kreativitätsnotizbuch.*** Numerieren Sie die Seiten von eins bis sieben durch. Ordnen Sie jeder der folgenden Kategorien eine Seite zu: Gesundheit, Besitz, Freizeit, Beziehungen, Kreativität, Beruf und Spiritualität. Schreiben Sie unter jeder Rubrik zehn Wünsche auf, ohne sich über ihre mögliche praktische Umsetzbarkeit Gedanken zu machen. Es stimmt, das ist wirklich viel. Gestatten Sie sich hier ein wenig zu träumen.
4. Arbeiten Sie mit dem Abschnitt »Aufrichtige Veränderungen« aus Woche vier. Nehmen Sie eine ***Bestandsaufnahme*** der Veränderungen vor, die sich bei Ihnen seit Beginn Ihrer kreativen Reise eingestellt haben.
5. Nennen Sie ***fünf Veränderungen,*** die Sie gerne beibehalten würden.
6. Zählen Sie fünf Möglichkeiten oder ***Ideen*** auf, die Sie sich in den nächsten sechs Monaten aufzubauen gedenken: Kurse, für die Sie sich anmelden, Materialien, die Sie sich gönnen, Künstlertreffs oder Urlaub nur für Sie allein.
7. Nehmen Sie ein Blatt Papier, und planen Sie eine Woche, in der Sie sich selbst ***verwöhnen.*** Das bedeutet eine Woche lang jeden Tag eine konkrete liebevolle Handlung: Bitte schwelgen Sie!

8. Schreiben Sie einen ermutigenden ***Brief*** an Ihren inneren Künstler, und schicken Sie ihn ab. Das klingt albern, ist aber ein extrem gutes Gefühl, wenn Sie ihn bekommen. Denken Sie daran, dass Ihr Künstler ein Kind ist und Lob und Ermutigung und feierliche Vorhaben liebt.
9. Überprüfen Sie noch einmal Ihre Vorstellung von Gott. Unterstützt Ihr ***Glaubenssystem*** Ihre kreative Weiterentwicklung, oder wird sie davon beeinträchtigt? Sind Sie für eine Änderung Ihrer Gottesvorstellung offen?
10. Führen Sie zehn Beispiele von persönlich erlebten ***Synchronizitäten*** auf, die für die Möglichkeit der Existenz einer stärkenden schöpferischen Kraft sprechen.

Check-in

1. An wie vielen Tagen in dieser Woche haben Sie Ihre ***Morgenseiten*** geschrieben? Wie war diese Erfahrung für Sie? Haben Sie jemand anderem die Technik der Morgenseiten empfohlen? Warum?
2. Haben Sie in dieser Woche Ihren ***Künstlertreff*** abgehalten? (Haben Sie erwogen, einen ganzen Künstlertag einzuplanen? Toll!) Was haben Sie unternommen? Wie haben Sie sich dabei gefühlt?
3. Haben Sie in dieser Woche irgendwelche ***Synchronizitäten*** erlebt? Worin bestanden sie?
4. Gab es in dieser Woche andere ***Themen und Ereignisse,*** die Sie als bedeutsam für Ihre kreative Reise ansehen? Beschreiben Sie sie.

WOCHE ZWÖLF

In dieser letzten Woche wenden wir uns der Anerkennung des vom Wesen her geheimnisvollen, spirituellen Kerns der Kreativität zu. Wir gehen auf die Tatsache ein, dass Kreativität Empfänglichkeit und tiefes Vertrauen erfordern – Fähigkeiten, die wir im Verlauf unserer Arbeit in diesem Kurs entwickelt haben. Wir setzen uns kreative Ziele und schauen uns insbesondere Sabotageakte an, die in letzter Minute passieren. Wir erneuern unsere Selbstverpflichtung, die Techniken zu nutzen.

Das Gefühl von Vertrauen wiedergewinnen

Vertrauen

Das Abenteuer beginnt erst, wenn du den Wald betrittst. Dieser erste Schritt ist ein Akt des Vertrauens.

MICKEY HART,
SCHLAGZEUGER VON GRATEFUL DEAD

Für Kreativität ist Vertrauen notwendig. Vertrauen verlangt, dass wir die Kontrolle abgeben. Wir bekommen es mit der Angst zu tun und leisten Widerstand. Unser Widerstand gegen unsere Kreativität ist eine Form der Selbstzerstörung. Wir errichten Straßenblockaden auf unserem eigenen Weg. Warum tun wir das? Um uns die Illusion zu bewahren, dass wir auch weiterhin die Kontrolle ausüben. Wie Wut und Angst ist auch Depression Widerstand und führt zu Krankheit. Sie manifestiert sich als Trägheit und Verwirrung, als »Ich weiß nicht ...«

In Wahrheit wissen wir es doch, und wir *wissen*, dass wir es wissen.

Wir alle haben einen inneren Traum, den wir zur Entfaltung

bringen können. Allerdings müssen wir den Mut aufbringen, uns unseren Traum einzugestehen, und den Glauben, unserem Eingeständnis zu vertrauen. Das fällt uns oft schwer. Eine klärende Affirmation kann in vielen Fällen den Kanal öffnen. Eine hervorragende Affirmation für diesen Zweck lautet: »Ich weiß die Dinge, die ich weiß.« Eine andere ist: »Ich vertraue meinem eigenen inneren Führer.« Beide werden uns letztendlich ein Gefühl für unsere eigene Richtung vermitteln – der wir dann oft sofort erneut Widerstand entgegensetzen!

Unser Widerstand ist sehr verständlich. Wir sind nicht an die Vorstellung gewöhnt, dass das, was Gott für uns will, mit unseren eigenen Träumen übereinstimmen könnte. Stattdessen haben wir die in unserer Kultur gängige Botschaft übernommen: Diese Welt ist ein Tränental, und wir sind dazu bestimmt, unsere Pflicht zu erfüllen und dann zu sterben. Die Wahrheit ist, dass wir dazu bestimmt sind, aus dem Vollen zu schöpfen und zu *leben*. Das Universum unterstützt uneingeschränkt Bejahung. Die wahrhaftigsten Träume in Bezug auf uns selbst entsprechen immer dem, was Gott für uns will.

Der Held und Mentor von Mickey Hart, der verstorbene große Mythologe Joseph Campbell, schrieb einmal: »Folge deiner Glückseligkeit, und es werden sich Türen auftun, wo vorher keine waren.« Unsere innere Bereitschaft, uns selbst gegenüber aufrichtig zu sein und unseren Träumen zu folgen, ruft die Unterstützung des Universums hervor.

Solange wir zwiespältig sind, wird uns das Universum ebenfalls zwiespältig und unberechenbar erscheinen. Plötzlicher Überfluss und Perioden der Dürre, in denen unsere Versorgung zu einem bloßen Tröpfeln zusammenschrumpft, kennzeichnen den Energiefluss durch unser Leben.

Wenn wir auf die Zeit zurückblicken, in der uns die Welt als launischer und vertrauensunwürdiger Ort erschien, dann müssen wir erkennen, dass wir selbst unklar und widersprüchlich im Hinblick auf unsere Ziele und Verhaltensweisen waren. Sobald wir zu unseren höchsten Zielen und Wünschen innerlich ja sagen, spiegelt das Universum dieses Ja wider und erweitert es.

Es gibt einen Weg für jeden von uns. Wenn wir uns auf dem richtigen Weg befinden, dann fühlen wir uns mit dem, was wir tun, sicher. Wir kennen den nächsten richtigen Schritt – obwohl wir nicht notwendigerweise wissen, was uns an der nächsten Ecke erwartet. Indem wir vertrauen, *lernen* wir zu vertrauen.

Geheimnis

Kreativität beginnt – wie das menschliche Leben selbst – in der Dunkelheit. Das müssen wir akzeptieren. Allzu oft denken wir nur in der Kategorie des Lichts: »Und dann ging das Licht an, und ich hatte es begriffen!« Es stimmt, dass Einsichten wie Blitze bei uns einschlagen können. Einige dieser Blitze blenden uns vielleicht sogar. Dennoch geht solchen glänzenden Ideen eine Reifezeit voraus, die im Inneren stattfindet, die dunkel und absolut notwendig ist.

Wir sprechen von Ideen oft als geistigen Kindern. Was wir jedoch nicht begreifen, ist, dass diese geistigen Produkte wie alle Babys nicht vorzeitig aus dem Mutterleib der Kreativität herausgezerrt werden sollten. Ideen entstehen wie Stalaktiten und Stalagmiten in der inneren Höhle unseres Bewusstseins. Sie entwickeln sich Tropfen um Tropfen.

Auf dem Papier zu brüten ist eine Kunstform ohne Kunst. Sie

bedeutet trödeln und kritzeln. So nehmen Ideen langsam Form an, bis sie bereit sind, ans Licht zu treten. Nur zu oft wollen wir unsere Ideen drängen, ziehen, fassen und kontrollieren, statt ihnen ein organisches Wachstum zu gestatten. Der kreative Prozess ist ein Prozess der Hingabe, nicht der Kontrolle.

Im Kern der Kreativität liegt etwas Geheimnisvolles und Überraschendes verborgen. Nur zu oft, wenn wir sagen, dass wir kreativ sein möchten, meinen wir, dass wir produktiv sein wollen. Nun, kreativ sein ist produktiv sein – aber das sind wir nur dann, wenn wir am kreativen Prozess mitarbeiten, und nicht, wenn wir ihn erzwingen.

Als kreativer Kanal müssen wir lernen, der Dunkelheit zu vertrauen. Sanftes Brüten und nicht wildes Strampeln auf schnurgeraden Weg führen zur Kreativität. Das Brüten auf dem Papier kann sehr bedrohlich sein. »So werde ich nie irgendwelche *richtigen* Ideen haben!«, schmollen wir.

Eine Idee auszubrüten ist ähnlich wie Brot backen. Eine Idee muss gehen wie der Teig. Wenn Sie ihr am Anfang nicht die erforderliche Ruhe gönnen, wenn Sie immer wieder nachschauen, ob sie sich schon hebt, dann wird nie etwas aus ihr. Ein Laib Brot oder ein Kuchen muss ziemlich lange in der Dunkelheit und Sicherheit des Ofens bleiben. Wenn Sie diesen Ofen zu früh öffnen, dann fallen Brot beziehungsweise Kuchen in sich zusammen. Kreativität erfordert respektvolle Zurückhaltung. In Wirklichkeit kommt man so auf die besten Ideen. Lassen Sie sie in der Dunkelheit und im Geheimnisvollen gedeihen. Gestatten Sie ihnen, sich auf dem Grund Ihres Bewusstseins zu bilden. Erlauben Sie ihnen, wie Tropfen auf die Seite zu kullern. Wenn wir diesem langsamen und anscheinend zufälligen Tröpfeln vertrauen, werden wir eines Tages erstaunt von dem Blitzschlag des »Ah! Das ist es!« getroffen werden.

Die Fantasie im Spiel

Wenn wir über Kreativität nachdenken, ist es nur zu leicht, an Kunst als *Kunst* zu denken. Für unsere Zwecke ist das der falsche Ansatz. Um unsere Kreativität zu fördern, brauchen wir ein Gefühl von Festlichkeit und Humor.

In unserer Gesellschaft wird Ehrgeiz groß geschrieben, und es fällt uns daher schwer, Formen der Kreativität zu finden, die nicht direkt unserem beruflichen Vorankommen dienen. Doch nun sind wir auf unserer kreativen Reise so weit vorangeschritten, dass wir den Begriff Kreativität neu definieren und um all jenes erweitern müssen, was wir früher als Hobby bezeichnet haben. Die Erfahrung zeigt, dass Hobbys wesentlich für ein freudvolles Leben sind.

Außerdem sind Hobbys in kreativer Hinsicht nützlich; viele bringen das Künstlergehirn zum Brüten und können so enorme kreative Durchbrüche herbeiführen. Wenn meine jungen Drehbuchautoren mitten im zweiten Akt steckenbleiben, dann bitte ich sie, doch zu Hause ein bisschen Hausarbeit zu erledigen. Normalerweise wollen sie davon nichts wissen und sind beleidigt, weil ich ihnen eine so bescheidene Aufgabe stelle, aber einfache manuelle Tätigkeiten helfen der Kreativität auf die Beine. Gartenarbeit ist ein weiteres Hobby, das ich Kursteilnehmern zur Aufgabe mache. Wenn jemand, der sich auf halber Strecke in ein neues Leben befindet, in Panik gerät, dann gibt das Umtopfen von Pflanzen in größere und bessere Töpfe dieser Person Erdung und darüber hinaus ein Gefühl der Erweiterung.

Fortschritte auf dem spirituellen Weg sind eine Begleiterscheinung bei der Ausübung eines Hobbys. Sogenannte Steckenpferde führen auf befreiende Weise zu der Bescheidenheit, die aus einer mechanischen Tätigkeit erwächst. Indem wir unserem Hobby dienen, befreien wir uns von den Forderungen des Egos und gestatten es uns, mit einer größeren Quelle zu verschmelzen. Bei dieser bewussten Kontaktaufnahme kommt häufig die Perspektive zustande, die wir brauchen, um quälende persönliche oder kreative Probleme zu lösen.

Es ist ein Paradoxon der Reise zur Kreativität, dass wir ernsthaft daran arbeiten müssen, uns nicht zu ernst zu nehmen. Wir müssen spielen lernen. Die Kreativität muss aus den engen Grenzen der *Kunst* befreit werden und als Möglichkeit, die einen viel größeren Spielraum hat (schon wieder das Wort Spiel!), erkannt werden.

Indem wir mit unseren Morgenseiten und unseren Künstlertreffs arbeiten, kommen uns viele vergessene Versuche unserer eigenen Kreativität in den Sinn:

- All diese Bilder, die ich auf dem Gymnasium gemalt habe, sind mir vollkommen entfallen. Es hat mir Spaß gemacht, diese Räume mit einer dramatischen Farbgebung zu entfremden.
- Mir ist plötzlich eingefallen, dass ich einmal als Antigone auf der Bühne stand. Keine Ahnung, ob mein Auftritt annehmbar war, aber ich erinnere mich, dass ich sie sehr gerne gespielt habe.
- Ich hatte diese Parodien, die ich mit zehn geschrieben habe, vollkommen vergessen. Ich habe sie zu Ravels *Bolero* geschrieben, egal, wovon sie handelten. Meine Geschwister sind, als ich sie im Wohnzimmer aufführte, vor Lachen zusammengebrochen.
- Ich habe früher Stepptanz gemacht. Ich weiß, man kann sich das jetzt kaum vorstellen, aber ich war echt gut!

Indem wir Morgenseiten schreiben und uns so aus unserer Verweigerung befreien, kommen all unsere Erinnerungen, Träume und kreativen Träume an die Oberfläche. Wir entdecken von neuem, dass wir kreative Wesen sind. Der Impuls lebt in jedem Menschen und brodelt ein Leben lang vor sich hin – ohne unser Wissen, ohne unsere Ermutigung, sogar ohne unsere Zustimmung. Der kreative Impuls bewegt sich unter der Oberfläche unseres Lebens, er blitzt als helles Licht wie eine schimmernde Münze in unserem Gedankenstrom auf oder wie junges Gras unter einer Schneedecke.

Wir sind dazu gemacht, etwas zu schaffen. Wir statten eine unmoderne Küche neu aus, wir binden im Urlaub einer Katze eine Schleife um, wir experimentieren, um eine bessere Suppe zu kochen. Als Kinder haben wir unser eigenes Parfum aus einem Spritzer von diesem und einem Spritzer von jenem zusammengemischt, zur Hälfte aus Spülwasser und zur Hälfte aus Zimt.

Wir sehr wir uns auch bemühen, grau, kontrolliert und traumlos zu sein, das Feuer unserer Träume wird sich nicht zudecken lassen. Die Glut ist immer da, sie wirbelt in unserer gefrorenen Seele umher wie Blätter im Herbst. Die Träume vergehen nicht. Sie sind raffiniert. Wir malen verrückte Männchen in einer langweiligen Sitzung. Wir stellen eine alberne Karte auf unseren Büroschrank. Wir geben unserem Chef einen boshaften Spitznamen. Wir pflanzen doppelt so viele Pflanzen, wie wir benötigen.

In der Rastlosigkeit unseres Lebens sehnen wir uns nach mehr, wir haben Wünsche, wir ärgern uns. Wir singen im Auto, knallen das Telefon auf den Hörer, schreiben Listen, räumen Schränke auf, ordnen Regale neu. Wir möchten etwas tun, aber wir meinen, dass es das *richtige Etwas* sein muss, und dabei denken wir natürlich an *etwas Bedeutendes.*

Wir sind es, die *bedeutend* sind, und das Etwas, was wir tun, kann etwas Festliches und Kleines sein: Tote Pflanzen werden aussortiert; löchrige Socken wandern in den Abfall. Wir werden von Verlusten getroffen und von Hoffnung angestachelt. Durch die Arbeit mit den Morgenseiten nimmt unser Leben eine neue und vielleicht buntere Form an. Wer hat diese Azalee gekauft? Woher kommt die plötzliche Vorliebe für Rosa? Stellt das Bild, das du da aufgehängt hast, ein Du dar, auf das du dich zubewegst?

Ihre Schuhe kommen Ihnen abgetragen vor. Sie sortieren sie aus. Ein Flohmarkt in einer Garage wird organisiert, und Sie spielen den Gastgeber. Sie kaufen eine Erstausgabe und investieren in neue Bettwäsche. Ein Freund fragt zum wiederholten Mal, was plötzlich in Sie gefahren ist, und Sie machen den ersten Urlaub seit Jahren.

Die Uhr tickt, und Sie hören sie schlagen. Sie machen bei einem Museum halt, setzen Ihren Namen auf die Liste für den Sporttauchkurs und verpflichten sich, den Samstagmorgen zur Besinnung zu nutzen.

Entweder Sie verlieren den Verstand, oder Sie erobern Ihre Seele. Das Leben ist als Künstlertreff gedacht. Deswegen wurden Sie erschaffen.

Vom rasenden Zug abspringen

Meine Freundin Michele hat eine Theorie, die sie aufgrund einer langen und komplizierten Beziehungskiste entwickelt hat. Auf den Punkt gebracht, lautet sie: »Wenn du sie verlassen willst, *dann wissen sie es bereits.*«

Dieselbe Theorie ist auf die Reise zur Kreativität anwendbar. Kreativität wird Realität, sobald Sie *vom rasenden Zug abspringen*, wie Michele das nennt.

»Es gibt den idealen Zeitpunkt für den Absprung – das ist wie bei dem Abschuss einer Weltraumrakete –, du machst dich dafür bereit, und dann, *zack*, wird dir die Prüfung vor die Nase geknallt.«

»Die Prüfung?«

»Ja, die Prüfung. Also, du bist wirklich entschlossen, Herrn Nett zu heiraten, und dann bekommt Herr Giftig davon Wind und ruft dich an.«

»Aha.«

»Der Trick besteht darin, die Prüfung zu schwänzen. Wir alle ziehen gerade irgendeine Prüfung an, die unsere vollkommen gerechte Strafe ist.«

Michele arbeitet als Rechtsanwältin, doch von ihrer Berufung und ihrem Temperament her ist sie Schriftstellerin, und daher liebt sie Verschwörungstheorien, die sie bis in das letzte unheimliche Detail ausschmückt.

»Denk doch mal nach. Du hast schon alles gepackt, um zu einer wichtigen Geschäftsreise aufzubrechen, und plötzlich kann dein Mann ganz und gar nicht auf dich verzichten, aus keinem ersichtlichen zwingenden Grund ... Oder, du hast schon alles vorbereitet, um deinen miesen Job zu kündigen, und plötzlich gibt dir dein höllischer Chef die erste Gehaltserhöhung seit Jahren ... Lass dich nicht zum Narren halten. Lass dich bloß nicht zum Narren halten.«

Wenn man Michele so reden hörte, dann wurde einem bewusst, dass ihre Jahre als Anwältin vor Gericht ihr als kreativer Person gute Dienste geleistet hatten. Zum Narren halten ließ sie sich jedenfalls nicht. Aber ist es wirklich so unheilvoll, wie sie sagt? Ziehen wir wirklich unsere eigenen Prüfungen an? Ich dachte über Micheles Worte nach und kam zu der Schlussfolgerung, dass sie recht hatte.

Ich erinnerte mich an all die vielen Male, als ich mich zum Narren hatte halten lassen. Da gab es den Agenten, der es fertigbrachte, abgeschlossene Geschäfte platzen zu lassen, aber sich so nett entschuldigte ... Da war die Lektorin, für die ich meinen Text immer wieder neu überarbeiten musste, bis schließlich nur noch Brei übrig war. Dabei behauptete sie immer, ich sei eine brillante Schriftstellerin und ihr bestes Pferd im Stall.

Eine kleine Schmeichelei kann viel ausrichten, wenn wir davon abgehalten werden sollen, vom rasenden Zug abzuspringen. Gleiches gilt für ein bisschen Bargeld. Noch unheilvoller als beide zusammen sind die Folgen eines gut plazierten Zweifels, den einer unserer Lieben geäußert hat: »Zu deinem eigenen Wohl wollte ich einfach nur sichergehen, dass du darüber nachgedacht hast ...«

Als erwachende Kreative stellen viele von uns fest, dass wir jedes Mal, wenn unsere Karriere in Gang kommt, nach dem nächstbesten Spielverderber greifen. Wir platzen mit unserer Begeisterung heraus und rufen unseren skeptischsten Freund an. Wenn nicht, dann ruft er uns an. Das ist es, was Michele mit »Prüfung« meint.

Unser Künstler ist ein Kind, innerlich noch sehr jung, und wenn er es mit der Angst bekommt, dann ist Mama gefragt. Leider haben viele von uns Spielverderber-Mamis und eine ganze Armee von Ersatzspielverderber-Mamis – jene Freunde, die für jede Gelegenheit eine ganze Kiste Zweifel parat haben. Die Kunst besteht darin, es ihnen nicht zu erlauben, dass sie uns das Spiel verderben. Wie? *Verschließe deine Lippen. Knöpf dich zu. Lass den Deckel drauf.* Denken Sie immer daran: Die Grundregel der Magie ist es, die magischen Geheimnisse für sich zu behalten. Sie müssen Ihren Plan für sich behalten und

ihn mit Kraft aufladen. Nur dann werden Sie das Gewünschte manifestieren.
Damit wir es schaffen, vom rasenden Zug abzuspringen, müssen wir lernen, uns mit uns selbst zu beraten, vor den Zweiflern zu schweigen, uns nur vor unseren Verbündeten zu unseren Plänen zu bekennen und genau zu benennen, wer unsere Verbündeten sind.
Schreiben Sie eine Liste: Das sind die Freunde, die mich unterstützen werden. Schreiben Sie eine zweite Liste: Das sind die Freunde, die mich nicht unterstützen werden. Nennen Sie Ihre Spielverderber beim Namen: Spielverderber! Lassen Sie es nicht zu, dass auch nur *irgendjemand* Ihnen Ihr Spiel verdirbt! Die guten Absichten der anderen können Ihnen egal sein. Dass sie es so gar nicht gemeint haben, ist keine Entschuldigung. Um vom rasenden Zug abzuspringen, brauchen Sie das Schwert der stählernen Absicht und den Schild der Selbstbestimmung. »Sie werden trotzdem versuchen, dir ein Bein zu stellen. Vergiss das nicht«, warnt Michele. »Bestimme deine Ziele und ziehe deine Grenzen.«
Ich würde hinzufügen: Nehmen Sie sich etwas vor, und gestatten Sie es dem Drachen am Horizont nicht, Sie aus der Bahn zu werfen.

Aufgaben

1. Schreiben Sie ***Widerstände,*** Empfindungen von Ärger und Wut und Ängste auf, die Sie im Zusammenhang damit haben, dass Sie von hier aus weitergehen. Wir alle haben sie.

2. Schauen Sie sich die Bereiche an, in denen Sie gegenwärtig etwas ***aufschieben.*** Was bringt Ihnen dieses Zuwarten? Machen Sie Ihre verborgenen Ängste ausfindig, und erstellen Sie eine Liste.
3. Werfen Sie noch einmal einen raschen Blick auf Woche eins, wo Sie Ihre negativen Glaubenssätze aufgeschrieben haben (siehe Seite 64 ff.). Lachen Sie. Ja, diese hässlichen Kreaturen sind noch da. Nehmen Sie Ihre ***Fortschritte*** zur Kenntnis. Lesen Sie sich die Affirmationen vor. Schreiben Sie einige Affirmationen über Ihre – auch nach Beendigung des Kurses – anhaltende Kreativität auf.
4. Bringen Sie in Ordnung, was es in ***Ordnung*** zu bringen gibt.
5. Topfen Sie alle ***Pflanzen*** um, die in ihren Töpfen zu wenig Platz haben oder die dahinsiechen.
6. Wählen Sie ein ***Gottesgefäß*** aus. Ein was? Ein Gefäß, eine Schachtel, eine Vase, einen Behälter. Irgendetwas, in das Sie Ihre Ängste, Ihren Groll, Ihre Hoffnungen, Ihre Träume und Ihre Sorgen hineinwerfen können.
7. ***Benutzen*** Sie Ihr Gottesgefäß. Beginnen Sie mit der Liste Ihrer Ängste, die Sie als erste Aufgabe in dieser Woche erstellt haben. Wenn Sie sich Sorgen machen, dann denken Sie daran, dass sie sich jetzt im Gefäß befinden – »Gott hat sie bekommen, und es ist gut.« Dann nehmen Sie sich den nächsten Punkt auf Ihrer Angstliste vor.
8. ***Überprüfen*** Sie jetzt: Wenn Sie ehrlich zu sich wären, was würden Sie dann am liebsten schaffen oder erreichen? Welche eigenwilligen Wege würden Sie sich trauen mit wirklicher Aufgeschlossenheit zu beschreiten? Welche Äußerlichkeiten wären Sie bereit abzulegen, um Ihre Träume zu verwirklichen?
9. Zählen Sie ***fünf Menschen*** auf, mit denen Sie über Ihre

Träume sprechen können und von denen Sie sich erst beim Träumen und dann beim Planen unterstützt fühlen würden.

10. Lesen Sie dieses Buch noch einmal. Schenken oder leihen Sie es einem Freund, tauschen Sie sich darüber aus. Denken Sie daran, dass das Wunder darin besteht, dass Künstler sich einander ***mitteilen.*** Haben Sie Vertrauen in Gott. Haben Sie Vertrauen in sich selbst.

Viel Glück und möge Gott Sie segnen!

Check-in

1. An wie vielen Tagen in dieser Woche haben Sie Ihre ***Morgenseiten*** geschrieben? Haben Sie sie als dauerhafte spirituelle Übung akzeptiert? Wie war diese Erfahrung für Sie?
2. Haben Sie in dieser Woche Ihren ***Künstlertreff*** abgehalten? Werden Sie sich zugestehen, auch in Zukunft nicht auf ihn zu verzichten? Was haben Sie unternommen? Wie haben Sie sich dabei gefühlt?
3. Haben Sie in dieser Woche irgendwelche ***Synchronizitäten*** erlebt? Worin bestanden sie?
4. Gab es in dieser Woche andere ***Themen oder Ereignisse,*** die Sie als bedeutsam für Ihre kreative Reise ansehen? Beschreiben Sie sie.

Sie haben in den letzten drei Monaten viele Stunden in den Prozess Ihrer kreativen Reise gesteckt und sich im Rahmen

Ihrer Weiterentwicklung rasch verändert. Damit Ihre kreative Reise weitergehen kann, müssen Sie sich für weitere kreative Vorhaben verpflichten. Der folgende Vertrag wird Ihnen helfen, sie zu verwirklichen.

KREATIVITÄTSVERTRAG

Ich heiße ______________________. Ich bin ein kreativer Mensch. Um mein Wachstum und meine Freude zu fördern, verpflichte ich mich zu folgenden mich unterstützenden und aufbauenden Vorhaben: ____

____

Die Morgenseiten waren ein wichtiger Bestandteil meiner Selbstfürsorge und Selbstentdeckung. Ich, ______________________, verpflichte mich hiermit, in den nächsten drei Monaten weiterhin mit ihnen zu arbeiten.

Die Künstlertreffs waren ein wesentlicher Bestandteil meiner Weiterentwicklung in puncto Eigenliebe und sich vertiefender Lebensfreude. Ich, ______________________, bin bereit, mich für weitere drei Monate auf allwöchentliche, der Selbstfürsorge dienende Künstlertreffs zu verpflichten.

Im Laufe der Arbeit mit *Der Weg des Künstlers* und der Heilung meines inneren Künstlers habe ich entdeckt, dass ich eine Reihe kreativer Interessen habe. Zwar hoffe ich, dass ich viele davon entwickeln kann, verpflichte mich aber für die nächsten drei Monate insbesondere zur umfassenden Erkundung von ________________

____

Meine konkrete Verpflichtung, einen Handlungsplan zu erstellen, ist entscheidender Bestandteil der Fürsorge für meinen inneren Künstler. Mein kreativer Handlungsplan für die nächsten drei Monate besteht in Folgendem: ______________________________

____

Ich habe mir ______________________ als meinen kreativen Kollegen und als meine kreative Rückendeckung ausgesucht. Ich verpflichte mich zu einem allwöchentlichen telefonischen Check-in.

Ich bin die obigen Verpflichtungen eingegangen und werde mit ihrer Verwirklichung am ________________ beginnen.

____

Unterschrift *Datum*

Epilog

Der Weg des Künstlers

Am Ende angekommen, wollte ich diesem Buch noch etwas Besonderes hinzufügen. Ich hielt das für eine kleine und harmlose Eitelkeit, bis ich mich an die unzähligen Male erinnerte, bei denen ich den Anblick eines Gemäldes genoss, bis mein Blick auf die übergroße Signatur des Künstlers fiel und ich mich dadurch abgelenkt fühlte. Also habe ich hier auf große Schlussschnörkel verzichtet.

Tatsächlich sollte dieses Buch mit einem Bild aus einem anderen Buch ausklingen. Eine frühe Ausgabe von Thomas Mertons Buch *Der Berg der sieben Stufen* zeigte auf seinem Umschlag einen Vulkan – so jedenfalls meine ich mich zu erinnern, oder ist das Bild meiner Fantasie entsprungen? Ich habe das Buch vor vielen Jahren als frühreife Zwölfjährige gelesen. Jetzt sehe ich vor meinem inneren Auge einen Berg von den Ausmaßen des Himalaja, mit einem Pfad, der auf seinen Gipfel führt. Dieser Pfad, der die Form einer Spirale hatte, zeigt, wie ich mir den *Weg des Künstlers* vorstelle. Wenn wir den Berg auf diesem Pfad erklimmen, eröffnen sich uns immer wieder dieselben Aussichten, jedoch jedes Mal aus einer anderen Perspektive. »Hier bin ich doch schon einmal gewesen«, denken wir, wenn wir wieder einmal durch eine Dürreperiode gehen. Und in gewissem Sinne stimmt das auch. Die Straße verläuft niemals gerade. Wachstum ist ein spiralförmiger Prozess, bei dem man immer wieder zurückkehrt, neu bewertet und neu ordnet. Als Künstler wird unser Fortschritt oft durch schwieriges Gelände oder das Wetter aufgehalten. Nebel kann die zurückgelegte Strecke und die erzielten Fortschritte momentan unsichtbar machen. Auch wenn uns bisweilen ein faszinierendes Panorama entzückt, am besten ist es, Schritt für Schritt voranzugehen und uns auf den Weg unter unseren Füßen ebenso zu konzentrieren wie auf die noch zu erklimmenden Höhen.

Der Weg des Künstlers ist eine spirituelle Reise, eine Pilgerreise zum Selbst. Wie bei allen großen Reisen, so lauern auch auf dieser Gefahren auf dem Weg. Einige von ihnen habe ich in diesem Buch aufgezählt. Wie alle Pilger, so werden auch diejenigen auf dem *Weg des Künstlers* von Mitreisenden und unsichtbaren Gefährten begleitet. Was ich meine Marschordnung nenne, nehmen andere vielleicht als ruhige, feine Stimme in sich wahr oder als Vorahnung. Ich kann Ihnen versichern, dass Sie auf jeden Fall etwas hören werden, wenn Sie richtig hinhören. Öffnen Sie Ihre Seele für die Führung von oben.

Als Mark Bryan mich drängte, endlich dieses Buch zu schreiben, hatte er gerade einen chinesischen Film über Tibet mit dem Titel *Der Pferdedieb* gesehen. Dieser Film, ein Klassiker der Pekinger Schule, war für ihn ein unvergessliches Erlebnis. Seitdem haben wir vergeblich versucht, diesen Film in chinesischen Videoläden und Filmarchiven aufzustöbern. Mark hat mir von dem zentralen Bild des Films erzählt: ein Berg, die Wanderung auf den Gipfel von Gebeten begleitet, auf die Knie, ein Schritt, sich niederwerfen, aufstehen, wieder ein Schritt, sich niederwerfen ...

In diesem Film stellte die Reise die Buße eines Diebes und seiner Frau dar, die sie deshalb antreten müssen, weil sie ihrem Land Schaden zugefügt haben. Sie haben sich selbst durch Diebstahl entehrt. Seither frage ich mich, ob der Berg, den ich sehe, wenn ich an den *Weg des Künstlers* denke, nicht ein anderer Berg ist, den man am besten im Geiste der Bußfertigkeit erklimmt – nicht für andere, sondern für sich selbst.

Worte dafür

Ich wünschte, ich könnte die Sprache nehmen
und sie wie ein kühles, feuchtes Tuch falten.
Ich würde Worte auf deine Stirn legen.
Ich würde Worte um dein Handgelenk wickeln.
»Hier, schau«, würden meine Worte sagen –
oder etwas anderes.
Ich würde sie bitten zu flüstern,
»Still« und »Pssst, es ist schon gut.«
Ich würde sie bitten, dich die ganze Nacht zu halten.
Ich wünschte, ich könnte die Sprache nehmen
und kühlen und salben und besänftigen,
wo Fieberbläschen brennen
und du dich im Fieber selbst verletzt.
Ich wünschte, ich könnte die Sprache nehmen
und die Worte heilen, die einst Wunden waren,
für die du keinen Namen hast.

J. C.

Anhang

Einen heiligen Kreis bilden

Als ich ein kleines Mädchen war, war Johnny Appleseed mein größter Held. Mir gefiel die Vorstellung von einem Wanderer, der durch Amerika zog und Apfelblüten im Gefolge hatte. Ich hoffe, dass dieses Buch Blüten hervorbringt, dass Künstler und Künstlerzirkel entstehen. Im Vertrauen darauf, dass dies geschehen wird, habe ich den folgenden Text geschrieben, um Ihnen bei der Gründung Ihres eigenen Künstlerkreises zu helfen. Als Lehrerin habe ich die Erfahrung gemacht, dass eine Atmosphäre von Sicherheit und Vertrauen für kreatives Wachstum unerlässlich ist. Die nachfolgenden Richtlinien helfen, eine solche Atmosphäre zu schaffen.

Der heilige Kreis

Kunst entsteht aus der Seele und nicht aus dem Intellekt heraus. Wenn wir uns mit den Träumen von Menschen beschäftigen – genau genommen, mit ihren Visionen –, dann befinden wir uns im Bereich des Heiligen. Wir haben es mit Kräften und

Energien zu tun, die größer sind als wir selbst. Wir vollziehen eine heilige Handlung, von der wir nur wenig wissen.
Aus diesem Grund ist es unbedingt notwendig, dass jede Zusammenkunft von Künstlern von heiligem Vertrauen getragen wird. Wir rufen den Großen Schöpfer an, wenn wir unsere eigene Kreativität anrufen, und diese kreative Kraft ist imstande, Leben zu verändern, Schicksale zu erfüllen und unsere Träume Wirklichkeit werden zu lassen.
Menschen sind oft ungeduldig, schlecht gelaunt, unvollkommen. Wir finden es schwierig, unseren engsten Freunden und Partnern mit der Liebe zu begegnen, die wir für sie empfinden. Und trotz unserer Ausbrüche halten sie es mit uns aus, da sie den größeren Familienzusammenhalt und dessen tieferen Sinn wertschätzen. Das liegt ihnen am Herzen.
Als Künstler gehören wir einer uralten und heiligen Sippe an. Wir sind die Überbringer der Wahrheit, deren Geist in uns allen ist. Wenn wir miteinander in Kontakt treten, dann begegnen wir nicht nur unserer Menschlichkeit, sondern auch den unsichtbaren, aber immer lebendigen Ideen, Visionen, Geschichten, Gedichten, Liedern, Skulpturen und Artefakten, die den Tempel des Bewusstseins bevölkern und darauf warten, dass ihre Zeit kommt und sie geboren werden.
Wir sind dazu bestimmt, anderen dabei zu helfen, ihre Träume ins Leben zu rufen. Wir können nicht die Geburtswehen eines anderen Menschen durchleben, aber wir können andere Künstler bei den Wehen unterstützen, durch die sie gehen müssen, um die Geburt ihrer Kunst zu erleben und sie zur Reife zu führen. Aus all diesen Gründen sollte der heilige Kreis an jedem kreativen Ort vorhanden sein. Durch diesen sicheren Kreis, diese schützende Hülle der Seele erfahren wir unser höchstes Potenzial an Lebendigkeit.
Indem wir den heiligen Kreis ziehen und ihn anerkennen, stel-

len wir Grundsätze auf, die über unsere Persönlichkeit hinausreichen. Hierdurch laden wir eine Gesinnung ein, die dem Dienst am Höchsten und dem Vertrauen in die Vollendung unseres eigenen Guten im Kreise unserer Mitmenschen gewidmet ist.

Neid, schlechtes Reden über andere und Kritiksucht haben keinen Platz in unserer Mitte, noch haben es schlechte Laune, Feindseligkeit, Sarkasmus und Ellenbogendenken. Diese Verhaltensweisen gehören vielleicht in die Welt, aber sie gehören nicht zu uns Künstlern und dem Ort, den wir als Künstler einnehmen.

Erfolg kommt in Schüben. Einen heiligen Kreis zu ziehen schafft eine Atmosphäre von Sicherheit und einen Anziehungspunkt für unser Gut. Indem wir diese Form getreu ausfüllen, ziehen wir das Beste an. Wir ziehen die Menschen an, die uns guttun. Wir ziehen die Geschenke an, die wir am besten gebrauchen können. Der heilige Kreis gründet sich auf Respekt und Vertrauen. Er ist mit einem Garten vergleichbar. Jede Pflanze hat ihren Namen und ihren Platz. Es gibt keine einzige Blume, die die Existenzberechtigung einer anderen in Frage stellt. Jede Blüte hat ihre einzigartige Schönheit, die durch die Schönheit keiner anderen zu ersetzen ist.

Lassen Sie uns den Garten mit liebevollen Händen bearbeiten. Gestatten Sie es nicht, dass wir uns gegenseitig unsere Ideen entreißen, bevor sie Zeit hatten aufzublühen. Lassen Sie uns ausharren, bis sich der Prozess des Wachstums, der Brache, des Kreislaufs der Natur, des Aufblühens und erneuten Säens vollzogen hat. Lassen Sie uns niemals voreilig in unserem Urteil und rücksichtslos in unserem Drang sein, unnatürliches Wachstum zu forcieren. Lassen Sie immer Raum für Ihr kleines Künstlerkind, das ausprobiert, hinfällt, Fehler macht und einen neuen Versuch wagt. Lassen Sie uns daran denken, dass in der Natur jeder Verlust Bedeutung hat. Dasselbe gilt für uns. Wenn man ihn richtig nutzt, dann kann ein kreativer Misserfolg den Nährboden für den kreativen Erfolg der kommenden Saison bilden. Vergessen Sie nicht, dass es sich bei dem Prozess des Reifens und Erntens um etwas Langfristiges handelt und dass es nicht um kurzfristige Befriedigung geht.

Kunst entsteht aus der Seele; die Gemeinschaft der Künstler ist eine spirituelle Gemeinschaft.

REGELN FÜR DEN HEILIGEN KREIS

1. Kreativität blüht an einem Ort der Sicherheit und Anerkennung.
2. Kreativität wächst unter Freunden und verkümmert unter Feinden.
3. Alle kreativen Ideen sind Kinder, die unseren Schutz verdienen.
4. Jeder kreative Erfolg setzt kreativen Misserfolg voraus.
5. Die Erfüllung unserer Kreativität ist ein Akt heiligen Vertrauens.
6. Eines anderen Menschen Kreativität zu verletzen beschädigt dieses heilige Vertrauen.
7. Bei der Beurteilung künstlerischer Arbeit soll man das kreative Kind unterstützen und es auf keinen Fall beschämen.
8. Bei der Beurteilung künstlerischer Arbeit soll man sich auf Stärken und nicht auf Schwächen konzentrieren.
9. Erfolg kommt in Schüben und gedeiht in Großzügigkeit.
10. Das Gut eines anderen kann niemals unser eigenes Gut blockieren.

Vor allem gilt: Gott ist die Quelle. Keine menschliche Kraft kann uns von unserem Gut wegbringen oder es erschaffen. Wir alle sind Kanäle für ein höheres Selbst, das durch uns wirken möchte. Wir alle sind in gleichem Maße mit einer spirituellen Quelle verbunden. Wir wissen nicht immer genau, von wem wir am meisten lernen werden. Wir alle sollen einander wertschätzen und dienen.

Der Weg des Künstlers ist ein Weg, den wir als Sippe gemeinsam gehen. Im Geiste des Dienens entsteht unser Dharma: dieser richtige Weg, von dem wir träumen, dass wir ihm in unseren besten und erfülltesten Momenten des Vertrauens folgen werden.

Gebet für Künstler

Oh, Großer Schöpfer,
wir sind hier in Deinem Namen versammelt
auf dass wir Dir und unseren Mitmenschen
besser dienen mögen.
Wir stehen Dir als Dein Instrument zur Verfügung.
Wir öffnen uns der Kreativität, die Du in unser Leben bringst.
Mit unseren alten Vorstellungen geben wir uns Dir hin.
Deine neuen, umfassenderen Ideen heißen wir willkommen.
Wir vertrauen darauf, dass Du uns führen wirst.
Wir vertrauen darauf, dass es sicher ist, Dir zu folgen.
Wir wissen, dass Du uns geschaffen hast
und dass Kreativität Deine und unsere Natur ist.

Wir bitten Dich, unser Leben zur Entfaltung zu bringen
auf der Grundlage Deines eigenen Plans
und nicht unseres geringen Selbstwerts.
Hilf uns zu glauben, dass es nicht zu spät ist
und dass wir nicht zu klein oder zu fehlerhaft sind,
um durch Dich und unsere Mitmenschen
geheilt und ganz zu werden.
Hilf uns, einander zu lieben,
uns bei unserer Entfaltung gegenseitig zu fördern,
uns in unserem Wachstum gegenseitig zu unterstützen
und die Ängste unserer Mitmenschen zu verstehen.
Hilf uns zu erkennen, dass wir nicht alleine sind,
dass wir geliebt werden und liebenswert sind.
Hilf uns, Dich durch unsere Kreativität anzubeten.

Literatur

Meine Erfahrung als Lehrerin hat mir gezeigt, dass diejenigen, die dieses Buch gelesen haben, mehr davon haben, wenn sie etwas *tun*, als wenn sie ein weiteres Buch lesen. Dennoch habe ich meine Lieblingsbücher für den Fall hier aufgelistet, dass jemand den unbedingten Wunsch verspürt, weiterzuforschen. Diese Bücher gehören zu den besten auf diesem Gebiet.

Arrien, Angeles: *Der vierfache Weg*. Stuttgart: Lüchow 2005. Ein großherziger, präziser Führer zu kreativen spirituellen Praktiken.

Augros, Robert M., und George N. Stanciu: *The Story of Science*. New York: Bantam 1984.

Bachrach, Arthur: *Psychological Research*. New York: Random House 1962. Ein lebendiges Buch über Kreativität in der Wissenschaft.

Beattie, Melody: *Beyond Codependency*. San Francisco: Harper and Row 1989. Hervorragend für den Umgang mit Aufwieglern.

Beattie, Melody: *Codependent No More*. San Francisco: Harper and Row 1987. Hervorragend, um mit der Tugendfalle zu brechen.

Beattie, Melody: *Die Kraft zu neuem Leben*. München: Heyne 1993.

Beattie, Melody: *Kraft zum Loslassen*. München: Heyne 1993.

Beattie, Melody: *Mut zur Unabhängigkeit. Wege zur Selbstfindung und inneren Heilung. Das Zwölf-Schritte-Programm*. München: Heyne 1994.

Beattie, Melody: *Die Sucht, gebraucht zu werden*. München: Heyne 1990.

Beattie, Melody: *Unabhängig sein*. München: Heyne 1995.

Becker, Ernst: *The Denial of Death*. New York: Free Press 1973. Hervorragendes Buch über die Wurzeln der Angst.

Bennett, Hal Zina, und Susan Sparrow: *Follow Your Bliss*. New York: Avon Books 1990.

Bolen, Jean Shinoda: *Tao der Psychologie. Sinnvolle Zufälle.* Basel: Sphinx 1989. Ein gutes Sprungbrett für spirituell Suchende.

Bolles, Richard Nelson: *What Color Is Your Parachute.* Berkeley: Ten Speed Press 1970. Verrücktes und pragmatisches Handbuch darüber, wie man sich Ziele setzt.

Bradshaw, John: *Wenn Scham krank macht. Ein Ratgeber zur Überwindung von Schamgefühlen.* München: Droemer 1993. Ausgezeichnetes Buch, das die Rolle der Scham in Abhängigkeitsprozessen erklärt.

Brande, Dorothea: *Becoming a Writer.* 1934. Neuauflage. Los Angeles: Jeremy P. Tarcher 1981. Das beste Buch über das Schreiben, das ich jemals gefunden habe.

Brown, Barbara: *Supermind: The Ultimate Energy.* New York: Harper and Row 1980.

Bryan, Mark, und Julia Cameron: *The Money Drunk.* New York: Ballantine Books 1992. Praktische Werkzeuge zum Erlangen finanzieller Freiheit. Dieses Buch präsentiert eine neue Sprache für den Umgang mit Geld. Es ist aus dem *Weg des Künstlers* entstanden, weil Geld die am häufigsten genannte Blockierung darstellt.

Burnham, Sophy: *A Book of Angels.* New York: Ballantine Books 1991. Eine elegante und tiefempfundene Erforschung der spirituellen Mächte und Kräfte, die in unserem Leben wirken.

Butterworth, Eric: *Spiritual Economics: The Prosperity Process.* Unity Village, MO: Unity School of Christianity 1983. Erklärt Reichtum vom spirituellen Standpunkt aus.

Came to believe. New York: Alcoholics Anonymous World Services 1973. Brauchbares und berührendes Buch über embryonisches Vertrauen.

Edwards, Betty: *Garantiert zeichnen lernen. Das Geheimnis der rechten Hirn-Hemisphäre und die Befreiung unserer schöpferischen Gestaltungskräfte.* Reinbek: Rowohlt 1982. Ergiebiges Buch über die Aktivität des Künstlergehirns.

Fankhauser, Jerry: *The Power of Affirmations.* Farmingdale, NY: Coleman Graphics 1983.

Fassel, Diane: *Wir arbeiten uns noch zu Tode. Die vielen Gesichter der Arbeitssucht.* München: Kösel 1991.

Ferrucci, Piero: *Unermesslicher Reichtum. Wege zum spirituellen Erwachen.* Reinbek: Rowohlt 1994.

Fields, Rick, Peggy Taylor, Rex Weyler und Rick Ingrasci: *Chop Wood Carry Water.* Los Angeles: Jeremy P. Tarcher 1984. Einladender Überblick über die Synthese von östlicher und westlicher Spiritualität.

Gawain, Shakti: *Stell dir vor. Kreativ visualisieren.* Reinbek: Rowohlt 1986. Hilfreich, um zu lernen, eine Vision zu schaffen und zu erhalten.

Gawain, Shaki / King, Laurel: *Leben im Licht. Quelle und Weg zu einem neuen Bewusstsein.* München: Heyne 1989. Trägt zum Verständnis der Heilung als Prozess bei.

Goldberg, Natalie: *Writing Down the Bones.* Boston, MA: Shambhala Publications 1986. Eines der besten Bücher über das Schreiben.

Grof, Christina, und Stanislav Grof: *Die stürmische Suche nach dem Selbst. Praktische Hilfe für spirituelle Krisen.* München: Kösel 1991.

Grof, Christina, und Stanislav Grof, Hrsg: *Spirituelle Krisen. Chancen der Selbstfindung.* München: Kösel 1990.

Harmon, Willis, und Howard Rheingold: *Higher Creativity.* Los Angeles: Jeremy P. Tarcher 1984.

Hart, Mickey / Stevens, Jay: *Die magische Trommel. Eine Reise zu den Quellen des Rhythmus.* München: Goldmann 1993. Ein großartiges Buch über Musik als spirituelle Erfahrung.

James, William: *Die Vielfalt religiöser Erfahrung.* Olten: Walter 1978.

Jeffers, Susan: *Selbstvertrauen gewinnen. Die Angst vor der Angst verlieren.* München: Kösel 1992. Ein Buch zur Überwindung von Angst. Stößt gleich zum Kern vor.

Keyes, Ken: *Handbook for Higher Consciousness.* Coos Bay, OR: Living Love Publications 1975.

Kornfield, Jack: *A Path With Heart.* New York: Bantam 1993. Ein einfühlsamer, wertvoller Führer für jeden, der lernen will, den Wert des Prozesses ebenso zu schätzen wie das Produkt.

Larsen, Earnie: *Stage II Recovery: Life beyond Addiction.* New York: Harper and Row 1985. Wie man vermeiden kann, ein Aufwiegler zu sein, oder wie man einen Aufwiegler toleriert.

Leonard, Jim: *Your Fondest Dream.* Cincinnati: Vivation 1989. Ein Buch, das gleich zum Kern vorstößt; viele Techniken zum Brainstorming.

Lewis, C.S.: *Miracles*. New York: Macmillan 1947.

Lewis, C.S.: *Das Wunder von Narnia. Die Chroniken von Narnia*. Moers: Brendow 1992.

Miller, Alice: *Das Drama des begabten Kindes und die Suche nach dem wahren Selbst*. Frankfurt/Main: Suhrkamp 1979. Ergiebiges Buch darüber, wie toxische Familiendynamik Kreativität dämpft.

Nachmanovitch, Stephen: *Free Play*. Los Angeles: Jeremy P. Tarcher 1991. Ein wunderbares Buch über kreative Freiheit.

Norwood, Robin. *Wenn Frauen zu sehr lieben. Die heimliche Sucht, gebraucht zu werden*. Reinbek: Rowohlt 1986. Ergiebige Arbeit über Koabhängigkeit.

Orsborn, Carol: *Enough is Enough: Exploding the Myth of Having It All*. New York: G.P. Putnam's Sons 1986. Ein hervorragendes Buch, das die heroische arbeitssüchtige Persönlichkeit auseinandernimmt.

Ostrander, Sheila, und Lynn Schroeder: *Leichter lernen ohne Stress. Superlearning. Die revolutionäre Lossanow-Methode zur erfolgreichen Steigerung von Wissen, Konzentration und Gedächtnis durch müheloses Lernen*. München: Scherz 1980.

Pagels, Elaine: *Versuchung durch Erkenntnis. Die gnostischen Evangelien*. Frankfurt/Main: Suhrkamp 1987.

Peck, M. Scott: *Der wunderbare Weg. Eine neue Psychologie der Liebe und des spirituellen Wachstums*. München: Goldmann 1989. Ein Buch für spirituelle Skeptiker.

Rich, Adrienne, Hrsg.: *On Lies, Secrets, and Silence: Selected Prose*. New York: W.W. Norton 1979. Der Titelessay untersucht auf hervorragende Weise, welche Auswirkung Geheimnisse und Scham auf persönliche Beziehungen haben.

Rich, Adrienne, Hrsg.: *Macht und Sinnlichkeit*. Berlin: Orlando Verlag 1993.

Roethke, Theodore: *Collected Poems*. New York: Doubleday 1975. Ein Dichter als Mystiker.

Roman, Sanaya, und Duane Packer: *Kreativ Reichtum schaffen. Der Schlüssel zur Fülle*. München: Goldmann 1993.

Russ, Joanna: *How to Suppress Women's Writing*. Austin: University of Texas Press 1983. Heiteres und brillantes Buch darüber, wie wir blockiert werden.

Schaef, Anne Wilson: *Die Flucht vor der Nähe. Warum Liebe, die süchtig macht, keine Liebe ist.* Hamburg: Hoffmann und Campe 1990.

Schaef, Anne Wilson: *Nimm dir Zeit für dich selbst. Tägliche Meditationen für Frauen, die zu viel arbeiten.* München: Heyne 1992.

Sex and Love Addicts Anonymous. Boston: The Augustine Fellowship, Sex and Love Addicts Anonymous Fellowship-Wide Services 1986. Eines der besten Bücher über Abhängigkeit. Die Kapitel über Rückzug und Partnerschaft sind sehr empfehlenswert.

Shaughnessy, Susan: *Walking on Alligators.* New York: Harper-Collins 1993. Ein freundlicher, kluger Ratgeber für alle, die Prozess und Ergebnis in die richtige Relation zueinander setzen wollen.

Starhawk: *Der Hexenkult als Ur-Religion der großen Göttin. Magische Übungen, Rituale und Aufrufungen.* Freiburg: Bauer 1987. Hervorragend über Kreativität und den Gott/die Göttin in uns.

Wegscheider-Cruse, Sharon: *Es gibt doch eine Chance. Hoffnung und Heilung für die Alkoholiker-Familie.* Bremen: Boegner-Kaufmann 1988. Empfehlenswert für ein durchdringendes Verständnis von koabhängiger Arbeitssucht.

Whitfield, Charles: *Healing the Child Within.* Deerfield, Beach, FL: Health Communications 1987.

Winn, Marie: *The Plug-in Drug: Television, Children, and the Family.* New York: Viking-Penguin Books 1977.

Woititz, Janet: *Home Away from Home. The Art of Self-Sabotage.* Pompano Beach, FL: Health Communications 1987. Wichtig, um den Mechanismus zur Vereitelung von Erfolg abzustellen.

Woititz, Janet: *Sehnsucht nach Liebe und Geborgenheit. Wie erwachsene Kinder von Suchtkranken Nähe zulassen können.* München: Kösel 1991.

Zimmer Bradley, Marion: *Die Nebel von Avalon.* Frankfurt/Main: Fischer 1999. Ein Roman, der zu kreativer Spiritualität und zu spiritueller Kreativität einlädt.